# 內向
## 心理學

享受一個人的空間，安靜地發揮影響力，內向者也能在外向的世界嶄露鋒芒

瑪蒂・蘭妮——著　楊秀君——譯

# THE INTROVERT
# ADVANTAGE　HOW QUIET PEOPLE CAN THRIVE IN AN EXTROVERT WORLD
by MARTI OLSEN LANEY

給性格內向者：

享受生活。

適當休息。

欣賞你的內心世界。

做個真實可信的人。

珍視你的好奇心。

享受心境的和諧。

享受獨處。

對生活充滿感激。

做你自己。

請記得，

讓你的光芒灑向四方。

# Part II 航行於外向性格的水域

第六章

社交活動：選擇煞風景，還是筋疲力盡？　**2 0 8**

第九章

# 承認自己的有限，大家就會看見你的無限

海苔熊（心理學作家）

從小到大，可能已經很多人說過你很內向，不知不覺，你好像也這樣相信：

- 是啊，老師點到我，我都支支吾吾不敢講話。
- 沒錯，一群人出去，就我最愛耍孤僻。
- 當大家說要續攤，我總是陷入兩難，說了怕大家覺得我不合群，不說又怕被說臉臭。
- 我靜靜的只是想要好好消化大家說的話，但沒說話又被說沒參與……

太多太多的愧疚、太多太多的「罪名」，好像都默默的和你的「內向」連結，感覺活在這個世界上就是要好會社交、好會講話，有時候你甚至都會覺得：難道內向錯了嗎？

## 重新定義內外向

在貼上對錯的標籤之前，我覺得更重要的是問自己：我真的是內向的人嗎？還是說，也有一部分

的自己是外向的，也有一部分的自己是內向的？

例如，以前我一直以為自己是個外向的人，喜歡成為大家的目光焦點，但讀完《內向心理學》之後我發現，其實某個面向看來，我是很內向、不習慣和大家聚會相處的人，聊天的時候看起來很風趣，但實際上是在壓抑自己的焦慮，而且這些焦慮並不會消失，會轉化成某一些成癮行為。

所以，我到底是外向還是內向的人呢？做了書裡面第一章的自我評估問卷，我發現自己介於兩者之間，也就是說我的個性既外向又內向，難怪我很愛講話，但又很害怕跟別人講話，我四處演講，覺得第47─49頁的測驗實在是難以抉擇，可以用1到6分的方式來填寫，數字愈高表示愈同意，愈小表示愈不同意，分數會介於30分到180分之間，數字愈高的人愈內向。（熊按：如果你但卻有電話恐懼症；在台上幽默風趣，但如果要聚會，我經常有冷場焦慮。

但如果從書中引用榮格理論的角度來看，不論是內向或是外向，都有它的光明面和黑暗面。而我們要做的事情其實就是接納自己的黑暗面，然後讓光明和黑暗的部分，都有機會可以顯現。

講起來很簡單，但在感情、人際、和同事朋友相處上面，如果你是個內向者，而且呈現了你的「黑暗」，他們可能會覺得你很難搞、什麼事情都不說、不合群等等──這就是為什麼，要學習和七五％的外向的人一起生活的方法。

## 那，我該怎麼辦？

如同你所看到的，這本書超級厚，會是一個奇幻的、有趣的旅程，不過如果你想要迅速抓到其中的重點，我這裡有一個小整理。這本書一共有十章，結構清楚，分成三個部分：

- **什麼是內向者**：瞭解自己的第一步，也協助你區分一些他人的標籤、刻板印象與錯誤的認識（更慘的是，你可能還會認同他們對你的標籤）。此外，作者也引用了腦科學的研究探討內向者的乙醯膽鹼路徑，以及外向者的多巴胺路徑，讓你瞭解自己的一些「反應」，其實是來自於外在環境的刺激所致，不需過度責怪自己。

- **如何與其他人相處**：生活在「外向掛帥」的大海當中，有時光是聚會要不要去、要留多久，就會讓你糾結很久。作者在這個部分用了很多例子，分析各種抉擇的好壞，也討論了教養的問題。

- **如何找到自己的獨特**：允許、接納、照顧自己獨特的部分，並且讓你的特色，變成你生命中的養分。這話聽起來很像心靈雞湯，不過作者倒是用很實際的方法邀請你去檢視 3P（不是你想的那一個，詳見第 291 頁及第八章），量身訂作一個適合自己的生活。

我覺得第三個部分是這本書最獨特的地方，由於作者一開始就不把內向當作一種「病」來看待，所以特別描述了你可以怎麼樣發展自己的長處，並且和這個特色「和平共處」。對我來說，我覺得這本書最棒的地方是，不只用了很多的故事、歷史人物、心理學研究來當佐證，也提供了具體的 SOP，例如面對截止期限、辦公室衝突、與伴侶的爭執，你可以採用什麼方法。讀完之後我真的是立刻就衝去雜貨店，買了一個「請勿打擾」的牌子，並且在旁邊畫了一個搞笑的沉思熊。

## 在有限裡，和自己和好

許多內向者的煩惱，是來自於人際關係的煩惱，但更精確的說，是來自於人際關係所激起的那種

自卑感、罪惡感與格格不入的情緒。這時候該做的並不是去想要如何迎合別人，而是試著和自己和好。

其實，不論你是內向或者是外向的人，都是有限的。硬是逼迫自己塞到形狀不符合的容器裡面，

我相信你也做過，那並不是你要的，雖然暫時獲得大家的「接納」，但長期下來，搞得大家都很辛苦。

所以，接受並且允許自己的有限，大家就能夠看見你的無限。

# 【自序】
# 內向其實很正常

幸福快樂的首要之道，在於一個人願意成為他自己。

——伊拉斯謨斯（Erasmus，思想家）

## 你，也是這麼古怪嗎？

在成長過程中，我常常對自己感到很困惑。我是個古怪的傢伙，總是充滿各式各樣讓人搞不清楚的矛盾。我在一年級和二年級時表現很差，我的老師都希望我留級重讀。但到了三年級，我卻開始表現得很優秀。

有時候，我非常活潑健談，言談乾脆俐落且有見地。事實上，如果是我熟悉的話題，我就能夠滔滔不絕說個沒完。而有些時候，我想要講話，但腦袋卻一片空白。或者，當我準備在班上發表意見並舉起自己的小手時——想到這樣就能提高課堂表現分數（這可占總成績的二五％），我的心怦怦跳——但等老師點到我時，我想說的話卻又跑到九霄雲外，我的內心世界陷入一片黑暗，簡直想鑽到座位底下去。後來，我又出現了幾次回答時猶猶豫豫、不清不楚，表現得比我實際的狀況差很多。當老師掃視全班，想請同學回答問題時，我就發展出各式各樣的方法來躲避老師的目光。我無法信賴自

己，我不知道自己會有怎樣的反應。

## 連我也搞不懂我自己

讓我感到更困惑的是，當我確實大聲表達自己的觀點時，人們常常會說我善於表達、言簡意賅。

但其他時候，我的同學似乎都覺得我好像智力有缺陷似的。我認為自己並不笨，但是我也不認為自己非常機敏。

我的大腦的工作方式讓我大為困惑。我不清楚為什麼自己總是在事情發生之後才有那麼多的想法。當我對過去發生的某事發表自己的觀點時，老師和朋友們總會以一種不悅的語調問我為什麼之前不說。他們似乎認為我是故意隱瞞自己的想法和感情。我發現自己的想法就像是遺失的班機行李，總是延遲抵達。

當我長大之後，我開始認為自己是個神祕的人，沉默寡言、深沉、不喜歡拋頭露面。許多時候，我準備說點什麼，但沒有任何人有反應；後來，某人可能說了同樣的事情，而他或她卻會得到大家的回應。我在想，是不是我說話的方式有問題。有些時候，當人們聽我談論或宣讀我寫的東西時，卻會用震驚的表情看著我。這種情況發生過很多次，我都已經對那種「表情」非常熟悉了。它似乎是在說：「這是你寫的？」面對這些反應，我的心情很複雜：我喜歡得到別人認可，卻又會因為大家的關注而覺得壓力好大。

社交活動也會讓我感到困擾。我喜歡人們，而且人們似乎也喜歡我，但是我常常害怕外出。對於是否要在某個聚會或公共活動上拋頭露面，我也會猶豫不決。我認定自己是個害怕社交的人。有時候，

我感到很尷尬和不舒服；但有的時候，我又感覺很好。即便是我玩得非常開心，我也總是眼睛盯著門口，幻想自己已經穿著睡衣蜷縮在床上的情景。

讓我感到痛苦和挫敗的另一件事，就是我的精力不濟。我非常容易感覺疲憊，似乎不像朋友和家人有那麼多的精力。當我疲倦時，我走路很慢，吃東西很慢，講話很慢，跟人談話時斷時續。但如果我休息夠了，談話時我可以妙語連珠，從一個想法跳到另一個想法，和我談話的人都會感到難以應對。

事實上，有些人會認為我是個精力充沛的人。但相信我，我過去不是那樣的人（而且現在也不是）。

## 別擔心，你只是內向而已

然而，即便我的步調很緩慢，我最終也實現了生活中大多數的夢想。我用了很多年的時間才發現，所有令我感到困惑的矛盾其實都有其意義。我是個正常的性格內向者。這個發現讓我如釋重負！

# 前言

> 如果沒有具創造性的少數人的引導，民主不可能存在。
>
> ——哈蘭・F・斯通（Harlan F. Stone，美國最高法院大法官）

還記得我們還是孩子的時候，大家互相比較自己的小肚臍。在那個時候，我們都認為「內」比「外」好。沒有人希望自己的小肚臍向外突出，因此我為自己凹陷的小肚臍感到高興。

後來，當「內向」在我的腦中意味著「性格內向」，而「外向」意味著「性格外向」時，情況就相反了：性格外向是「好的」，性格內向是「不好的」。無論我怎麼努力嘗試，都無法具備外向的特質，所以我認為自己是不是什麼地方有問題。我覺得自己很奇怪：為什麼在其他人覺得很興奮的環境中，我卻會感到壓力太大？為什麼我參加外界的活動，回家後卻覺得自己快要被悶死了？為什麼我覺得自己像一條離水之魚？

## 為什麼我們的社會推崇外向性格？

我們的文化重視並推崇外向的特質。我們重視行動、速度、競爭和魄力，所以人們會排斥內向的個性並不奇怪。我們生活在一種對「反省」和「獨處」持否定態度的文化之中。「走出去」和「做就對了」是人們的理想。在《追尋幸福》（*The Pursuit of Happiness*）中，社會心理學家大衛・邁爾斯（David

Myers）博士指出，快樂需要三種特質：自尊、樂觀和外向。

邁爾斯博士的結論，建立在那些「證明」性格外向者「比較快樂」的研究之上。這些研究要求受試者指出自己同意或不同意某些陳述，例如「我喜歡與其他人待在一起」，還有「我喜歡有人跟我在一起」。然而，性格內向者並不是用這樣的方式來描述快樂，因此被認為是不快樂的人。對他們來說，「我瞭解自己」、「我非常喜歡自由的生活」或「我有追尋自己道路的自由」，這樣的句子，才是自己感覺滿意的標準，但是他們沒有被問到對這類陳述的反應。

當人們理所當然認為外向是健康發展的自然結果時，內向的個性就成了「讓人敬而遠之的另類」了。在某種程度上，性格內向者未能實現應有的社會生活。他們注定要承受孤獨和不快樂。

# 內向者：該是時候認識自己的獨特了

歐圖・克羅格（Otto Kroeger）和珍納・蘇森（Janet Thuesen）是運用 MBTI（Myers-Briggs）人格特質量表的心理治療師（關於這個量表，後文會提到更多）。他們在《十六種性格透視》（Type Talk）中，討論了性格內向者的困境：性格內向者與外向者的數量大約是一比三，內向者不得不在生活中發展額外的應對技能，因為他們會承受「改變自己、迎合社會」的巨大壓力，需要對外在世界做出反應，並順從於外界的要求。

我認為生命應該更公平一點。性格外向者得到大多數的讚譽。現在，該是讓性格內向者認識自己者幾乎每天從清醒的那一刻就開始承受巨大壓力，必須像其他人那樣行動。內向是多麼獨特，也是我們的文化該對內向性格加以認可的時機了。

**我們不需要再勉強嘗試迎合外向的文化，不需再努力「改變自己」；我們需要欣賞自己與生俱來的個**

**性。**這本書的目標就是幫助大家實現這個夢想。在本書中，你將學到三個基本重點：

1. 如何判斷自己是不是性格內向者（你會因此大吃一驚）。
2. 如何理解並欣賞內向性格的優勢。
3. 如何運用書中大量實用的提示和工具，來培育你富有價值的天性。

# 你沒有問題，你只是性格內向而已

原來獨處並不孤單寂寞，這是多麼意外的驚喜啊。

——艾倫‧波士汀（Ellen Burstyn，名演員）

在我三十多歲時，我的職業從兒童圖書管理員變成心理治療師。（你可能注意到了，這兩種職業都是內向的，但需要社交技能。）儘管我很喜歡當圖書管理員的許多好處，但我更希望從事更個人化、更私密地與別人交流的職業。促進個體的成長和發展，協助他們生活得更為滿意，似乎是令我感到滿足的人生目標。

## 每一種個性有不同的能量需要

在研究生階段，我再次瞭解到內向是一種顯著的個性或風格。由於課程作業需要，我做了一些人格測驗，在某幾個測驗中，結果都顯示我是性格內向者。我非常驚訝。當我和教授討論這個結果時，

他說，內向和外向處於「能量連續體」（energy continuum）相反的兩端。我們落在連續體當中的哪一個位置，決定了我們獲得生活精力的方式。處於連續體偏內向那一端的人，傾向於向內來獲得精力；而處於連續體偏外向那一端的人，傾向於向外來獲得精力。我們在生活重心上的基本差異，會表現在日常所做的每一件事上。教授強調，每一種個性都有積極的一面，並明確指出每一種個性都很好——只是彼此有些不同而已。

「不同的能量需要」這個觀念讓我一見如故。我開始理解到，自己需要獨處以恢復精力。我不再因為想離開孩子們休息一會兒而感到罪惡感。我漸漸明白，自己沒有什麼問題，我只是性格內向而已。

當我開始瞭解內向性格的優勢和缺陷後，就很少感到羞愧和自卑了。當我知道性格外向者和內向者的比例是三比一時，我意識到自己生活在一個為性格外向者建造的世界。難怪我感覺自己像是一條離水之魚——我生活在外向的海洋之中！

我也開始理解，當我還是見習治療師時，為什麼會那麼討厭每週三傍晚的諮商中心大型會議。我理解了為什麼自己很少在群體中發言，以及為什麼身處人稍多的房間時，我的腦子經常堵塞打結。

## 內向和外向具有互補特質

性格內向者生活在一個為性格外向者準備的世界，生活中的各方面都會受影響。精神分析學派創始人榮格發展了內向和外向的理論，認為我們會受相反方的吸引，來加強和實現彼此缺少的部分。他認為內向和外向就像兩種化學物質，一旦結合，雙方都會因而發生變化。他也將這視為我們欣賞彼此互補特質的自然發展。這個觀念不一定適合每個人，但我三十八年的婚姻生活證明他所言不虛。

起初，我的丈夫可並不瞭解我內向的個性，我也不理解他外向的性格。我記得新婚時一起去拉斯維加斯。我在賭場裡躊躇前進，大腦一片混沌：周遭充滿躍動的色彩，燈光刺痛我的眼，吃角子老虎贏家的硬幣滾進金屬錢斗時發出的叮噹聲，敲打著我的神經。我不停問麥可：「電梯還有多遠？」（拉斯維加斯賭場的設計非常狡猾，你非得像走迷宮般經過各種閃閃發光的機器、穿過彌漫的香菸煙霧，才能抵達電梯，回到自己的房間——那安靜的避難處。）

我的丈夫，那個性格外向者，卻準備好盡情搖滾。他面頰潮紅，眼睛發光——所有噪音和活動都使他興奮。他不懂為什麼我要直奔房間。我臉色蒼白，感覺自己就像一條以前在魚市場見過、躺在碎冰上的虹鱒——至少，那條鱒魚是躺著的。

後來當我醒來時，我周圍擺滿麥可贏得的兩百多枚閃亮錢幣。顯然，性格外向者很有魅力，他們對內向的性格類型也是很好的平衡。他們幫助我們走出去四處活動，而我們幫助他們放慢腳步。

融入多姿多彩的生活之中吧，讓天性為你引路。

——威廉·渥茲華斯（William Wordsworth，英國詩人）

某天下午，性格內向的個案茱莉亞和我一起腦力激盪，討論她該怎樣管理即將來臨的訓練營。

「我一想起來就害怕。」她告訴我。我們發展了幾個策略，來幫助她克服困難，當她起身準備離

開時，她低頭專注地望著我。

「你知道嗎，我還是討厭閒聊。」她說，似乎以為我期望她成為社交高手。

「我知道，」我說：「我自己也還是很討厭社交活動。」我們以彼此瞭解的方式一起歎了氣。

當我關上辦公室的門，憶起自己因為內向性格所做過的所有努力，腦海中浮現這些年來我諮商過的所有性格內向個案的模樣。我在想，一個人一旦形成某種程度的內向或外向性格，生活中的每個面向都會受到影響。我不停聽到個案抱怨自己並不喜歡與生俱來的特質。我也在想：噢，希望他們能瞭解自己其實並沒有什麼問題，他們只是性格內向而已。

我記得第一次不太有把握地對一位個案說「我認為你是性格內向者」時，她驚訝地瞪大眼睛問：「你為什麼會這麼想？」我向她解釋內向性格是我們天生就具有的一些特質的組合，這性格不是不喜歡與人共處，也不是害羞。她看起來十分寬慰，說：「你是說我這樣是**有原因**的？」

令人驚訝的是，有那麼多的人性格內向，自己卻不知道。

## 從不同視角來理解性格內向者

當我和其他治療師討論自己關於性格內向的觀點時，我很驚訝地發現，許多人並沒有真正理解內向的理論淵源。他們從病理學角度而不是個性角度來看這問題。當我為心理分析專業博士學位提交博士論文後，我得到的迴響令我難以置信，因而感動落淚，更因為許多同事的評論而激動不已。

有位同事說：「我現在根據性格內向／外向連續體的觀點來看待每個個案，這真的能幫助我理解他們，不再用病理學的觀點來看待性格內向者。我意識到我是從外向性格的角度看他們。」

我知道，當性格內向者的羞愧感消失，會帶來多大的影響。不再嘗試扮演不是自己的角色，是多麼大的解脫！有了這樣的體認，我領悟到自己必須寫一本書，來幫助人們認識性格內向這個問題。

淺淺的溪流或河水奔流，較深的水域似乎較為平靜。

安靜的人們常常具有深刻的洞察力。

——詹姆士·羅傑斯（James Rogers）

## 我是怎麼寫這本書的

許多性格內向者面對問題，非得要等「追根究柢」弄清楚一切之後，才會認為自己真的瞭解這個問題，這也是我接近「內向」這個主題的方式。

我寫這本書有三個原因：首先，性格內向者認為所有問題都高深莫測。其次，他們都有大腦一片空白的體驗，為了避免那可怕的空白時刻，他們會盡可能多收集各式各樣的資訊，做好充分準備。第三，他們常不跟人談論自己在想什麼，所以得不到回饋來幫助自己瞭解自己究竟知道了多少東西。

儘管我已經與性格內向者共事許多年，也對性格內向這個問題進行了深入研究，但我仍然很想瞭解在病理學和基因方面，關於性格內向的大腦有哪些新的研究進展。

身為前圖書管理員，我的第一步，是在加州大學洛杉磯分校（UCLA）「生物—醫學圖書館」檢索圖書資料。當我檢索性格內向這個主題時，驚訝地發現有兩千多條期刊索引出現在人格、氣質、

神經生理學和基因等領域。大多數研究是在歐洲進行的，當地比較認可性格內向是天生個性的一種形式。在第三章，我會討論一些根據基因和生理來解釋性格內向的研究結果。

我的第二步，是在網際網路上檢索，因為我認為大量「性格內向者」都經常逛網路。我找到了幾百個關於性格內向的網站。許多網站都與一種人格特質量表有所連結，那是人們廣泛使用、以個性的四個面向為基礎而進行的人格評估，也就是「MBTI人格特質量表」。

這個量表的第一個面向，也是統計上最有效的面向，就是性格內向／外向連續體。它建立在榮格最初的理論基礎之上，由伊莎貝‧梅爾（Isabel Myers）和凱薩琳‧布里格（Katharine C. Briggs）加以發展。這個量表的主要優點，在於它不認為任何人格類型是反常的。相反的，它關注天生的偏好。

有幾個關於天資的網站也涵蓋了性格內向的討論，因為性格內向和智力成正相關。（順帶一提，有個搖滾樂團就叫性格內向〔Introverversion〕，如果你感興趣，網路上可以查到他們的演出時間表。）

圖書館和網際網路的研究非常有用，提供我大量的資料，也帶給我很好的啟發，但我在性格內向方面學習最多的，還是來自自己的經驗、我的個案，以及我為了寫這本書而採訪的人。我採訪過五十多人，他們來自各個領域，包括作家、牧師、臨床醫學家、歷史學家、教師、藝術家、大學生、研究人員和電腦專業人員（他們的姓名和一些細節特徵經過修改）。許多受訪者都做過MBTI人格特質量表，所以他們知道自己是「性格內向者」。

雖然我腦中沒有刻意預設受訪者是哪種具體的職業，但有相當多的人可歸類在伊蓮‧艾融（Elaine Aron）博士所定義的「諮詢顧問階層」——他們獨立工作、權衡做出決定、學習如何站在別人的立場看問題，與其他人進行交流。從事這些工作的人，具有較高的創造性、想像力，有智慧，懂得體貼。

他們是觀察者。他們的工作經常影響許多人，他們有說出不尋常事情的勇氣和遠見。

## 我想讓你知道，你並不孤單

艾融博士在《高敏感族自在心法》（The Highly Sensitive Person，生命潛能出版）中指出，其他階層是戰鬥的階層，是這個世界上的實做者。他們需要諮詢顧問，而顧問則需要戰士來採取行動，促使事情發生。許多理論家認為，這就是為什麼只有二五％的人口是性格內向者——我們需要的性格內向者不必太多。

在許多訪談中，我聽到不少性格內向者批評自己的內向性格，尤其是當他們還不知道自己屬於性格內向者時，更是如此。他們對於自己為什麼會感到不受重視和容易受人忽視，相當困擾。我知道性格內向者喜歡有一點時間來思考自己的經驗，因此我常在面談後幾個星期打幾通隨訪電話，看看訪談人是否想要補充說明，或進一步思考。

我驚訝地發現，許多人在諮商晤談後對自己是「誰」感覺好多了。這讓我備受鼓舞。許多人說：「瞭解我的大腦與別人不同，以及我生活在外向的海洋之中，我就對身為**我自己**感到平靜了很多。」

科學研究也證明，與眾不同並沒有問題，這個證據有力地幫助人們減少了罪惡感、羞恥感，以及對自己產生的其他消極想法。這些經驗促使我讓本書出版面世。

我主要是為性格內向者而寫本書的。我希望性格內向者能夠理解，在自己那有時讓人困惑的個性背後，有一些很有價值的因素。我也希望他們能夠知道，自己並不孤單。

然而，也有兩個重要的原因，值得性格外向者來讀本書。首先，外向者讀過本書後，便能夠理解

生活中那些神祕的性格內向者；第二，性格外向者——特別是在步入中年之後的外向者——需要暫停腳步，自我思索，以平衡年齡帶來的生理局限。本書可以為性格外向者打開一扇門，提供一種全新的方式來思考內向，並發展自我反思的能力。

# 用你自己的方式來讀這本書

沒有任何東西像書這麼迷人。

—— 西德尼・史密斯（Sydney Smith，英國國教牧師）

性格內向者經常感到自己似乎有什麼地方不對勁，因此想找到「正確的方式」來做事。但我們生活在外向的世界，所以「正確的方式」未必總是適合性格內向者。閱讀本書，你可以從頭看到尾，也可以只瀏覽你喜歡的任何章節。學會新的資訊拆解成小部分，這是對付感覺刺激過大的一種方式。我指的是生理和心理上那種**太多**的感覺，過分緊張的神經，就像是將怠速空轉設定過高的車子，你沒辦法再感受任何的刺激。

我將本書設計成許多小章節。你可以一章一章閱讀，也可以將書翻開到任何一處，然後就讀那一頁。我個人喜歡從結尾的部分開始看一本書，這是我讓許多朋友相當驚訝的習慣。用你感覺效果最好的方式來閱讀這本書。請記得，本書的目的，是希望成為你的好幫手。

如果某些章節的資訊與你有關，那很好；如果有些似乎與你的關係不太密切，那也沒有問題。這

本書是讓你理解自己或其他性格內向者的工具。自由活動，意味著創造一個讓新事物產生的空間。本書——和生活一樣，都需要融入一些休閒與娛樂。

當你理解了自己的內向性格（或你親近的某人的內向性格），這是一種非常大的解脫。這就是這本書存在的價值！你並不古怪，並不是沒有希望，也不孤單。在外向的「汪洋大海」中，還有其他性格內向的「魚兒」。

本書將幫助你學習如何使自己充滿活力。你可以制訂計畫，讓自己每天幹勁十足地工作——這或許不是性格外向者的方式，卻是適用於性格內向者的良方。為自己內向性格的優勢而慶賀吧！

## 本章思考點

- 這個世界上七五％的人是性格外向者。
- 性格內向會影響生活中的每個面向。
- 你沒有任何問題。
- 性格內向者容易感到筋疲力竭和刺激過大。
- 接受並讚賞自己的內向性格優勢。

Part **I**

# 認識你的性格

我就是我自己。

——大力水手卜派（Popeye）

第一章

什麼是內向性格？
你也是性格內向者嗎？

- 你可以練習運用內向性格的優點，而不是對抗它。
- 性格內向者與外向者，就像是充電電池與太陽能板。
- 性格內向或外向，是天生的？還是後天環境可影響的？
- 讓內向概念轉變成不健康概念的，是佛洛伊德？
- 強迫將一個人拉離天生的性格，可能會影響精神狀態？
- 雙胞胎心有靈犀的特性，為我們帶來哪些啟示？
- 每一種個性的優勢，也都是另一種個性的不足。

從本質上來說，內向性格是一種氣質的典型。它和害羞不同，不是性格孤僻，與疾病無關，也不是你能改變的，但是你可以學習**運用**它，而不是**對抗**它。

性格內向者最顯著的特徵是他們精力的來源：他們從自己的**內在世界**（如思想、情緒和觀念中）獲得精力，並善於保存精力，但也容易受外在世界的刺激影響，並產生「刺激過多」的不適感——這種感覺有點像熱鍋上的螞蟻，或是遲鈍麻木。無論是哪種情況，他們都需要限制自己的社交，以免筋疲力竭。此外，性格內向者需要平衡獨處及在外活動的時間，否則會失去很多機會和人際關係。精力處於平衡狀態的性格內向者擁有獨立思考、高度專注、把創意投注於工作的毅力和能力。

性格外向者最明顯的特徵是什麼？他們的精力來源來自**外在世界**，例如各式各樣的社交活動、形形色色的人、不同的場合和事物。他們是精力的揮霍者。長時間置身事外、沉思、獨處，或只與另一個人待在一起，很難使他們感覺興奮。然而，性格外向者需要平衡**做事及休息**的時間，否則會在各式各樣令人焦慮的活動中迷失自我。性格外向者自在表達想法、專注於成果、喜歡人群和活動，為社會帶來許多貢獻。

性格內向者就像是**充電電池**。他們需要停止耗費精力，停下來休息、充電。因為善於儲存精力，

性格內向者需要的是刺激較少的環境。這是他們最自在的環境。

性格外向者就像**太陽能板**。對他們來說，獨處或沉思，就像生活在沉重的烏雲之下。太陽能板需要太陽來充電——性格外向者向外四處活動，以獲得充沛的精力。

外向和內向一樣，也是一種內在的氣質，它無法被改變。但是你可以學著**運用**它，而不是**對抗**它。

# 1-1 外向和內向的主要差別

欣賞你的獨特性。

—— 袋鼠船長（Captain Kangaroo）*

性格內向者和性格外向者最顯著的差別，在於**精力的恢復**。除此之外還有兩個根本的不同，也就是他們**對刺激的反應**，以及**獲取知識和經驗的方式**。

性格外向者因多樣化的刺激獲得成功，性格內向者卻會覺得那樣的刺激太多。同樣的，性格外向者在累積知識和經驗時，一般會將網撒得很開；性格內向者卻喜歡進行窄一點、深入一點的研究。

## 精力的恢復

讓我們再談談關於精力的話題。如前面所說，性格內向者與性格外向者的主要差別，在於他們如何為自己的「電池」充電。

性格外向者從外在世界獲得活力，且絕大多數喜歡與人交談，熱衷參加外界的活動，享受在人多、活動多、事情也多的環境中工作。然而，與大多數人所知相反，性格外向者未必比性格內向者更愛好

* 美國ＣＢＳ電視網的兒童電視節目名稱，播出期間為一九五五年十月至一九八四年，節目主持人即為袋鼠船長。

交際或更活潑，只是他們的注意力總放在外在的自我上。

性格外向者自由揮灑自己的精力，很難使自己慢下來。他們可以輕鬆透過與外在世界的互動，讓自己恢復精力，特別是現今外界有如此多可供選擇的事物。他們也可能是在晚會結束之後不急著立刻離開的人，甚至會問：「接下來我們可以做什麼？」對他們來說，比較困難的是放鬆，讓身體休息一會兒。

性格內向者，則是從自己的思想、觀念和情緒等內在世界中獲得精力。與我們的刻板印象相反，性格內向者未必是安靜或孤僻的，只是他們的注意力總放在自己的頭腦內在。內向者需要安靜、適合思考的地方，讓他們能進行全面的思考，使自己恢復充沛的精力。他們會如釋重負的說：「喔，遇上比爾真棒，但我很高興晚會終於結束了！」

對性格內向者來說，恢復精力不是容易的事，特別是在現今這個生活節奏快速的社會。性格內向者比外向者需要更多時間來恢復精力，但精力的消耗又比外向者快，因此他們需要估算某件事會消耗多少精力、自己又需要保存多少精力，事先做好規畫。

以我的個案珊卓為例，她是在家工作的業務員，但還是需要外出，開車到洛杉磯一帶進行各式業務拜訪，而且外出當天的行程總是非常滿。

在展開這種忙碌的行程之前，她會空出一天的時間，來處理不需與外界聯繫的文書事務，給自己留點安靜的空間。她早早上床睡覺，並且在上路前好好吃一頓早餐。在外出的這一天，她也會安排一些休息時間，獨自待上一會兒，讓自己恢復精力。她透過這種方式，妥善計畫如何善用精力，以免筋疲力竭。

# 刺激：是敵是友？

性格內向者和性格外向者的第二個差別，在於他們如何體驗外在的刺激。性格外向者喜歡體驗大量的外在刺激，而性格內向者喜歡深入瞭解自己所體驗的事物。

性格內向者有較多的內心活動，從外在世界進入大腦的任何事物，都會使他們的緊張程度迅速變高。這有點像搔癢——一開始感覺美妙而有趣，但很快就變成「刺激過多」的不適感。

性格內向者通常在尚未意識到原因之前，就試圖從外在刺激中整理出有限的體驗。

我的個案凱薩琳想在後院闢出一片花園。她是老師，工作占去她大多數的注意力和精力。為了弄好花園，她坐下來讀《週末園藝入門》（Basic Book of Weekend Gardening）。她一邊讀，一邊慢慢弄清楚這個計畫需要做的事：她需要學會為植物遮蔭、測量土壤的酸鹼值、用土保護植物的根部、澆水、控制蟲害，以及日照的時間。

她可以想像在眩目陽光下到苗圃拔起植物有多複雜，以及需要投入的精力有多少——需要整理的事項太多了；她考慮到以下種種需要花費的時間：整地、種植、清除雜草、殺滅害蟲、捕捉蝸牛，以及每日澆水等。她的樂趣慢慢減少。這時，有太多需要知道、需要去做的事，她開始感到這些事情似乎會變得太多。她的頭開始發暈，感到壓力太大。最後她決定只在後院局部小範圍內種一些花。

性格內向者在沒有壓力且只集中於一兩個問題時，喜歡複雜的事物。但如果他們面對太多事項，就容易感到不安。在後面的章節，我會和大家一起討論如何管理刺激過多的體驗。

對性格內向者來說，光是處於人群中就會讓他們覺得刺激太多。在人群中，或是在任何喧鬧、具攻擊性的環境中，他們的精力很快就會用光。內向者可能很喜歡與人交流，但與**任何人**交談後，他們

通常會覺得需要離開，休息一會兒，呼吸點新鮮空氣。這就是我在前言中提到堵塞打結的原因。當感覺刺激太多時，性格內向者的大腦會暫時關閉，彷彿對外宣告，請不要再輸入更多的資訊。它關閉了。

性格外向者也需要休息，但原因不同。

性格外向者如果來到圖書館，只會花很短的時間在學習（也就是內在訊息的處理）上。然後他們需要繞書架走幾圈，需要去販賣機買點什麼，或與管理人員交談一下。他們喜歡活動進行中那種活潑的環境。當性格外向者覺得內在接收到的刺激**不夠**時，會渴望「加油」。

正如「休息」可以增加性格外向者受到的刺激（如本段開頭的例子），休息也可以減少性格內向者受到的刺激。當性格內向者在學習時，他們可能會因為接收很多資訊而感到壓力太大，正如凱薩琳規畫花園的那個例子。

## 海洋有多深，天空有多寬？

性格內向者和性格外向者的第三個差別，與「寬度」和「深度」這兩個概念有關。整體來說，性格外向者喜歡寬度——例如許多朋友和經驗，什麼事都知道一點，成為通曉多方知識的人。當他們處理體驗時，從外在環境接收的訊息不一定有助擴展其內在世界。外向者隨時都準備做下一件事。正如一位性格外向的朋友對我說的：「我喜歡在聚會上走來走去，瞭解每群人談話內容中最重要的部分。」

她不想錯過任何事。

對性格外向者來說，生活就是累積經驗。他們將這個世界看成週日的早午餐，可以在宴會上大快

朵頤，享用各種美食，在肚皮快撐破時才離開。他們想抓住生活中每一點能抓住的刺激。多樣性是刺激和精力的源泉。

性格內向者喜歡深度，他們限制從外在進入的經驗，但對每次經驗的體驗較深，而且通常只有少數幾個朋友，但與這些朋友的關係也都較為密切。內向者喜歡深入鑽研問題，對某個問題深入探討甚於廣泛追尋——這就是他們為什麼要把思考的問題限制在一或兩個，否則會感到壓力太大。

內向者一旦從外在世界吸收資訊，便會仔細考慮並加以發展，甚至會在獲取這些資訊很久以後，再回過頭細細咀嚼——有點像牛的反芻。除了性格內向者憎恨受打擾的原因，我在後面還會再討論這一點。

想將性格內向者從集中精力的思考中拉出來，是很困難的事。想再次達到那種集中精力的狀態，會耗費大量額外的精力，而這些額外的精力，往往是他們所缺乏的。

## 青菜蘿蔔，各有所好！

我的丈夫麥可和我對度假決定的歧異，是說明性格外向和性格內向者差異的絕佳例子。正如我先前提到的，麥可是性格外向者，我是性格內向者。我們對有趣、令人滿意的假期看法全然不同，也由於兩人的看法相當不同，只好輪流選擇度假目的地。某一年由我選擇，隔年由他選擇。

有一年，麥可選擇「九國九日遊」。隔年，我選擇去科羅拉多州萊德維爾（Leadville）的歷史採礦區探索。在那裡的第一個下午，我們在旅館裡坐在暖氣爐旁欣賞商會的單頁廣告傳單，看看萊德維

爾有哪些景點可以參觀——正當我興奮得五內翻騰，麥可卻在打瞌睡。

我自從看過電影《瓊樓飛燕》（*The Unsinkable Molly Brown*）*，就一直很想看看賀瑞斯‧泰伯（Horace Tabor）是在哪裡找到銀子的。萊德維爾有泰伯歌劇院、遺產博物館、盛名在外的國家礦業廳，以及獨一無二的礦業博物館，更不用說去萊德維爾鐵路和礦區的實地旅行有多麼精采了。誰還會另作他想？但麥可卻說：「看來我們要在萊德維爾待上兩天。接下來要去哪裡呢？」

我計畫每天參觀一處有趣的地方，想感受一個世紀前的礦工是如何生活的。麥可說：「看，我們距離亞斯本（Aspen）**只有五十九哩，我們明天下午可以開車去那裡。」

「不行，」我說：「這次度假該聽誰的呢？」

萊德維爾之行確實是我最喜愛的一次旅行。麥可多年來經常埋怨，說在科羅拉多州的四天對他來說就像是四年，但我愉快的回憶完全不受影響。我說：「喔，這樣不是很幸運嗎？不是每個人都能感受到時間充裕，特別是在旅行的時候。」

* 一九六四年於美國上映，根據真實故事改編的西部電影，賀瑞斯‧泰伯為男主角。

** 距離科羅拉多州首府丹佛市約二三〇哩，是美國冬季滑雪勝地之一，當地的音樂節相當知名。

# 1-2 榮格的內向和外向理論

心智的鐘擺在意識和無意識之間擺動，而不是在正確和錯誤之間擺動。

——榮格

二十世紀初期，精神分析學者榮格與提倡精神分析的理論家佛洛伊德（Sigmund Freud）和阿德勒（Alfred Adler）一起工作時，注意到一些令人困惑的事。佛洛伊德與阿德勒討論病人的同一份病歷時，兩人重視的資訊不同，更發展出幾乎完全相反的理論。榮格認為他們**都**抓住了一些有價值的東西，對此加以思考，提出了他自己的理論。（猜猜看榮格是內向者？還是外向者？）

## 佛洛伊德是性格外向者，阿德勒是性格內向者？

榮格認為，佛洛伊德是性格外向者，因為其個人傾向是外在世界的人物、地點和事物。佛洛伊德的許多理論，都源自於和許多同事的大量通信和討論，他相信心理發展的目標，是在外在世界中發現令人滿意的事物。

榮格認為，阿德勒是性格內向者，因為其理論和研究重點都指向個體內在的思想和情感。阿德勒的理論建立在征服無助感的內心鬥爭之上，這種無助感，用他的術語來說，叫「自卑情結」（inferiority complex）。他將人們視為規畫自己生活的創造性藝術家。

佛洛伊德與阿德勒、榮格的理論差異帶來痛苦的絕裂。他們三人不再往來，各立門戶。佛洛伊德在書寫探討自戀的文章時，開始把內向性格視為消極的概念，認為這是由外到內、遠離外在世界的過程，導致內向這個概念由健康轉變為不健康，形成錯誤的觀念，且一直延續到今天。

## 個性與生俱來，自有其適當的位置

榮格繼續發展他的理論。據他推測，我們由於某些與生俱來的氣質，會處於從極內向到極外向之間那條「連續體」（continuum）上的某一點*。他相信這個傾向有**生理基礎**。現今的科學研究顯示，他的直覺是正確的。他領悟到，如果我們在必要的時候能在從內向到外向這條連續體上自由移動，就會擁有絕佳的社會適應力。

與此同時，榮格也認清人們的表現未必是這樣的：我們會偏向某一端，而遠離另外一端。據他推斷，我們各自擁有一個「自然的有利位置」，在那個位置，我們**能讓自己的機能發揮到極致**。榮格也指出，只要遠離某一端，在連續體上的任何位置都是健康的。他認為，將一個孩子強拉出其個性的自然範圍是有害的，並認為這會「破壞個體天生的傾向」。事實上，他認為這也正是引發一些精神疾病的原因。

然而，榮格也指出，連續體的其他方面對我們也有價值。如果我們意識到這一點，就有可能提高在連續體上移動的能力。例如，你可以學習保存精力，從而儲備一些能量，讓自己能夠使用較不自然

*　榮格不接受佛洛伊德幼年決定一生的觀點，主張人格發展是一個連續化、統合化、個別化的成長歷程，是將個體與集體、內向與外向等人格影響因素逐漸調和的過程。

的那一端。試想，用你不常使用的那隻手寫一天的字，會是什麼情況？你的確有能力這麼做，但必須耗費更多力氣，並集中更多注意力。榮格認為，這就是在適合你個性的適當位置之外發生作用。你的確可以這麼做，但這對你而言僅只是消耗精力，卻無法創造新的能量。

所認可的東西，並沒有表現出共同的家庭效果。換句話說，與某人共同生活並不一定會形成相同的行為標準，或與父母的教養一致的行為習慣。」

研究也顯示，一起長大的異卵雙胞胎之間的相似程度，**遠遠比不上**分開撫養長大的同卵雙胞胎。這些研究印證了榮格多年前說過的話：**我們生來就具有某種個性**。席格博士還指出：「研究結果顯示，共同生活並不一定能讓同一個家庭中的人相似。相似性主要源自共同的基因。」

# 1-3 你是性格內向者嗎?

前途未卜,需要不斷地努力。

——喬治·歐威爾(George Orwell,作家)

以下是本書中非常有趣的部分。你在生活中「如魚離水」嗎?美國國稅局對納稅人提供各種選擇的機會,作為個人納稅的依據,而我也提供你們同樣的選擇權。你可以做以下的快速測驗,或是後面較長的「性格內向者」自我評估問卷。做個測驗,取決於你的喜好;你也可以兩個測驗都做,看看有什麼新發現。

## 快速測驗

請逐一閱讀以下主要特質列表。感覺 A 組或 B 組描述的特質更像你,或**大多數**更像你?(不是每一項特質都與你相符。)請根據你的**實際情況**而非想像中的自己來回答,並依據第一印象來作答。

### A 組的特質

• 喜歡處於各式各樣的事情之中。

- 喜歡多樣性，討厭千篇一律。
- 認識很多人，並將他們視為朋友。
- 喜歡聊天，即便談話對象是陌生人。
- 活動後覺得精力充沛，並渴望參加更多的活動。
- 說話或做事時不需要先想一想。
- 通常精神飽滿、勁頭十足。
- 喜歡說話而不願傾聽。

## B組的特質

- 休息時，喜歡獨自一人，或與少數幾個親密的朋友在一起。
- 只將關係較深的人視為朋友。
- 在外出活動（即便是喜歡的活動）之後，需要休息。
- 通常是傾聽者；但在談論對自己重要的話題時，能侃侃而談。
- 看起來平靜、沉默寡言，並喜歡觀察事物。
- 在說話或做事前傾向於先想一想。
- 在群體當中或壓力大時，感覺頭腦變得一片空白。
- 不喜歡匆忙行事。

前面哪一組所列的特質更能完整描述你這個人？如果是A組，代表你是性格外向者；如果是B組，代表你是性格內向者。你可能不具備某一組當中的**所有**特質，但其中一組會比另一組更適合你。

因為我們生活在偏愛外向性格的文化氛圍之中，而且我們的工作、家庭需求……都可能要求我們更像性格外向者，所以要確定哪些特質與你相符，可能會有一點困難。如果你不確定，問問自己：

「我通常是在安靜的時間（性格內向者），還是活躍的時間（性格外向者）之後，覺得精力更為充沛一些？」如果你還是不能確定，那麼，請做以下較長的「性格內向者」自我評估問卷。

## 「性格內向者」自我評估問卷

想做性格內向者自我評估問卷時，建議找個感覺放鬆、沒有壓力的日子，選擇溫暖舒適且不會受到干擾的地方來作答。考慮問題敘述的內容是否正確時，請根據自己平常的狀態來判斷，而非你期望中的自己，或受罕見情況影響的自己。

不要對每個句子過度分析或想太多，通常根據第一印象來回答是最好的。關於他人對你的看法，請一位夥伴或朋友來回答，可能更為準確。將你的結果與你的朋友選擇後的分數進行比較，如果分數差別較大，討論一下你們的看法為什麼會不同。

以下問題，請用「○」（正確）或「╳」（錯誤）來回答。

（　）當我需要休息時，我寧願獨自一人，或只是與一兩位關係親密的朋友在一起，而不

○ 願意與太多人在一起。

○ 當我執行一項計畫時，喜歡擁有較長且不受打擾的時間，而非零散瑣碎的片段時間。

○ 談話前，有時我需要先複述一遍；偶爾還會為自己寫張便條，以免遺忘。

○ 通常我更喜歡傾聽，而不喜歡談論。

○ 人們有時認為我是安靜、神祕、疏遠或平靜的。

○ 比起開慶祝會，我寧可與一個或少數幾個關係親密的朋友分享特別的事。

○ 我通常需要思考過後再做出反應或講話。

○ 我常常注意到許多人沒注意到的細節。

○ 如果有兩個人剛打完架，我會感到氣氛非常緊張。

○ 如果我說我打算做某件事情，我總是會去做。

○ 執行計畫時，如果有截止日期或有壓力，我會感到焦慮。

○ 如果事情太多，我會變得頭昏腦脹。

○ 在決定加入某個活動前，我喜歡先觀察一會兒。

○ 我與朋友具有持久的關係。

○ 我不喜歡打擾別人，也不喜歡被別人打擾。

○ 當我獲得較多的資訊之後，我需要花一些時間來整理。

○ 我不喜歡太刺激的環境。我不理解人們為什麼想看恐怖電影或去遊樂場坐雲霄飛車。

○ 我有時對氣味、味道、食物、天氣、雜訊等，有強烈的反應。

（）我是富創造性又／或富於想像的人。

（）即便我玩得很開心，在社交活動後也會覺得筋疲力竭。

（）我寧願由別人介紹我，而不願由我去介紹別人。

（）如果我在人群或活動中待的時間太長，會變得不高興、容易發牢騷。

（）在新環境中，我常常感到不舒服。

（）我喜歡人們來我家玩，但我不喜歡他們待的時間過長。

（）我經常害怕回電話。

（）當我意外遇見某人或別人忽然指定我發表意見時，我發現有時大腦會變得一片空白。

（）我說話的速度會變得很慢或不時停頓——特別是在感到疲倦，或試圖一邊思考一邊發言時。

（）我不會將偶然認識的人視為朋友。

（）我覺得似乎很難向其他人展示我的工作或傳達想法，除非他們已經完全明白。

（）如果發現其他人所認識的我，遠比我認識的自己更聰明，我會很意外。

將你打「〇」的題數相加（一個〇為一分），然後檢視以下的解說，看看你是性格內向者，還是性格外向者，或者是介於兩者之間。

■ 21～30分

你是性格極度內向者。對你來說，瞭解如何保持充沛的精力，以及瞭解自己的大腦如何處理訊息，是非常重要的。你透過自己的思想、印象，希望和價值觀與生活連結。你並不是任由外在環境擺布。

本書將幫助你運用內在的力量，創造自己的人生之路。

■ 11～20分

處於外向與內向之間，你就像雙手都可以靈活使用的人，性格既內向又外向。你可能在需要獨處與想要外出之間進行痛苦的抉擇，因此留意一下自己在什麼時間、怎樣的情況下能保持充沛的精力，對你非常有益。你透過自己的思想、感覺，以及其他人的標準來判斷自己。這帶給你廣闊的視野，但有時你可能為了兼顧問題的兩面而左右為難。重要的是學會正確評價自己的個性，以便保持精力充沛且平衡。我會在第二章討論這個問題。

■ 1～10分

你是性格較為外向者。你根據其他人的價值和現實來判斷自己。在現實允許的狀況下，你力求變化，當人到中年，身體漸漸反應遲緩，你會驚訝地發現自己居然想退出社交活動，休息一會兒，或感覺需要為自己保留一些時間，卻不知能做什麼。你可以找些方法幫自己釐清：當你需要獨處時，什麼是最值得做的？要做到這一點，必須透過學習更多的內省技能，來平衡你對外活動的技能。

如果你仍然不確定自己是性格內向或外向者，思考一下這個問題：在緊要關頭，你是否傾向暫時不接受來自外界的資訊，並獨立以緩慢的動作來反應？或是傾向立即做出反應，不經過思考就採取行動？在壓力大的事件中，我們的本性會展露無遺。如果你傾向退縮，沉寂會像迷霧一樣籠罩著你，那麼你是性格比較內向的人。如果你是性格較為外向者，你的反應是推動自己向前採取行動。任何一種反應都有它的價值。

# 1-4 內向和外向都有價值

世界是由多樣性組成的。

——諺語

對榮格來說，幸福人生的目標是達到「完整」（wholeness）。完整並不意味著**擁有**一切，而是指透過瞭解和欣然接納自己的優缺點，達到心境的平和。如我在前面討論的，榮格認為，位於內／外向連續體之間的所有位置都是健康和必要的。

我們當中有些人天生性格較為外向，而另一些人天生較為內向，但每個人都有一個天生的休息點，在那裡，他或她可以恢復充沛的精力，並且盡量減少精力的消耗。當我們年紀漸長，大多數人都更加靠近內／外向連續體的中央，但我們也需要各種類型個性的力量，來實現世界的平衡。

## 內向性格的優勢

在本書中，我會強調並討論內向性格的優勢，以及其隱藏的潛力。性格外向者終其一生都得到大量正面的讚譽。我不會將內向性格的優勢逐一與外向性格加以比較。事實上，我會集中於「如何運用性格內向的優勢，來彌補性格外向的局限」。

**每種個性的優勢都是另一種個性的不足**。請記得，每個人都是多面向的。人們把性格內向和外向

分類成好或不好，就像在定義其他很多品性一樣，但性格內向與外向的特質不只是這樣。把自己區分為好和不好，顯然是身為人類的我們的缺點。

一九九五年，丹尼爾·高曼（Daniel Goleman）博士出版了極具創造性的《EQ：決定一生幸福與成就的永恆力量》（*Emotional Intelligence*，時報出版）。在那之前，我們對智力的瞭解仍偏向理性思考層面，而且認為情緒是非理性、較不具價值的。人們被區分為理性和感性兩類，然而，我們也都意識到，有些人有很高的智力，對其他人卻缺少情感的共鳴或同情心；另外有些人能充分理解他人，但智力可能沒那麼高。

高曼博士提出以下的問題：我們如何將智力引入情緒——同時對街坊鄰居保持禮貌，並且關心我們共有的生活？我們既需要理智的頭腦，也需要豐富的情感。顯然，我們需要從具有不同才能的人身上學習；我們的社會將從人性的所有面向獲益。

在接下來的章節，我會集中討論內向性格的優勢。性格內向者將重要的特質帶進團體，包括：高度專注的能力、對身邊的人因變化而受影響感同身受的能力，以及觀察力、擺脫限制的能力、思考問題的習性、做出不尋常決定的意志力，還有讓外界放慢腳步的潛力。當然，性格內向者寧可將這些特質留在聚會上，速速回家！

**本章思考點**

---

- 性格內向是獨特的，而且也很好。

內向與外向的三個主要差別：

- 1. 精力的恢復
- 2. 對刺激的反應
- 3. 深度 vs. 寬度

• 性格內向者的確喜歡人。

• 這個世界需要保有特殊珍貴特質的性格內向者。

第二章

為什麼性格內向者
容易被誤解？

- 性格內向者為什麼容易被誤解？他們想掩飾什麼嗎？
- 義大利的空氣，竟然讓愛因斯坦成為空前偉大的物理學家？
- 你是鑽牛角尖，還是懂得自我檢視？
- 為什麼內向者常遭外向者誤解？
- 內向性格為你帶來羞恥感和罪惡感嗎？
- 文化的偏見，竟是造成性格內向者傷痕累累的元凶？

> 如果我們現在不能消除彼此的差異，至少我們有助於實現世界的多樣性。
>
> 約翰‧甘迺迪（John F. Kennedy）

在上一章，我描繪了內向者的樣貌：他們需要私人空間恢復元氣、**無法**從外在活動獲得主要精力，並且在講話前需要花點時間思考。

在這一章，我會從換個角度討論哪些**不是**性格內向者的樣貌：性格內向者不是易受驚嚇的貓，不是怕羞退縮的紫羅蘭*，也不是專注於自我的獨行俠。他們未必膽小或不擅長社交。大多數人因為戴著有色眼鏡，並沒有真正瞭解性格內向者。此外，大多數性格內向者在成長過程中被灌輸了關於內向性格的錯誤觀念，導致也不理解自己的個性。

因此，讓我們來擦拭並調整一下那變形而失真的「有色眼鏡」吧！

---

* 編注：shrinking violet，字面的意思是「縮小的紫羅蘭」，意指「害羞靦腆的人」。據說這句話源自英國：英國人認為紫羅蘭是低調的花，因為它們長在接近地面的地方，經常隱藏在灌木之中，給人謙虛的感覺。

# 2-1 他們不是壁花

這個世界最難以理解的，就是它竟然是可以理解的。

——愛因斯坦

首先，我想糾正這個觀念：「性格內向者是具隱居傾向且孤獨緘默的人」。與主流的觀念相反，社會上許多公眾人物具有是內向性格，而且這二人絕對不曾被黏在任何一道牆上，成為孤立無伴的「壁花」。

## 許多公眾人物都是內向者

艾美獎得主黛安·索耶（Diane Sawyer）就是其中之一。索耶是電視節目《早安美國》（Good Morning America）和《週四黃金時間》（Prime Time Thursday）的主持人。她出現在網路上的內向型名人清單中，以及許多 MBTI 人格特質量表的相關著作裡。在幾次訪談中，她都談及自己安靜的個性：「大家以為你不可能是性格孤獨的人，尤其你常常在電視上露面。」她說：「但他們都錯了。」

她在 ABC 網站的簡介寫著：她「決定從事傳播業，是因為她對寫作的渴望，以及對進入男性統治領域的挑戰」。簡介中還說她「以冷靜超然和專業舉止而聞名」。她憑藉詳盡的研究，以及採訪卡斯楚（Fidel Castro）、海珊（Saddam Hussein）和葉爾欽（Boris Yeltsin）等政治人物帶來的卓越聲望，

成為自己工作領域的領導者。她的採訪主題有時以令人驚訝的方式得到認同，尤其是在她以百折不撓、步步逼近的方式拋出棘手的問題時。

她的好友歐普拉（Oprah Winfrey）說：「人們以為索耶對人很冷淡，但其實她相當有趣。」朋友指出，索耶的典型作風就是發電子郵件對他們說：「我想念你們。」

在一張照片中，凱蒂·柯麗克（Katie Couric）與索耶坐在同一張沙發上。柯麗克是性格外向的女性新聞記者，曾是電視節目《今日》（The Today Show）的主持人。這兩位讓人印象深刻的女性，清楚展現了性格內向者與性格外向者在精力方向的不同。柯麗克精力充沛、率直主動、口齒伶俐，索耶則拘謹、低調、審慎。然而，兩人的工作效率都非常高。

## 按部就班，追求穩定節奏

多次獲獎女演員瓊·艾倫（Joan Allen）也是非常典型的內向者。她演技精湛，卻從不刻意引人注目。她因在電影《暗潮洶湧》（The Contender）中演出副總統的出色表現，入圍奧斯卡最佳女演員，也因為《白宮風暴》（Nixon）和《激情年代》（The Crucible）的演出，兩次獲最佳女演員提名。在百老匯，她則獲得了東尼獎和奧比獎。

她在回答入圍奧斯卡金像獎的心情時說：「得奧斯卡獎並不是我的人生目標，但我知道我媽媽會很高興。」她最關心的是劇本的好壞，因為她發現真正的好劇本可遇不可求。至於在演出《暗潮洶湧》時，她將自己哪些個性帶進角色之中，她答道：「隱私對我來說很重要。我是個非常不喜歡暴露自己隱私的人。」在知道自己的工作具有的深遠影響後，她不但沒有離開百老匯，還花了相當長的時間嘗

試電影工作。對此她解釋說：「我比較傾向緩慢的生活，而不是快速的節奏。」她不僅欣賞自己緩慢但穩定的生活節奏，更將自己的電影製片公司命名為「逐步前進」（Little by Little）。

有些性格內向者被迫成為公眾注目的焦點。讓我們來看一下英國皇室威廉王子的生活。他不喜歡別人對他的事小題大作，也不喜歡別人拍他的相片，他比皇室的其他成員更注重隱私。他在接受採訪時說：「我覺得受人注意是件很不舒服的事。」他的一位朋友說：「他想成為普通人。」並說他是「不願拋頭露面的人」。比起王子的稱號，他更喜歡人們叫他威爾或威廉。儘管皇家宮廷向來擅長將皇室成員推向飢渴的英國新聞界，不過也試著幫助威廉王子應對公共生活的壓力。

皇室觀察者曾提到威廉王子的才智、敏感和喜愛深思的天性。據報導，他影響了母親黛安娜王妃，讓她在離婚時放棄「殿下」的頭銜（HRH，Her Royal Highness）。他對母親說：「我不介意人們叫你什麼，你永遠是我們的母親。」甚至還有報導指出，他可能會拒絕那頂王冠，因為他不喜歡在工作中受到太多關注。如果他後來還是成為國王，他會將內向性格的許多力量帶上王位。

## 在適合的環境裡發揮才能

因喜愛獨處而聞名的愛因斯坦的例子，說明了嚴格的環境會對性格內向者造成傷害，也會減低他們的潛力。布萊恩（Denis Brian）在他的《愛因斯坦》（*Einstein: A Life*）書中曾說，十九世紀後期德國的學校教育對愛因斯坦來說非常艱難。「他很安靜且孤僻。他是個旁觀者。」

愛因斯坦無法以死記硬背的方式學習，加上行徑怪異，不像其他同學答出**敏捷漂亮**的答案，總是態度猶豫、吞吞吐吐，導致當時的他竟被認為有「智力缺陷」或「智力遲鈍」。如果他一直待在德國

的學校，永遠不會成為顯赫的物理學家。幸運（或諷刺）的是，他的父親因為缺少商業方面的聰明才智，決定舉家移民義大利。愛因斯坦的妹妹瑪雅為哥哥僅在六個月內就出現巨大變化感到震驚：「神經質、退縮的夢想家變成了可愛友善、具有尖刻幽默感、好交際的年輕人。是因為義大利的空氣？熱心的人們？還是他從苦難中脫逃所致？」她覺得有點不可思議。

愛因斯坦後來在瑞士上中學時，起初還擔心那裡的環境會像德國一樣令人窒息，但是，「他深受新環境悠閒的氛圍吸引。在那裡，老師與學生自由討論爭議性的話題，甚至是政治——這在德國的中學是難以想像的——並鼓勵他們設計、操作自己的化學實驗，也很少會有什麼事故發生。」

愛因斯坦在生命後期說：「並不是我有多麼聰明，而是我思考問題的時間更多一點而已。」性格內向者只有在適合的環境中才能發揮自己的才能，例如集中注意力，以及提出疑問的能力。

## 名氣與精力的消耗

因此，性格內向者的確不是「壁花」。然而，驅使他們走向「舞臺中央」的原因，通常與性格外向者不同。性格內向者走到聚光燈下，成為公眾注目的焦點，是為了探索對他們具重要意義的工作、自身非比尋常的才能，或是特殊的環境。他們或許喜歡伴隨名氣而來的注目，但對他們來說，那也是**巨大的**精力消耗。

茱莉亞‧羅勃茲（Julia Robert）是眾所周知活潑的內向者。在接受《時代》週刊（*Time*）採訪時，她提到自己在拍電影時，午餐時間多半都會小睡一會兒：「這能讓我在一天後半段的時間裡精力更充沛。」許多有公眾生活的內向者，都必須安排時間獨處一會兒。

## 內向性格名人

- 美國第十六屆總統亞伯拉罕‧林肯（Abraham Lincoln）
- 電影導演希區考克（Alfred Hitchcock）
- 籃球運動員和名人麥可‧喬丹（Michael Jordan）
- 發明家愛迪生（Thomas Edison）
- 演員葛麗絲‧凱莉（Grace Kelly）
- 演員葛妮絲‧派特羅（Gwyneth Paltrow）
- 高爾夫球員大衛‧杜瓦（David Duvall）
- 美國前第一夫人蘿拉‧布希（Laura Bush）
- 微軟創辦人比爾‧蓋茲（Bill Gates）
- 演員甘蒂絲‧柏根（Candice Bergen）
- 演員／導演克林‧伊斯威特（Clint Eastwood）
- 喜劇演員／作家史帝夫‧馬丁（Steve Martin）
- 漫畫家舒茲（Charles Schulz，《史努比》作者）
- 演員哈里遜‧福特（Harrison Ford）
- 演員蜜雪兒‧菲佛（Michele Pfeiffer）
- 前華盛頓郵報發行人／作家葛蘭姆（Katherine Graham）

# 一部電影勝過千言萬語

有時候，可以從電影中找到解決某些生活困惑的答案。

——蓋瑞・所羅門（Gary Solomon）

許多電影的主題都與性格的內向和外向有關。擴展你對內向性格瞭解的一種有趣方式，就是欣賞電影。許多性格內向者，對其他人的認識比對自己的認識更為清楚。有些性格內向者對自己的行為常常抱持批評的態度，但在看到其他人做同樣的事情時，卻又不致批評。觀看性格內向的電影人物，有助於提升對自我積極特質的欣賞。

## 內向性格電影人物

- 《艾蜜莉的異想世界》（Amélie）：性格內向的法國少女，安靜並機靈地運用無形的影響力，潛移默化感染她身邊的人，並贏得一個性格同樣內向的小夥子的愛。

- 《BJ單身日記》（Bridget Jones's Diary）：性格內向的女子，經常因為說錯話而感到尷尬，最後邂逅近了一個性格內向的好人。

- 《濃情巧克力》（Chocolat）：性格內向的少女為其他人調配最能滿足他們需求的巧克力，最後找到了屬於她自己的神祕配方。

- 《溫馨接送情》（Driving Miss Daisy）：這部電影的主角是性格內向的非裔美國人。

- 《情迷四月天》（Enchanted April）：在陽光明媚的義大利，內向性格的主角受人歡迎。

- 《謎霧莊園》（Gosford Park）：性格內向的英國少女識破一場陰謀，並使母親免受陷害。

- 《新娘百分百》（Notting Hill）：性格內向的書店老闆遇見性格內向的女演員；故事隨之展開，兩人擦出火花。

- 《親情無價》（One True Thing）：在照顧生病的母親之後，性格內向的女兒學會理解自己性格外向的母親。

- 《凡夫俗子》（Ordinary People）：性格內向的主角懷著害死兄長的罪惡感，試著面對因為兄長而怨恨自己的母親。

- 《搶救雷恩大兵》（Saving Private Ryan）：性格內向的上尉完成了營救任務。

- 《靈異第六感》（Sixth Sense）：這部電影的主角是個極度敏感、性格內向的男孩。

# 2-2 內向，並不是害羞、類分裂或高敏感

也許自我實現總是一種後天培養的體驗。

——派翠西亞・漢普（Patricia Hampl，作家）

**害羞、精神分裂和高敏感**這些含糊不清的詞彙，經常交錯用來形容性格內向者。這三名詞與內向性格的定義**未必相同**，但我認為每個詞彙都抓住了人類經驗的一些重點。

接下來我會為每一個詞彙下定義，並且舉例說明，使它們不再那麼模糊。無論性格內向者和外向者，都可能會出現害羞、類分裂或高敏感的狀況。

## 內向

內向（Introversion）是一種協調內在世界健康的能力。它是一種具建設性、創造性的特質，許多對這個世界做出重大貢獻的獨立思想家，都具備這種特質。

性格內向者具有一定的社交技能，他們喜歡與人交往，喜歡某些類型的社交活動。然而，聚會上的閒談可能會耗盡他們的精力，卻幾乎不會帶來回報。此外，性格內向者喜歡一對一的交談，群體活動會使他們覺得壓力太大和精力不足。

內向心理學　64

## 害羞

害羞（Shyness）是一種社交焦慮，是當一個人處於人群之中時，最強烈的自我意識體驗。它可能有些遺傳的根源（表現的形式是對恐懼反應極為強烈），但它通常是從學校、和朋友交往的過程，以及在家庭的經驗當中學會的。對某些人來說，害羞會在不同年齡、特定情境下出現或消失。

害羞的人可能在一對一的交談中，或在群體情境中感到不舒服。這不是精力的問題，而是對社交情境缺乏信心：它讓你對別人如何看待自己心生恐懼。它會讓你汗流浹背、全身發抖、面紅耳赤、心跳加快、自我批評，並且相信人們在嘲笑你；它是一種感覺，讓你以為自己是唯一站在強光下的人，你希望地上能有一道縫可以鑽進去。

害羞並非你的**本質**，而是你認為**旁人**對你的觀感如此而造成的，因此容易受到行為變化的影響。

如果性格外向者是害羞的，他們需要和其他人作伴，以便養精蓄銳，承受巨大的壓力。好消息是，透過學習策略改變你的行為，能夠明顯降低害羞的情況。

## 類分裂

有類分裂型人格（Schizoid）的人活在左右為難的痛苦之中。他們需要與別人建立一定的關係，卻又害怕和他人的接觸過於密切。在大多數情況下，這些個體在精神受到創傷，並且／或是受到忽略的家庭中長大。他們採取退縮或獨處的態度，以避免與他人接觸帶來的任何傷害。

類分裂型人格疾患是精神健康領域內一種常見的症狀。許多心理治療師將它與性格內向和害羞混淆，認為似乎全是一樣的，但它們並不相同。

## 高敏感

高敏感（Highly Sensitive）是人們生來就具有的某些特質，通常被描繪成第六感。有這種特質的人反應非常敏銳、直覺強、善於觀察，比大多數人擁有更好的辨別力。他們可能遠離社交活動，因為他們害怕那洪水般令人煩惱的感覺。性格內向者和外向者都可能是高敏感族。

如果你正在接受心理諮商，請注意你的治療師是否瞭解這四個詞彙的差異。

## 內向性格的特質

噢，小熊維尼！你認為牠是一……一……一隻大臭鼠（Woozle）嗎？

——小豬（Piglet，漫畫《小熊維尼》中的角色）

我們喜愛的一些文藝作品、電影和電視中的人物，都是性格內向者。也許是因為非常多作者、藝術家的性格都較內向，所以將內向的性格融入他們的作品。看看以下的清單，想想他們的特質，如智慧、不局限於事情本身、具思考能力、注重細節、對團體需求的考慮、做出困難決定的能力。

- 漫畫《小熊維尼》（The Complete Tales of Winnie-the-Pooh）中的貓頭鷹博士、小豬（害羞且性格內向）和男孩羅賓（Christopher Robin）。

- 電視影集《外科醫生》（M*A*S*H）中的「雷達」（Radar，即 Cpl. Walter 'Radar' O' Reilly）。

- 漫畫《史努比》（Peanuts）中的奈勒斯（Linus Van Pelt）、謝勒德（Schroeder）、富蘭克林（Franklin）和瑪茜（Marcie）。

- 電視影集《星艦爭霸戰：銀河飛龍》（Star Trek, the Next Generation）中的尚路克・畢凱上校（Jean-Luc Picard）和顧問特洛伊（Troi）。

- 電視影集《艾莉的異想世界》（Ally McBeal）中的艾莉。

- 電視影集《白宮風雲》（The West Wing）中的總統約書亞・巴特勒（Josiah Bartlet）。

- 英國謀殺天后、偵探小說家阿嘉莎・克莉絲蒂（Agatha Christine）塑造的著名偵探人物白羅（Hercule Poirot）。

- 雕塑《沉思者》（The Thinker）。

- 小說《梅岡城故事》（To Kill a Mockingbird）中的阿提克斯・芬奇（Atticus Finch）。

- 小說《記憶傳承人》（The Giver）中的喬納思（Jonas）。

# 2-3 不要因別人的指責而產生罪惡感

現在讓我們來看看，針對性格內向者最常見的兩種指責——自我中心、孤僻而不愛交際。

內向者之所以容易表現出專注自我或漠不關心的原因並不複雜：因為我們認為對外在的刺激已經足夠，於是將資訊進入的通道關閉。我們這麼做，是因為這有助於將外在經驗與自我內在經驗進行比較，並嘗試在已有的基礎上理解新的資訊，甚至進一步思考：那些經驗是怎樣影響我們的？

## 專注內在，反省、同理能力佳

性格內向者不僅不以自我為中心，事實上可能還恰恰相反。我們集中注意內在世界的能力，以及對感覺和體驗進行反省的能力，使我們更加理解外在世界和他人。那些貌似自我中心的特質，事實上正是能夠切身理解他人處境的能力。

性格外向者也將注意力集中於自我，但方式不同。外向者喜歡參加社交活動，需要別人的陪伴，這與他們對刺激的需求一致（讓我參與其中、挑戰我、給我一些刺激來引起我的反應），以便感覺到與周圍事物的連結。

外向者不會像內向者那樣產生那麼多的內在刺激，所以他們需要從外在世界尋求刺激，也許這就是他們貶低內向者的原因——他們因為感覺內向者有所保留而惱怒；內向者不以他們需要的方式閒聊

或參與社交活動，讓他們感覺受到威脅。

## 有限度的社交

這讓我想起對性格內向者另一個較大的誤解——孤僻不愛交際。性格內向者並不是不愛交際，只是以不同的方式進行社交而已。

性格內向者需要的朋友關係不多，但喜歡（來自親密朋友的）較多的聯繫，以及與朋友親密的互動。由於與其他人交往會耗費大量精力，我們不願將太多精力用於社交活動。這就是為什麼我們不喜歡無所事事閒談的原因。

相對的，性格內向者更喜歡內容豐富、充實的交談，因為我們可以從中獲取豐富的學識，並充滿活力。這樣的交談，能帶給我們一種快樂感受——研究快樂的學者稱為「幸運一擊」（Hap Hits）。當我們彼此交流內涵豐富的思想時，能夠獲得滿意和快樂等美好的感覺。交談需要耗費精力，這也是我們即便對其他人很感興趣，但有時更喜歡觀察他人的談話，而不願加入其中的原因。

只要處於人群之中，或是坐在看臺上為自己支持的隊伍瘋狂歡呼，性格外向者就會產生快樂感。由於性格外向者是從社會和活動中獲得精力，他們喜歡安靜地坐在邊線外，會使他們因厭倦而頹喪。性格外向者喜歡在城鎮中，像蜜蜂採蜜似的，從一朵花飛到另一朵花。他們說，只要給我一些刺激性的驚喜，我就可以離開了。

再次強調，這只是參加社交活動的不同方式而已，並不一定是更好的方式。不要讓別人指責你的個性，你也不必努力使自己朝外向的性格發展，因為你跟性格外向者是不同的。把對你的那些指責，

都抛到一邊去吧。

## 是自我專注，還是自我反省？

性格內向者被認為是自我專注的，這有一點諷刺的意味，因為心理治療師在接觸新的個案時，主要的任務往往就是幫助個案發展自我反思的能力。我們努力讓個案從外在世界回歸自我，幫助他們能夠觀察自己的思想、感情和行動。如果缺乏自我反思，人們很容易在同一件事情上周而復始地鑽牛角尖。

性格外向者對自我反思較不熟練，但由於某些奇怪的原因，他們被認為比性格內向者更健康，甚至在心理學領域也是如此。

# 2-4

# 不只是為了說話而說話

如果上天要我們說的比聽的多，那麼祂應該會給我們兩張嘴和一隻耳朵。

——無名氏

性格外向者作為社會上的多數，影響了整個文化對性格內向者的看法。性格外向者在言辭上的收放自如對性格內向者造成了威脅，這更容易使性格內向者斷定自己不應該講話。

博納多・卡度西博士（Bernardo J. Carducci）是研究害羞這個主題的先驅，他在《人格心理學：觀點、研究和應用》（Psychology of Personality: Viewpoints, Research, and Applications）書中寫道：「我們的創立者因為宗教信仰的原因而遭受排斥，並且為了確保所有人都有言論自由而承受巨大的痛苦。如今我們重視勇敢和個性，認為『善於講話者』是有影響力的，把他們當成仿效的對象。我們重視言語表達能力、勇氣和直爽的個性。」有趣的是，在這個例子裡，「個性」指的是外向的個性。演說在大多數西方社會受到重視，想想現今流行的電視節目，如《麥克勞夫林專題討論》（McLaughlin Group）、《交火》（Crossfire），或各種辯論賽。言辭上的競爭與這些節目可說是畫上等號。

性格內向者不會只是為了說話而說話。當他們說話時，是想說出自己的想法。有時候，他們甚至還會限制這種發言。

有一天，我和學院的幾個朋友一起去喝下午茶。聰明、性格溫和的女孩潔咪說道：「在每一次研

討會上，我只允許自己發言兩次。」每個人聽到後都對她說：「請不要這樣，我們很喜歡你的發言。」

潔咪感到詫異極了。如果她沒提起自己在研討會上的做法，不會得到那些回饋。她和許多性格內向者一樣，怕自己會占用大家太多時間。我們提醒她：我們都很想聽到她提出的、具有價值的觀點。

美國把看起來自信而果斷的雄辯家放在很重要的位置，性格內向者的個性則經常和我們尊重的「管理類型」正好相反，因此，在性格內向者和外向者之間形成了一道充滿誤解、互相批評的鴻溝。

# 2-5 為什麼內向者讓外向者感到猜疑？

在美國，最必不可少的就是在孤獨世界中有所創造。

——卡爾·桑柏格（Carl Sandburg，詩人）

為什麼性格內向者有時感覺自己如此格格不入（就像太空船降落在錯誤的星球一樣），並總是受到誤解？以下是一些原因：**性格內向者較少顯露自己和自己的反應，看起來較疏離冷淡，神祕費解。**此外，正如我們所看到的，許多社會都讚美外向性格的優點，在此同時，許多性格外向者卻以懷疑的眼光看待內向者的才能為世界帶來的貢獻。讓人感到難過的是，甚至連性格內向者自己都經常無法理解自己的貢獻。

## 容易導致誤會的性格內向特質

接下來，讓我們來看看一些可能使性格外向者產生猜疑的內向性格相關特質。當你瀏覽以下條列的特質資訊時，請記得：性格內向者本身可能更讓人摸不清；當他們筋疲力竭時，可能前後表現得很不一致，例如某天精力充沛，變得非常健談和喜愛交際，另一天筋疲力竭，像剛拉完四輪馬車，幾乎一句話也說不出來。這可能使認識他們的人感到大惑不解。

以下是性格內向者常見的特質：

- 將精力保存於內在世界，導致其他人不容易理解他們。

- 專注於思考問題。

- 談話前會猶豫半天。

- 避開擁擠的人群，尋找靜謐。

- 忽視其他人在做什麼。

- 與人交往小心謹慎，只參加經過選擇的一些活動。

- 不會隨意發表意見，需要別人問才講出自己的看法。

- 如果沒有足夠的時間獨處，或不受干擾的時間不夠，就會變得焦慮不安。

- 以小心仔細的方式思考或行動。

- 不會表現太多的面部表情或反應。

看看以上幾點，便很容易理解為什麼性格外向者會認為我們有點神祕。

以下三個主要的差異，則常常讓性格內向者和外向者之間不只出現歧異，更常常導致誤解。

## ■ 差異1：性格內向者的思考和談話方式不同

性格外向者邊思考問題邊講話，這對他們來說是很容易的事。事實上，他們大聲講話時，正在思考的問題會變得愈來愈清晰。性格內向者則需要一些時間來考慮問題，除非是自己非常熟悉的話題，否則不會自發性地講話。在性格外向者看來，性格內向者表現得非常小心謹慎和消極被動。性格外向者非常習慣即席談話，因此可能無法信任較沉默含蓄的性格內向者。

當性格內向者講話支吾其詞時，性格外向者可能會感到不耐煩。「痛快說出來吧！」他們可能會這麼想：「為什麼他們對自己的觀點那麼沒自信？他們想要掩飾什麼？」

性格外向者可能會覺得性格內向者想保留一些消息或想法。例如，在會議結束後，我認識的幾個性格外向者問我為什麼我不發表意見，告訴他們我在想些什麼？為什麼我不加入討論，說出我的觀點？我永遠也不會理解，為什麼這世界上會有人認為我有點「神祕兮兮的」。從我的立場看，當我的確想講點什麼時，我說的是正經的事（我可不是在開玩笑），同時展現自己的思想和觀點。但顯然在性格外向者看來，我用如此冗長的時間來談論我的想法，他們也會認為我是有意在隱瞞些什麼。

性格外向者需要瞭解，性格內向者需要時間來形成和整理自己的觀點。不過，性格外向者也應該留意，如果性格內向者對某個主題的觀點經過仔細思考，或對某個話題的瞭解較多，那麼，請小心——原本安靜的內向者會變得激動且口若懸河。

## ■ 差異2：性格內向者常被忽視

當性格內向者似乎不願意說話，或講話慢吞吞時，通常是因為沒有全心投入外向者的談話。性格外向者可能認為（性格內向者自己也可能這麼想），性格內向者不能帶來任何有價值的回饋。

性格內向者不喜歡打斷別人，所以發表意見時可能非常委婉，或不太強調什麼內容。有些時候，性格內向者一般交談更有深度的意見，但人們可能因為感覺不太適應而加以忽略。有些時候，即使性格內向者提出比一般交談更有深度的意見，但沒多久後，其他人可能提出比較的**同樣**的意見卻得到熱烈的回應，這會讓性格內向者感覺自己受到忽視。對他們

來說，這真是令人沮喪又難以理解。

許多性格內向者無法透過外在表現向人們暗示他們腦中的「齒輪」是如何運作的。在社交場合中，他們臉上不是毫無表情，就是表現出不感興趣的樣子。事實上，除非他們覺得壓力太大，或真的不感興趣（例如話題太無足輕重），否則他們通常都在思考人們正在談論的事。如果這時問他們，他們便會與大家分享自己的想法。

這些年來，我都在學習如何詢問性格內向個案在想什麼，以及當時的感覺如何。幾乎每一次，他們的意見都擴展了我們正在討論的問題，但他們卻面無表情，以致於我無法確定他們的思緒是否已經飛到九霄雲外去了。在小組情境中，如果性格內向者沒有與其他人保持眼神交流，並提供一些線索，讓別人知道他們仍在傾聽，其他人可能就會開始排斥他們。

## ■ 差異 3：性格內向者讓外向者不得不停下來思考

性格外向者無法信任內向者的第三個原因是，我們做的許多事都讓外向者感到不悅——我們竟大膽建議性格外向者暫停回應，在急著往前衝之前先思考。當性格內向者建議外向者放慢腳步、制訂計畫、考慮後果、行動前先將眼光放遠，都會打擊性格外向者的信心。性格外向者總會預先看到事情的成果，例如想像院裡新種的花，他們就準備出發趕到苗圃，買下五顏六色的花苗。他們就像賽馬，如果想加以約束，牠們就會嘶叫，力圖掙脫限制自己的韁繩。

性格內向者相反，他們喜歡停下來聞聞玫瑰的花香，並且會說：「讓我們坐下來看看這院子，並考慮一下先種點什麼。」如果試圖讓他們「快一點」，就像在催促烏龜。即便你在他肚子

下面點一把火，他也不會加快速度。這樣的行為，無疑只會讓內向者與外向者彼此激怒。

——班傑明・迪斯雷利（Benjamin Disraeli）

## 深受語言影響的內向者

提出批評要比糾正問題容易許多。

在文化生活中，當人們持有某種根深柢固的觀念時，這種觀念便會透過語言表現出來。我們的語言反映了我們擁有的價值和信仰，並對我們產生深遠的影響。

我查閱了幾本辭典和一本百科全書中對「內向」（introversion）一詞的解釋。

在《心理學辭典》（Dictionary of Psychology）中，內向被定義為：「……向內指向自我。性格內向者專注於自己的思想，迴避社會交往，傾向逃離現實世界。」

《心理學國際辭典》（The International Dictionary of Psychology）寫道，內向是：「……一種主要的人格特質，特徵是專注於自我，缺少社交能力，以及較為消極被動。」

在《新韋伯斯特大學辭典》（Webster's New Collegiate Dictionary），內向被描繪成：「……完全或明顯地關心和注意自己精神生活的一種狀態和傾向。」

再看看《新韋伯斯特世界百科全書》（Webster's New World Thesaurus），內向被說成是：「……

沉思者、自我觀察者、利己主義者、自我陶醉者、獨居者、形單影隻者和性格孤僻者。」當我讀到這裡，腦海中浮現出在森林裡，反對核武轟炸機的人住在他那貧瘠的小木屋裡的景象。

當我在同樣這幾本參考書中查閱「外向」（extroversion）一詞時，很快就明白為什麼大多數人會有點羞於承認自己是性格內向者。

在《心理學辭典》中，寫道：「……指導人格指向外界的一種傾向，性格外向者是愛交際、喜愛活動的人（我相信他們也指女性），其動機受外在事件的影響。」

在《心理學國際辭典》中：「……性格外向的特點是對外在世界感興趣，具高度自信、社交能力強、敢說敢做、追求感覺和崇尚權威。」

在《新韋伯斯特大學辭典》，寫道：「……其特點是從自我的外在獲得滿足，是友好的、無拘無束的。」

最後，《新韋伯斯特世界百科全書》將性格外向定義為：「……與性格內向剛好相反的人，愛交際，是社交場合的鋒頭人物，喜歡賣弄自己。」對性格外向的最糟糕評價也不過如此。

現在，你開始掌握問題的根本了嗎？在這本書裡，我似乎是在為性格內向者搖旗吶喊，那的確是我的本意。我只是試著為這個「遊戲圈」帶來一點平衡。畢竟長久以來，它都有失公允。

## 2-6 責備和詆毀

犯錯乃人之常情；而將過失歸咎於他人，更是人類常做的事。

——鮑伯·顧達德（Bob Goddard，物理學家）

對性格內向的孩子來說，在成長過程中不停面對別人把他們和性格外向者加以比較，傷害非常大。大多數性格內向的孩子在成長過程中，都曾公開或隱晦地接收到他們哪裡出了問題的訊息。他們感受到別人的責備——為什麼不能快一點回答問題？也會感受到別人的詆毀，認為他們也許不太聰明。

我面談過的五十位性格內向者中，有四十九位都曾因為自己的行動方式而感受到責備和詆毀。然而，第五十位受訪者牧師葛雷，卻沒有這種感覺。

### 接納內向性格的教養環境

我曾聽過葛雷的一次談話，當時他不經意提到自己是一位性格內向者。之後，我馬上問他，我是否可以採訪他，我想知道為什麼他對自己的內向如此不在意。原來，他來自於性格內向的家庭，所以從來沒有體驗過那種如魚離水的恐懼感。早期教養過程中對自我的接納，使葛雷創造了一種和諧的內向性格生活。

這個例子說明，教養環境對我們的個性是何等的重要。遺憾的是，大多數的內向者並不是在接納

並培育內向性格的家庭中長大的。

性格內向的孩子總會接收到大聲、清楚的訊息，告訴他們這裡或那裡有毛病。在一項重複三次都得到相同結果的研究中，內向及外向的受訪者都需回答以下問題：理想的領導性格是內向的，還是外向的？理想的自我性格是內向的，還是外向的？研究結果反映了我們文化中的偏見，受訪者性格無論內向或外向，都選擇外向作為他們理想的自我及領導者性格。我們生活在迎合、讚美外向性格的文化之中，學會外向性格是我們應該要做的選擇。

## 責備導致罪惡感和羞恥感

我接待過許多性格內向且聰明的個案。他們都認為自己有本質上的缺陷，也就是大腦中缺少了點什麼。更糟的是，他們經常有罪惡感和羞恥感。人們常常交替使用罪惡感和羞恥感這兩個詞彙，事實上，這兩種是不同的情感，雖然有時候區分起來有點困難。

## 羞恥感：對自己不滿意

羞恥感是一種強烈的羞恥和痛苦的情感，它依附於你的身體，就像是黏在羽毛上又熱又溼的焦油。排遣這種討厭的情感是件很困難的事。當你體驗到羞恥感時，感覺可能包括：

- 一種退縮或逃避的衝動。
- 希望自己消失。

- 整個身體都在萎縮。

- 說話比平常困難。

羞恥感與存在有關。當我們認為自己沒有價值或天生有缺陷時，便會感到羞恥。羞恥感使人感到無助和絕望，並迫使我們退縮和隱藏。許多俗諺反映了羞恥感：「我想爬到石頭下躲起來」、「真丟臉」、「我希望地上有道縫能讓我鑽進去」。

羞恥感是一種對自己不滿意的情感，會壓制我們與周遭分享內心世界所能得到的快樂；羞恥感不是讓我們感到受傷而難以興奮或表現自己，而是讓我們感覺必須將自己藏起來。

羞恥感是一種複雜又讓人困惑的情感，需要合適的條件才會產生。這有一點像具有一定的大氣條件，才會有閃電劃破夜空，接著響起隆隆的雷聲。如果某人體驗到羞恥感，前提是他必須想向其他人展示自己內心深處的什麼。想想你向朋友展示自己引以為豪的某樣東西吧，這是引發羞恥感的「大氣條件」──你希望自己受別人關注。如果你得到的不是欣賞，而是對方的鬼臉，或是厭惡的一瞥，它可能引發一種想躲起來的強烈情感。換句話說，這就是羞恥感。

儘管羞恥感會影響到每個人，但對性格內向者來說卻是「屋漏偏逢連夜雨」，具有雙重不利的影響。如果我們感到羞恥，我們幾乎無法為自己留下什麼資源，來讓自己平靜下來。我們可能變得退縮，並且在很長時間內都不再敢向別人展示自我。這對我們每個人來說都是一種損失。

## 罪惡感：覺得自己做錯了什麼

罪惡感卻沒有這麼複雜，它與我們的行動有關，是一種因為做錯了什麼事而感到不舒服、不得安

寧的情感，就像是把手伸進餅乾盒裡卻被別人撞見一樣。

當我們傷害到某人時，我們會有罪惡感；或者，當我們違反某條規則或制度並擔心被逮到時，會有罪惡感。罪惡感驅使我們承認自己做錯了什麼，並做出補償。

過多的罪惡感會讓性格內向者產生退縮。有很多因素導致性格內向者產生罪惡感。許多性格內向者能夠從更高的角度看清人們如何共生共存，所以他們擔心自己的行為會影響到其他人。內向者同時可能認為那些讓自己心煩的事情（例如，思路被打斷），也會讓其他人感到心煩。由於他們總是非常善於觀察，因此即便對非常微小的言語失誤也會產生罪惡感。

許多時候，他們都在擔心自己對別人不夠友善，但情況其實並不是他們想像的那樣。此外，為了避免做了什麼而傷害其他人，性格內向者有時甚至會避開人群，導致自己對生活的滿意度下降。與此同時，整個社會也得不到來自性格內向者的貢獻。

# 化解罪惡感和羞恥感的辦法

保持和善，時時留意他人情緒。

—— J.馬賽依（J.Masai）

學習掌握羞恥感和罪惡感，對性格內向者來說非常重要，否則我們會將很多時間浪費在面對糟糕和不堪的體驗上。以下的方法有助於回到正常的生活軌道。

# 有罪惡感時，釐清自己是否真的傷害了別人

有時我們以為自己得罪了別人，事實上並沒有。例如，性格內向者不喜歡打斷別人的談話，如果他們不但參與了談話，還打斷了某人的話，他們會有罪惡感。不過，很多人並不介意講話被打斷。因此，當你以為某人的惱怒和自己有關時，先觀察對方的狀態。也許他的反應不是你以為的那樣。告訴自己：「參與這次的談話讓我有點焦慮，而且我還打斷了珍；但她看起來沒有生氣。情況還好。」

## 誠懇道歉

如果你傷害了某人，請走上前去道歉：「珍，對不起。我剛剛沒有讓你把話說完。你本來打算說什麼呢？」面對罪惡感的主要解決辦法就是道歉。每個人都會犯錯。請原諒自己。

## 找出引發羞恥感的來源

當你因為羞恥感而感覺難堪、退縮時，試著找出原因，就能淡化這樣的感覺。例如，一位同事在會議上問你問題，你想回答，一時找不到什麼可說，這可能引發你的羞恥感——你感覺自己想躲起來，感覺自己一無是處、一點也不聰明。別這麼想。請對自己說：「這就是我大腦運作的方式。我通常不會很快就回答別人的提問，愛因斯坦也不會。我可以告訴同事，我需要仔細思考一下再回答她。」然後，就放下這樣的羞恥感覺吧。

消除羞恥感的主要辦法是自尊。告訴自己，你沒有錯，沒有問題。你的大腦是以另一種方式在運作的。。深思熟慮非常有用。你就是你，這樣很好。

# 2-7 瞭解你的個性狀態

保持宏偉的抱負、適度的期望和少量的需求。

——史坦恩（H. Stein）

你的性格愈內向，就愈有可能因為自己是什麼樣的人而體驗到羞恥感和罪惡感，也愈可能感覺自己受到誤解——甚至是受自己的誤解。這些體驗可能會導致你退縮。接下來的兩個技巧可以幫助你不過度退縮：

1. 學習運用前一節化解罪惡感和羞恥感的辦法。
2. 學習掌握自己的「性格溫度計」，就像觀察溫度計上的體溫一樣，你會更瞭解自己的精力狀態。

## 評估自己的狀況，掌握節奏

你可以每天評估自己的精力狀況，然後調整自己的每天、每週或生活，保持體能供需的平衡。這麼做，你會成為自信的性格內向者，不至於經常受到身體疲倦的影響，不再容易感到羞恥，或受他人責備，腦子也不會經常一片空白。讓我們來試試看。

薇拉阿姨來訪？她整個星期都跟著你，在房子裡一直囉嗦？留意一下你的感覺如何。手臂沉重？腦袋嗡嗡作響？身體疲憊？感覺好像雙腳裝進水泥做的靴子裡一樣沉重？如果是這樣，這個星期你需

要安排大量的時間來休息，以便恢復體力。

接下來是另一種情況：你是否已在安靜的家裡待了一個週末？你感覺身體活力十足，想做的各種事在腦中盤旋。你急切地想要出去走走。這是個很好的時機，你可以開始進行擱置已久的事。顯然，很多時候你對自己精力狀況的感覺不會這麼清楚，那麼可以試著問自己以下這些問題：

- 我的大腦現在狀況如何？機敏？呆滯？一片空白？
- 我的身體狀況如何？筋疲力竭？活潑？精神飽滿、衝勁十足？
- 我是感到興奮過度，還是不夠興奮？
- 我今天必須做什麼？還有什麼其他選擇？
- 如果我的精力更好一點，我還可以再做點什麼？
- 如果我體力不濟，可不可以暫時不做某些事？
- 我可以安排額外的休息時間嗎？
- 我需要安排時間獨處嗎？
- 我需要什麼樣的獨處時間？（例如：閱讀、小睡、盯著窗外、安靜坐一會兒、聽聽音樂、看看電視？）
- 我可以因為某些額外的刺激（如探望朋友、參觀博物館）中有所收穫嗎？
- 我今天需要的是什麼？

如果你練習審視自己的身體狀況，並檢查自己的精神狀態，就能學會瞭解自己的個性狀態。如果

某人邀請你出去吃頓中國菜，而你的精力也很充沛，你會更有自信地接受邀約；如果你的精力不足，你大可拒絕，而且不會感到罪惡感或羞恥感，也不會擔心自己從此失去受邀的機會。你知道等到下一次精力充沛時，自己可以接受這樣的邀請。

## 本章思考點

- 就算是公眾人物，也有可能是性格內向者。
- 性格內向者不一定就是害羞、類分裂或高敏感。
- 大多數性格內向者受過責備、羞辱和詆毀。學習面對這些狀況時的解決辦法。
- 學習瞭解自己的個性狀態。

第三章

大腦決定了
你天生就是性格內向者

- 有科學證據能證明個性是與生俱來的嗎？
- 黑猩猩和人類的基因有 98％ 相同，兩者卻如此不同！
- 為什麼古柯鹼和安非他命如此容易讓人上癮？
- 研究結果顯示，性格內向者的大腦有較多的內在活動和思考。
- 為什麼性格內向者常會忘記自己本來很擅長的事？
- 左腦占優勢還是右腦占優勢的性格內向者，適應社會的能力較好？

> 在你的內心深處，
> 有一處安靜的避難所。
>
> 赫曼‧赫塞（Hermann Hesse，作家）

我們是怎麼形成較內向或較外向的個性呢？人類揭示大腦祕密的進展一直很慢。直到最近，我們也只是透過對行為的觀察，瞭解大腦中發生了什麼，並推斷**可能**發生什麼。

榮格曾提出很有見識的「猜想」：性格內向和外向有各自的生理基礎。在二十世紀早期，他還沒辦法加以確認。如今，隨著大腦掃描和影像傳輸技術的發展，我們更清楚瞭解了大腦內的溝通傳遞路徑，以及這些反應在人類行為中的表現。例如，我們能畫出大腦的活動範圍，精確地把大腦的活動區域與特定行為加以連結。還有，心智圖也說明並證實了哪些大腦機能對個性產生了影響。

目前科學家對大腦的功能仍處於探索階段。那似乎是一幅驚人的風景畫，幾乎每位研究者對大腦的工作機能都有不同的理論，可見它有多麼複雜。在這一章裡，我呈現的一些觀點仍只是來自推測，想獲得更確定的結論還需要多年的努力。我們還在努力揭開大腦奇妙而神祕的面紗。

每個人天生就具有某些基本要素或特質，這些要素或特質組成了我們的個性。在《情緒的成分》（Molecules of Emotion）中，佩特博士試圖找出個性與其他人類特質的區別：「有些研究專家也在尋找情緒、心境和個性的不同。『情緒』是最短暫的，可以根據引發它的原因來辨識；『心境』一般會持續幾小時或幾天，較不容易找到產生的原因；『個性』則是基因決定的，所以我們一生都會帶有它的

內向心理學　88

色彩（只是在原有的基礎上有所增減）。個性在我們一生當中都相當穩定，並會受遺傳因素影響，這已是眾所周知的事實。除此之外，研究者一致認為，個性還有其他兩個基本特點：個性因人而異，而且在生命早期就已表現出來。

關於組成個性的基本特質，至今仍沒有一致的結論。儘管如此，所有人格理論研究者總會把內向／外向列入特質列表之中，並且認為那是個性中最可信賴的成分。

# 個性的差異

宇宙中最不可思議的事情，就是宇宙是可以瞭解的。

——愛因斯坦

當前對基因和大腦心智圖的探索，為人類天性的祕密打開了一扇科學的窗。心理學納入了達爾文的一些理論，形成一種新的觀點，稱為「演化心理學」。這個領域的研究者想釐清某些行為策略是否增加了我們生存和繁衍的機會。

達爾文在加拉巴哥群島（Galapagos）上研究鳥類時發現，鳥類為了因應環境需求，演化出專門的鳥喙。不同的鳥喙，能讓不同的鳥在不同的環境中覓食。鳥類在那裡不只是吃昆蟲，還可以吃各式各樣的東西，如昆蟲、漿果、種子和堅果仁等。這增加了整個物種存活的機會。

## 榮格以演化觀點來思考個性

榮格是達爾文的仰慕者，當他首次在文章中提到性格內向和外向時，顯然是以演化的觀點來思考個性的。他將個性的每個變異視為個體基因應繁衍所需的最佳環境，或自然生態區位，讓人在不同卻適當的環境中繁衍興旺，以增加全人類生存的機會。這是大自然保存多樣化物種的方式。

榮格寫道：性格內向者保存他們的精力，生的孩子較少，自我保護的方式較多，因此壽命更長一

些。他們欣賞更簡單的生活方式，有親密的依戀關係，以新的方式來計畫和思考如何做事，所以他們也鼓勵其他人小心謹慎，自我反思，並且在行動前認真思考。

相反的，榮格認為性格外向者在危險面前反應迅速，並且有能力在大團體中和其他人融洽相處。因為他們生的孩子較多，保護自己的方式比較少，因此壽命更短一些。性格外向者消耗自己的精力，需要到更遠的地方去探險，尋找新的領地、食物和其他文明，所以他們鼓勵廣泛的探索。

## 相反力量之間的制約和平衡

自然界的穩定通常是基於相反力量之間的制約和平衡，例如：移動快速的野兔和移動緩慢的烏龜；性格內向者和性格外向者；男人和女人；理智和情感。人類有天生的適應力，但我們在先天上也受到限制，無法達到完全的平衡和滿足，這使我們得以保持生理上的韌性和對變化的渴望，我們也因而具備適應不同環境的能力。

人類身體的穩定性主要來自於穩定中求變化的適應能力。身體中具有相反的機制，可以保持一種流動的**平衡**。身體的所有系統都有一個興奮（或「調高」）終端，和一個抑制（或「調低」）終端，就像蹺蹺板一樣。如果發生什麼問題，身體中的各種裝置點就會發出信號。信號在相互聯繫的回饋迴圈中移動，使系統變高或變低，直到身體恢復體內平衡。

## 個性是與生俱來的

在文明發展初期，人類就開始試著解釋人們之間明顯的差異，而且常常從平衡的視角來審視這二

差異。在西元前四、五世紀，體液理論非常流行。研究者認為，為了實現個性的平衡，身體需要四等量的體液：黃膽汁、黑膽汁、血液和黏液。在中國，這種平衡則是基於五種力量——金、木、水、火和土。

好幾世紀以來，許多不同的理論出現，但很快又銷聲匿跡。納粹成員濫用這個觀念，利用種族刻板印象作為謀殺猶太人、吉普賽人、同性戀者和其他團體成員的藉口。之後數十年裡，「個性是與生俱來的」這個觀念不得不轉入地下。直到最近，由於技術的發展在心理生物學、同卵雙胞胎研究、動物研究，以及腦損傷病人研究等領域帶來突破，個性的觀念才重新受到重視。

長久以來，我們就已經知道，我們每個人天生就喜歡某一種個性氛圍，在那種氛圍下，我們會感到更舒服，生理、心理機能發揮得最好，並為我們的物種維持一種重要的平衡。如今，研究的新進展在於：我們開始理解「大腦機制」對個性會產生怎樣的影響。

# 3-2 你的組成成分

天性經常是內隱的，有時候會對我們產生強烈的影響，且幾乎沒有不發揮作用的時候。

——法蘭西斯·培根（Francis Bacon，哲學家）

我們的個性來自何方？源自我們的基因。我們的成長受到基因的影響。基因是遺傳的化學成分，決定了每個人的組成成分：細胞、組織、器官和系統，從而創造了我們的身體和大腦的精巧連結網絡。

人類有九九·九％的基因都是相同的，而我們的個性差異只來自於那〇·一％的不同。黑猩猩和人類的基因有九八·九％是相同的，極少部分的基因差異，就導致我們如此不同！

基因是如何影響我們的個性的？個性差異似乎主要源自我們的神經化學成分。我們的基因遺傳包括大約一百五十種不同的大腦化學物質和成分，從而形成我們的神經傳導物質。神經傳導物質在細胞與細胞之間傳遞資訊，指導所有的大腦機能。目前，大約已經發現了六十種神經傳導物質，主要有多巴胺、血清素、正腎上腺素、乙醯膽鹼和腦內啡。

這些神經傳導物質在大腦中都有確定的神經傳導路徑。它們隨著這些神經傳導路徑移動，引導血液的流向，並調節流到不同大腦中樞的血液流量。血液的流向和流量會影響「接通」大腦和神經中樞的哪些部位，我們對世界的反應和我們如何行動，取決於系統的哪些部分受到刺激。

## 3-3 你的基因

### 影響個性的神祕基因

讓我們認識一下對個性產生影響的一個基因：D4DR，還有它的作用。請記得，並不是某種基因就會導致某種特定的個性。儘管如此，D4DR（又稱為「尋求新奇的基因」）受到廣泛研究，且其結果令人吃驚。

D4DR 存在第十一對染色體中，由於第十一對染色體影響行為，馬特‧瑞德利（Matt Ridley）在《23對染色體：解讀創生奧祕的生命之書》（Genome, the Autobiography of a Species in 23 Chapters，商周出版）中，稱它為「人格染色體」。對 D4DR 的研究讓我們開始瞭解，相信平凡愛情的維多利亞女王和尋求興奮的詩人勞倫斯（Lawrence）之間的個性差異。

### D4DR 與高新奇探求者

D4DR 基因主要對神經傳導物質「多巴胺」產生影響，而多巴胺控制一個人的興奮程度，並且對身體活動和動機有重大的影響。

狄恩‧漢默（Dean Hamer）是美國馬里蘭州貝什斯達國家癌症研究所、基因結構及調控機制部門主任，他透過喜愛高空彈跳、花式跳傘和攀登冰山的家庭成員，來研究 D4DR 基因。這些人酷愛

體驗新鮮事物，喜愛遠離常規的特殊音樂、奇特而動人的旅行，以及所有新穎的事物。他們不能忍受重複的經驗、常規的工作和令人厭煩的人。他們容易衝動、敏感易怒，而且在少年時期還可能沉溺於吸毒，或由於過度耗損精力、體力而有健康衰退、身體衰竭的狀況。他們非常健談、擅長說服他人，也願意冒險去獲得獎勵。他們傾向讓生活多彩多姿、挑戰最高極限。研究發現，這些「高新奇的探求者」有較長的 D4DR 基因，而且他們對神經傳導物質多巴胺較不敏感。因此，他們需要體驗生活中的興奮和刺激，以產出較多的多巴胺。

## D4DR 與低新奇探求者

之後，漢默研究了他認定為「低新奇探求」的人，並指出這些人的 D4DR 基因較短，且對多巴胺高度敏感。因為這些人在安靜的活動中也有足夠的多巴胺，在生活中就不需要太多的「吵鬧聲」。

他們也從其他神經傳導物質體驗到與此不同的美妙情感。關於這一點，我會在後文再討論。

低新奇探求者傾向喜愛反省思索，滿足於較慢的生活節奏。在興奮和冒險中，他們更常會感到不舒服，而不是享受。他們是有秩序和小心謹慎的，他們喜歡常規帶來的舒適和熟悉事物；因此，他們不會有太多的冒險。低新奇探求者在開始做某件事之前，喜歡在腦海中思考較長遠的景象，因此他們在長期的事業中會做得很好。他們性情平和，善於傾聽，對人忠誠。

正如漢默在《與我們的基因共存》（*Living with Our Genes*）中所說：「在追求感覺良好這一點，高新奇探求者和低新奇探求者沒什麼不同——每個人都喜歡感覺良好，但這兩種人對於什麼可使自己感覺良好卻差異頗大。高新奇探求者需要獲得興奮來讓大腦感覺良好；同樣程度的刺激卻會使低新奇探

求者感到焦慮。穩定而較為確定的情境使高新奇探求者感到厭倦，卻使低新奇探求者感到很舒適。」

低新奇探求者和高新奇探求者，聽起來不就像是性格內向者和性格外向者嗎？儘管研究者並沒有詳細描述這些概念，我卻認為它們非常適切地表現了個性的兩個極端。在性格內向者和外向者所使用的大腦神經傳導路徑及其對個性和行為的影響上，多巴胺似乎扮演了重要的角色。

## 內在世界的生活

想像一下，除了眼球轉動和眨眼，一顆活躍的大腦受限於完全喪失活動能力的身體。有些人就生活在這種可怕的經驗中──「閉鎖症候群」（locked-in syndrome）。有意識的閉鎖症候群，和無意識的昏迷之間只有非常微小的差異。

這兩種情況都是因腦幹的創傷而引起的。腦幹位於頸子底部，影響身體基本機能的調整。如果創傷位於腦幹前側，運動神經遭到破壞，受試者仍會是清醒的，因為眨眼和眼球轉動的神經位於腦幹的後側，因此他們仍然能夠轉動眼球。這種悲慘的情況，提供了關於乙醯膽鹼和性格內向者從內省獲得樂趣之間的線索。

儘管閉鎖症候群的人似乎應該感到幽閉恐懼和害怕，研究者卻意外發現，受試者並沒有感到恐懼。儘管他們對自己的處境感到悲哀，卻都表示：雖然喪失身體的自由，但他們內心平靜、不害怕。這些受試者的乙醯膽鹼在肌肉之中受到阻擋，沒有進入大腦的神經傳導路徑，所以他們對可以從思考和情感獲得樂趣的內在世界感覺良好的性能並未受到損害。

# 3-4 大腦的神經傳導路徑研究

在你的想法還沒孵育成熟前，先別急著曝光！

—— 美國俗諺

關於大腦的研究，尚未找出大腦對不同神經傳導物質有不同傳導路徑的原因。許多研究探索了與人格的內向／外向有關的大腦神經傳導路徑。然而，在我們能夠精確看見大腦中血流量及流向之前，嚴格來說，我們仍然處於推測階段。

## 重現「內向／外向」的經典研究

早期研究者曾對性格內向／外向者進行過腦功能研究，黛博拉・詹森（Debra Johnson）博士在《美國精神病學期刊》（*American Journal of Psychiatry*）中，報告了首次使用「正子斷層掃描技術」（positron emission tomography，PET）重做這項研究的結果。

詹森博士要求事先經過問卷確認性格的一組內向者和一組外向者躺下並放鬆，將微量放射性物質注入他們的血液，接著掃描他們的大腦，找出最活化的部位。在掃描過程中，紅、藍和其他鮮亮的顏色可以顯示出大腦中血流的位置及流量。

研究者發現，有兩個研究結果與以前的實驗研究結果一致（以往的儀器沒這麼精準）。

第一，性格內向者比性格外向者有**較多**的血液流向大腦。較多的血液流量顯示有較多的內在刺激。不管什麼時候，當血液朝身體某處流動時，那個地方就會變得比較敏感，割到手指就是類似情形。

第二，性格內向者和外向者的血液流動路徑是不同的。詹森博士發現，性格內向者的血液路徑更為錯綜複雜，且更集中於內在。性格內向者的血液向大腦的哪些部位，與他的回憶、問題解決和計畫等內在體驗有關。這些血流的路徑既長又複雜。性格內向者專注於內在的思想和情感。

詹森博士研究了性格外向者快速反應的大腦神經傳導路徑，觀察這些外向者處理訊息的方式，以及這種處理方式如何影響他們的行為和動機。

性格外向者的血液流到大腦的視覺、聽覺、觸覺及味覺（但不包括嗅覺）區域，而這些性格外向者的主要神經傳導路徑都較短又不複雜。性格外向者傾向關注外在的訊息，就像是關注實驗室發生了什麼事。他們也聚焦於感覺的輸入。

這項研究證實了內向／外向個性之謎的一個關鍵概念。詹森博士指出，性格內向者和外向者行為上的差異，來自於使用**不同的大腦神經傳導路徑**，因而影響其專注的面向——即個體內在或外在。

## 實境模擬

黛娜是性格外向者，正興高采烈觀看一場熱血沸騰的足球賽，在周遭的驚歎與吶喊聲中喝了點酒。她興奮極了，中場休息時，她透過短期記憶和同伴納森聊剛才的比賽，還回憶了之前每一場比賽。她感覺精力十足，就像要飛到體育場外的天空似的。

彼得是性格內向者，打算去博物館欣賞他最喜愛的莫內畫作。當他進入博物館，那裡並不算擁擠，

但他感到壓力太大；甚至在他自己都還沒有意識到的時候，他就立刻縮小了注意力範圍，直接走向陳列莫內畫作的展覽室。他思索著莫內，還有自己對這些畫的反應，回到他的長期記憶之中，將這次的體驗和上次觀看這幅畫的體驗加以比較。他打算再次來訪，心裡既有對下次來訪的渴望，又有對這次參觀的興奮和激動。彼得思索著畫中精巧的筆觸，離開博物館時心滿意足。

．．．

瞭解性格內向者和外向者各自大腦中的神經傳導路徑，讓我們對自己行為模式的原因有了一些認識。不過，最有價值的線索還有待學者專家進一步的研究。

## 找出合適的字詞

性格內向者在**向外大聲**講話時，常常很難想起想表達的合適詞彙。人類在說、寫、讀時運用的是大腦不同區域的功能，資訊也必須在不同區域間自由流動。由於資訊流動緩慢，搜尋字詞對性格內向者來說就可能是個問題。其中一個原因是內向者使用的是長期記憶中的資訊，要花較多時間才能提取，而且需要適當的連結（例如可喚醒記憶的事物），才能回溯長期記憶，找到需要的合適字詞。如果性格內向者變得焦慮，可能會更難找到詞彙並說出來。

相對的，寫出字詞在大腦中使用的是不同的神經傳導路徑，對許多性格內向者來說，似乎較為順暢。

# 3-5 神經傳導物質研究

## 多巴胺：性格外向者使用

性格內向者和外向者不僅血液流動的路徑不同，每一條傳導路徑也需要不同的神經傳導物質。正如前文提過的，漢默主任發現高新奇探求者由於基因構成的關係，需要尋求興奮和刺激，以滿足他們對多巴胺的較高需求。我認為他們就像是典型的性格外向者。還有，研究顯示，性格外向者所使用的神經傳導路徑受多巴胺的刺激。

多巴胺是一種強而有力的神經傳導物質，與運動、注意、警覺狀態和學習最為相關。在《大腦的祕密檔案》（Mapping the Mind，遠流出版）中，麗塔·卡特（Rita Carter）認為：「多巴胺過多似乎會導致幻覺和妄想。多巴胺不足則會導致驚恐，無法啟動隨意動作（即受意志控制的動作），並且與無意義感、昏睡無力和疼痛等有關。低多巴胺也會導致注意力缺失和退縮。」

擁有適量的多巴胺，對你的身體非常重要。此外，它還有其他重要的作用。在《大腦的狀態》（States of Mind）中，史帝芬·海曼（Steven Hyman）指出：「多巴胺發揮作用的最顯著特點，就是它其實是一個回饋系統（reward system），告訴我們：『那很好，我們再做一次，並且記住我們究竟是怎麼做到的。』」這就是為什麼古柯鹼和安非他命如此容易讓人上癮——它們增加了多巴胺。

性格外向者對多巴胺較不敏感，卻需要大量的多巴胺。那麼，他們如何獲得足夠的多巴胺？大腦

的某些部位會釋放出一些多巴胺，不過，性格外向者需要多巴胺的夥伴——腎上腺素，它會從交感神經系統的活動中釋放出來，讓大腦擁有更多多巴胺。因此，性格外向者愈活躍，就會激發愈多的快樂感，多巴胺也會跟著增加。當有地方可去、可以和朋友見面時，性格外向者會感覺很棒。

## 乙醯膽鹼：性格內向者使用

　　另一方面，性格內向者對多巴胺卻是高度敏感。太多的多巴胺使他們感覺刺激過多。性格內向者在他們較占優勢的神經傳導路徑上，使用的是一種完全不同的神經傳導物質——乙醯膽鹼。

　　在《潮溼的大腦》（Wet Mind）中，史蒂芬·考斯林（Stephen Kosslyn）和奧立佛·柯寧（Oliver Koenig）研究了乙醯膽鹼在大腦中的神經傳導路徑，你猜情況如何？研究結果與詹森博士設想的性格內向者的神經傳導路徑相同。

　　乙醯膽鹼是另一種神經傳導物質，與大腦和身體中許多重要的機能相關，會影響我們的注意力和學習（特別是感性知識的學習），也會讓我們維持某種平靜、活潑的感受，以及使用長期記憶、引發有意動作等。當我們在思考和體驗時，它會刺激我們產生一種美好的感受。當前許多關於乙醯膽鹼的研究，加強了我們對性格內向者的大腦和身體某些情況的理解。

　　乙醯膽鹼是人類發現的第一種神經傳導物質，但當其他的神經傳導物質陸續被發現後，研究重點就轉到新的發現去了。近期，人們發現阿茲海默症與乙醯膽鹼的缺乏有關，促使研究人員進行更多的乙醯膽鹼研究，同時也延伸研究乙醯膽鹼與記憶和夢的進程之間的關係。

　　乙醯膽鹼在睡眠和夢的狀態似乎都扮演了重要的角色。我們進入睡眠的快速動眼（REM）階段

時就會作夢。乙醯膽鹼在REM階段釋放，使我們作夢，然後讓我們處於麻痺的狀態（無隨意動作），因此我們作夢時不會「用雙手比劃來表達」正在作的夢。

研究者發現，我們需要睡眠來整理記憶，在REM階段使它們從短期記憶進入長期記憶。正如隆納德·柯圖拉克（Ronald Kotulak）在《腦力大躍進》（Inside the Brain）中所說的：「乙醯膽鹼是使我們的記憶機器性能良好的潤滑油。當它乾涸後，機器就會變得不靈活。」

另一個有趣的發現是，雌激素可以預防乙醯膽鹼減少。這就是為什麼女性在更年期隨著雌激素下降，感覺記憶力衰退的其中一個原因。因此，性格內向者需要一定的多巴胺（不需太多，也不能太少），以及一定程度的乙醯膽鹼，這可以使他們感到平靜，免於憂鬱和焦慮。這是個舒適區，但就是太小了點。

## 神經傳導物質是解開個性之謎的重要因素

研究發現，關於性格內向者和外向者使用哪一種神經傳導物質，這是一個非常關鍵的問題，因為當神經傳導物質在大腦中釋放，它們也會進入自主神經系統。這個系統連繫我們的大腦和身體，並對我們如何行動、如何反應產生巨大的影響。

我認為，瞭解哪些神經傳導物質走哪些神經傳導路徑，以及它們如何連繫不同部分的自主神經中樞，是解開個性之謎的重要因素。性格外向者與多巴胺和腎上腺素、精力消耗、交感神經系統關係緊密，性格內向者則與乙醯膽鹼、精力儲備和副交感神經系統相互連結。

## 性格內向者：
## 較長的乙醯膽鹼神經傳導路徑

從脊髓進入的刺激

1. 網狀活化系統：刺激從這裡進入，感受刺激的程度在這裡得到調整。性格內向者受到的刺激減少。
2. 下視丘：調節乾渴、體溫和食欲。啟用性格內向者的閘門關閉系統。
3. 前視丘：接力站。把刺激傳送到額葉，對性格內向者減少刺激。
4. 布洛卡區：演說區。內部言語處於活躍狀態。
5. 額葉：參與思考、計畫、學習和推理。
6. 海馬迴：適應環境，將資訊傳到長期記憶。
7. 杏仁核：情緒中心。性格內向者的情緒在這裡與思維相互連繫。

## 性格外向者：
## 較短的多巴胺神經傳導路徑

從脊髓進入的刺激

1. 網狀活化系統：刺激從這裡進入，感受刺激的程度得到調整。性格外向者受到的刺激開始增加。
2. 下視丘：調節乾渴、體溫和食欲。啟用性格外向者的閘門全開系統。
3. 後視丘：接力站。將增加的刺激送到杏仁核。
4. 杏仁核：情緒中心。性格外向者在這裡將情緒與運動神經區活動相互連繫。
5. 顳葉和運動神經區：動作與工作記憶（短期記憶）相連繫。也是學習、感覺處理和情緒刺激中心。

# 尼古丁

為什麼性格內向和外向者在「想」和「做」的感受不同？有助於解釋這個問題的線索，來自於一個令人意外的領域——為什麼人們會對吸菸上癮的研究。

在研究中，吸菸者表示他們吸菸是因為覺得吸菸更能集中精力，學習、回憶也都變得更容易，而且還有「精神為之一振」的感覺。

在大腦中，尼古丁感受器與乙醯膽鹼的作用很相似，乙醯膽鹼可以增加注意力、記憶力和幸福感。使用乙醯膽鹼的神經傳導路徑，支配著性格內向者。

尼古丁也會使身體釋放多巴胺，它影響血清素和正腎上腺素的分解，也對性格外向者處於活躍狀態時體內所有活動的神經傳導物質產生影響。香菸能使性格內向、外向的人都產生幸福感，所以即使這麼多人知道吸菸的危害卻還是要吸菸，也就不足為奇了。

# 3-6 閥門全開或關閉

生活產生能量——能量創造能量。只要明智地安排時間，人生就會變得富有。

——伊蓮諾・羅斯福（Eleanor Roosevelt，美國羅斯福總統夫人）

下視丘位於大腦底部，只有豌豆大小，負責調節身體的溫度、情緒、飢餓、乾渴和自主神經系統。這個系統名為「自主的」，字源來自希臘文 *autonomic*，意思是「自我控制」。自主神經系統有兩個分支，即交感神經系統和副交感神經系統。兩者的作用彼此相反，就像汽車的油門和煞車，各自控制不隨意、無意識的機能，如心跳、呼吸、血流等，與維持我們的體液平衡有最直接的關係。它們在一個回饋迴圈中發揮作用，透過各自釋放的神經傳導物質將資訊送回大腦，調節精力、心境和健康。

需要行動時，交感神經系統開始發揮作用。一般稱交感神經系統為「鬥爭、驚嚇、逃跑」系統，我則稱為「閥門全開系統」，它由大腦中能引起興奮的神經傳導物質多巴胺刺激，並引發活動。需要退縮時，副交感神經系統——我稱之為「閥門關閉系統」——使我們的身體放鬆、平靜下來，由大腦中具抑制功能的神經傳導物質乙醯膽鹼啟動。

我認為這兩種有力的主要系統，也就是閥門全開系統（交感神經系統），以及閥門關閉系統（副交感神經系統），是性格內向和外向的根本原因。

亞倫・蕭爾（Allan Schore）博士在《情感控制和自我的起源》（*Affect Regulation and the Origin of the*

Self）中指出，每個人在這些系統的兩端之間都有一個休息點，我們能夠獲得最多的精力，感覺也最好。在我們的一生中，我們都在這個休息點周圍擺盪。在與蕭爾博士談話時，他指出「個性是問題的關鍵」，如果我們知道自己的休息點，就可以調節自己的精力來實現目標。

與我的觀點一致的是研究者大衛·李斯特（David Lester）和黛安·貝瑞（Diane Berry）。他們透過問卷，篩選出性格內向和外向的受試者，並測量他們的身體反應，如血壓的高低、身體活動程度、口腔的溼潤或乾渴、飢餓的頻率等。他們在《感知覺和運動技能》雜誌（Perceptual and Motor Skills）中指出：自主神經系統的副交感分支，在性格內向者中具有支配作用。

## 閥門全開系統

讓我們來設想一下：當你晚上九點鐘繞著街區散步，突然衝出一匹飢餓的狼圍著你打轉，牠的頭低垂，眼睛打量著你，想把你當成美味的晚餐。

這時，你的身體便進入閥門全開系統：你的瞳孔放大，讓更多的光線進入；你的心臟在胸腔裡撲通撲通跳著；你的血壓升高，為器官和肌肉供給額外的氧氣；你的血管收縮，以便受傷時減少出血量；你的大腦進入高度警戒狀態；你的血糖和游離脂肪酸升高，給你更多的能量；你的消化、唾液、腸胃蠕動等排泄運作減慢。

這組鬥爭、驚嚇、逃跑系統，是我們的外在主動應對系統，無論是在真實或想像的緊急狀態下啟動，能讓我們迅速做出決定，在需要的情況下勇於鬥爭或正面迎擊。這時，思考減少了，重心轉到行

動。在這種情境中，我們需要這個系統來使我們揮動手臂、對著狼大聲喊叫，或在所有這些行動都失敗的情況下趕緊逃走。

兩歲前，我們的身體主要是受閥門全開系統（交感神經系統）支配。這提供我們精力和熱情來探索外在的世界——發展心理學家所謂的「實踐階段」。

成人之後，交感神經系統使我們探索新的事物，包括食物、新的「領地」、友誼等生存所需要的一切。當我們是主動、好奇、大膽的時候，我們使用的是交感神經系統。當我們在座位上為自己最喜愛的棒球隊歡呼喝彩時，交感神經系統會把能讓我們感覺良好的神經傳導物質傳送到大腦，讓我們釋放精力，同時也釋放肝糖和氧氣，為身體帶來精力。

正如我們所看到的，性格外向者透過活躍的行為感到精力更加充沛。閥門全開系統是消耗取向的，不會儲存體能。然而，如果性格外向者不學習使用閥門關閉系統，便會筋疲力竭，損害健康。他們會有睡眠和消化問題、心臟病、免疫系統也會出現問題。

閥門關閉系統不會為性格外向者帶來精力或（我在第二章提過的）快樂感，閥門全開系統卻可以。透過學習使用閥門關閉系統，專注於思考、情感、身體感覺和身體資訊，性格外向者可以發展內在的能力，平衡天生的外在力量。

## 閥門關閉系統

想像你漫步在人跡罕至的小路上。你靠在岩石上觀看奔流而下的瀑布。突然間，你聽到一陣嘎嘎

聲，聲音聽起來離你非常近。你慢慢轉頭，看見一條背上有菱形花紋的響尾蛇盤成一圈，正搖動尾巴上的響環，用圓珠似的眼睛瞪著你。你嚇得呆若木雞，周圍的一切都停滯下來。你的大腦中閃過一道電光⋯⋯你該怎麼辦？

這就得由負責保存和儲備能量的副交感神經系統來反應。這組系統發信號告知身體要保存精力和退縮。你的瞳孔收縮，以減少光線的進入；你的心率和血壓減慢，以減少氧氣的消耗；你的肌肉處於放鬆狀態。消化、分泌、腸胃蠕動等排泄運作增加，這就是為什麼有時它被稱為休息和消化系統。此時，向外的注意力減少，向內的注意力增加。大腦能夠思考和反應。你決定躡手躡腳，離開岩石和那危險的毒蛇。

當兒童成長到十八個月至兩歲時，閥門關閉系統（副交感神經系統）變得更加活躍。我們學會讓自己平靜下來，以便進行一些繁瑣的訓練和語言學習。當你躺在吊床上欣賞天上的雲彩時，就是由這個系統在發揮作用。你的身體在儲備而不是消耗精力。

性格內向者在沉思、休息時，讓他們「感覺良好」的神經傳導物質在「燃燒」。這個系統有助於恢復精力，為我們做好準備，以便在需要時使用閥門全開系統。

和性格外向者不同的是，閥門全開系統不會為性格內向者帶來精力或快樂感。對性格內向者來說，多巴胺和腎上腺素常會使他們感到刺激太多。不過，如果只是偶爾產生多巴胺和腎上腺素，那也很有趣。

性格內向者如果處於閥門關閉系統中的時間太長，會變得抑鬱、失去動力，或因無法達到想要的目標而心情沮喪。他們需要進入系統的閥門全開的那一端，好讓自己興奮起來，並到外在世界去走動

# 副交感神經系統、交感神經系統
## 與人體運作的關係

副交感神經系統
（閥門關閉系統）

瞳孔收縮

唾液腺增加
唾液的分泌

心跳和脈搏
減慢，血壓
下降

肺減少氧氣
吸入量

胃蠕動，括
約肌放鬆

胰腺分泌
酵素

結腸放鬆

神經

脊髓

神經

交感神經系統
（閥門全開系統）

瞳孔放大

心跳和脈搏
加快，血壓
上升

肺增加氧氣
吸入量

胃收縮變慢

腎上腺分泌
增加（釋放
腎上腺素）

腸蠕動變慢

膀胱收縮：肛門
括約肌放鬆

膀胱擴張：肛門
括約肌收縮

走動。這需要我們學會調節焦慮和壓力。關於這一點，我會在後面的章節加以討論。

## 占優勢的系統會自然啟動

很顯然的，我們在不同的時間需要分別使用交感神經系統和副交感神經系統。不過，在有壓力的情況下，我們占優勢的系統會自然啟動。

例如，幾年前麥可和我捲入一場車禍。那天晚上，我們的車行駛在一條只有雙線道的狹窄高速公路上，突然，有個巨大的不知名物體朝我們的擋風玻璃筆直飛來。麥可迅速改變方向，跨過路中央的雙黃線，幸運的是當時對向車道正好沒有車開過來。那巨大的飛行物掠過我們，擊中了跟在我們後面的一輛旅行車。

麥可將車停到路邊。我沒有動。我的身體麻木，呼吸減慢。我希望麥可別去。在我腦海中，我似乎能看見他被迎面而來的車撞倒。至於麥可，他的心激烈跳動著，只想著要採取行動。他打開車門，跳下車去查看是否有人受傷。

我進入我的支配性系統——閥門關閉系統——停下來檢查。麥可則是跳到他的支配性系統——閥門全開系統——跳出車外，做點什麼。

原來，有一頭騾子逃離了圈地，跑到馬路上。牠先被一輛小貨卡的擋風玻璃撞飛，然後，多虧麥可展現絕佳的閥門全開反應，迅速閃開，那隻倒楣的傢伙飛過我們車旁，摔落在我們後方那輛車的引擎蓋上。

我的閥門關閉系統明顯展現不願下車的反應。那是一個漆黑的夜晚，雙線道高速公路上滿是各式各樣的車輛，非常危險。我想全面評估情況，這是很好的行動計畫。至於麥可，他的閥門全開系統的反應是立即檢查受傷的人，這在當時非常有用。所幸最後沒有人受到嚴重的傷害。悲哀的是，那頭騾子就沒這麼幸運了。幾個男人將騾子的屍體拖離公路，以免其他毫無戒心的車輛又撞上牠。

概括地說，儘管我們都需要這**兩種**系統以維持平衡，但我們因為受遺傳或環境的影響，比較常使用其中一種系統，而不用另一種系統，特別是在有壓力的情境下。我相信，兩種自主神經系統為性格內向／外向連續體提供了必需的支援。儘管我們的兩種神經系統都在發揮作用，但我們的大腦和神經傳導物質讓其中一種神經系統更占優勢。

## 打開長期記憶之門的鑰匙

人類的記憶非常複雜，而且涉及大腦中許多不同的區域。大腦在許多部位儲存記憶，並在這些部位之間創造一個個的連結，也就是聯想。如果性格內向者認為我們的頭腦裡沒有任何相關的東西，通常是因為我們沒有觸發長期記憶中的聯想，讓我們的大腦彷彿一片空白。這就是性格內向者為什麼甚至會遺忘自己喜歡或擅長的事情。我們需要尋找一個連結點，以便從記憶中拉出一些相關的經驗。

長期記憶裡的資訊可謂井然有序——大多數的資訊都與幾個點或關鍵的事物（聯想）——儲存在一起，以便在需要時打開。即使我們只發現一個關鍵事物，也能夠恢復整個記憶。

譬如你喜歡在花叢遍布的湖邊畫畫、釣魚或散步，但那些資訊被鎖在你的長期記憶之中。對性格外向者來說，這聽起來似乎有點奇怪，但這對性格內向者來說卻是很普遍的問題。請記得，你只需要一個聯想，例如相關的想法、情緒或感覺，就能打開整個記憶。

你有一些空閒，但你無法憶起自己喜愛做些什麼。

坐下、放鬆，讓你的大腦隨意漫遊，與可能的感覺，例如氣味、視覺的畫面、聲音、身體的感覺，或令人愉快的味道等建立聯想。或想想某件和情緒有關的事，例如你上次做有趣事情時的感覺。讓你的思緒飄到任何想去的地方，就可以從一個聯想跳到另一個聯想。

或許，陽光下坐在公園裡的安靜感覺回到了你的腦海：我喜歡有很多櫟木的公園；我喜歡去那兒走走。那麼，現在你就可以去公園遊玩，或是繼續放鬆並尋找其他記憶。將你尋回的記憶寫下來，以便在某一天你又想不起自己喜歡什麼的時候拿出來用。運用這些關鍵事物，來打開你的記憶之門，回想你擅長的事。

# 3-7 內向／外向的處理歷程

如果我們將遺傳的成分、神經傳導物質帶來的資訊、大腦神經傳導路徑，以及自主神經中樞的機能等結合起來，會是怎樣的一種景象？它會是包括在性格兩端：內向／外向的完整處理歷程，以及回饋迴圈。儘管我會加以簡化，但它們仍是基本的組成成分。當然，我們同時都具備這兩個系統，其中一個集中於回應外在世界，另一個集中於內在世界；然而，因為我們的大腦對神經傳導物質做出的反應不同，個體的精力恢復便有所不同。

## 內向的處理過程

性格內向者的腦袋裡有很多的想法和情感。他們再三思索——將新的經驗與舊的經驗反覆進行比較。他們通常會與自己不停對話，這對他們來說是非常熟悉的事，所以他們可能沒有意識到**其他人**的大腦是以不同的方式在運作。

一些性格內向者甚至沒有意識到自己思考過多，也沒有意識到自己需要時間，來使一些想法或解決辦法「突然浮現」腦海。他們需要回到長期記憶中尋找資訊。這需要沒有壓力的狀況，需要一定的思考時間。他們也需要給自己一些空間，使情感和印象翻騰起來。在快速動眼睡眠階段或作夢時，神經傳導路徑會整合日常的經驗，並將它們像文件一樣放在大腦的許多區域，儲存在長期記憶之中。性格

內向者處於一種不斷的濃縮精煉過程，需要大量的「內在精力」。乙醯膽鹼也會啟動下視丘，發送訊息到副交感神經系統，以儲存精力。這個系統使身體反應慢下來，使性格內向者得以仔細考慮，並對情境加以審視。如果做出的決定是採取行動，它會需要有意識地思考，並需要一定的精力讓身體動起來。這就是許多性格內向者需要一段比較長的時間坐下來集中精力思考問題的原因。

乙醯膽鹼也透過提供快樂感來給予獎賞，但它並不對身體補充葡萄糖和氧氣（精力）。這種向內的處理過程，對性格內向者的生活各方面都產生了影響。

## 外向的處理過程

性格外向者對感覺和情緒的輸入非常機敏。當他們受到刺激時，能快速做出回應，因為他們的神經傳導路徑既迅速又容易產生反應。他們的短期記憶的內容就在舌尖，所以當性格內向者還在為一個字詞苦苦思索時，性格外向者早已妙語如珠了。

性格外向者需要更多的資訊輸入，以維持回饋迴圈的工作。他們的系統發警報給不需太多思考就能採取行動的交感神經系統，它釋放腎上腺素、血液（氧氣）及葡萄糖，使身體保持充沛的精力。從不同器官釋放的神經傳導物質進入回饋迴圈，發送一些成分回到大腦，以產生更多的多巴胺。多巴胺和腎上腺素從「感覺良好」中心產生快樂感。所以，為什麼性格外向者不想慢下來，一點都不奇怪。

對性格內向者來說，那些腎上腺素和葡萄糖很快就會使他們感到筋疲力竭。刺激太多，消耗太多

的精力，會使他們疲憊不堪。由於不能從多巴胺和腎上腺素獲得許多的快樂感，而且回饋迴圈裡的乙醯膽鹼也不會增加，他們無法從交感神經系統中獲得性格外向者得到的美好體驗。

性格內向者／外向者的「大腦－身體迴路」

透過觀察，你可以發現很多。

—— 尤吉・貝拉（Yogi Berra 洋基隊名將）

性格內向和性格外向這兩個詞彙用於描繪人的特徵，已經有將近一百年的歷史。為什麼？部分原因是從我們的許多行為中，都十分容易看到性格內向和性格外向的表現。而且，這些行為源自我們的身體。讓我們來看一下。

■ 性格內向者的大腦－身體迴路

正如前面提到的，與性格外向者相比，性格內向者的大腦有較高程度的內在活動和思考。它主要受既長又慢的乙醯膽鹼神經傳導路徑所支配。乙醯膽鹼引發閥門關閉系統（副交感神經系統），控制某些身體機能，從而對性格內向者的行為產生影響。

性格內向者的大腦在思索時，他們很可能會：

• 說話時減少眼神交流，專注於搜尋字詞和想法；聽講時增加眼神交流，以吸收資訊。

- 令其他人因為他們資訊的豐富而驚訝。

- 因為他人太多的關注而害羞地離開。

- 在有壓力、感覺疲倦或處於群體之中時，表現得呆滯、暈眩、心神不寧。

由於長長的乙醯膽鹼神經傳導路徑占優勢，性格內向者會：

- 可能需要思考後才開始發言，這會使其他人感到迷惑。

- 記憶力很好，但要用很長的時間來恢復記憶。

- 會忘記他們非常瞭解的事──例如解釋工作時可能會結巴，或是暫時遺忘想表達的字詞。

- 他們明明才剛想到什麼事，卻可能以為已經告訴過別人了。

- 在徹夜思考後，對睡覺前所思考的觀點、想法和情感比較清楚。

- 可能要透過書寫或談論，才能夠清楚意識到自己的想法。

因為副交感神經系統的啟動，性格內向者會：

- 可能較有行為的動機或行動，可能表現得很懶散。

- 在壓力下可能反應很慢。

- 可能舉止平靜、謹慎；走路、談話、吃飯都慢吞吞的。

- 可能需要調整蛋白質攝取量和調節體溫。

- 必須有休息的機會以恢復精力。

## ■ 性格外向者的大腦—身體迴路

與性格內向者相比，性格外向者大腦的內在活動較少。它審視外在世界，收集資訊，為較短而迅速的多巴胺神經傳導路徑提供能量。大腦發出的信號傳到閥門全開系統（交感神經系統），控制某些身體機能，對性格外向者的行為產生影響。

性格外向者的大腦不斷尋找新的資訊輸入，他們很可能會：

* 渴望得到外在的刺激；不喜歡獨處太久。
* 說話時增加眼神交流，以瞭解其他人反應；聽講時減少眼神交流，注意環境中發生的事。
* 喜歡交談，也很擅長交談。受被別人關注、成為公眾注目焦點時感到精力十足。

由於短的多巴胺神經傳導路徑占優勢，性格外向者會：

* 妙語如珠，講話的時候比聽講的時候多。
* 有很好的短期記憶，可以迅速思考問題。
* 在定期考試或有壓力的情境下做得很出色。
* 在參與討論、體驗新穎的事物和經驗時感到活力十足。
* 非常容易並流暢地進行社交聊天。

因為交感神經系統的啟動，性格外向者會：

- 在壓力下行動迅速。
- 喜歡運動和鍛鍊身體。
- 精力充沛，不需要經常吃東西。
- 如果無事可做就覺得不舒服。
- 在中年時期活動減速，或因為之前過度消耗精力而使健康衰退。

# 3-8 大腦兩半球

最聰明的人也有失誤的時候。

——亞里斯多德

大自然使我們大腦的兩個半球合而為一。大腦分為右半球和左半球。大腦兩半球在某些程度上像是兩個獨立的大腦在發揮作用。矛盾的是，它們也作為一個整體來發揮作用。

大腦兩半球由「胼胝體」約束在一起，穩定地來回傳遞對話，但是每一個腦半球似乎各自主掌某些機能和行為。研究發現，有些人平均使用大腦兩半球（稱為對等支配），不過因為自主神經系統的作用，大多數人常常更依賴其中一個腦半球。「右腦占優勢」和「左腦占優勢」的性格內向者，會表現出不同的才能、行為和局限。

在生命的頭兩年，我們主要使用的是符號指向的右腦。這也是嬰兒在九或十個月大左右就可以學會手語的原因：他們的右腦半球可以將符號和意義加以連結：揮手表示再見；將手指放在嘴唇上表示飢餓。

左腦半球則大約在我們十八個月到兩歲時變得活躍起來，此時語言也開始出現。請記得：這時候閥門關閉系統也開始發揮作用。我們的「實踐階段」慢下來了，所以我們可以學習思考和說話。

# 右腦

每一半成熟的大腦都有它的優勢和不足，也有它處理訊息的風格和獨特的技能。

右腦占優勢的天才，將其才能、創造性和無窮的天資帶到這個世界。右腦有時指的是不受意志控制的大腦。它沒有什麼語言能力，無法用言語表達思維過程。相反的，它的思維由迅速、複雜、與空間有關的方式組成。右腦占優勢的人能在同一時間做好幾件事情。他們容易受感情影響，並可能比較有趣、善於娛樂。

右腦的機能難以解釋，因為它天生就是非言語的、抽象的、整體的、自發的和無窮的。右腦就像是變化無窮、五顏六色的萬花筒，彩色的玻璃片在裡面翻滾、變動，形成各式各樣的模式。右腦用身體語言、行動、自由流動的舞蹈和各種藝術形式來表達。它負責人類生活中創造性的面向，如律動、白日夢、想像、色彩、臉部辨識和模式改進等。

## 如果你的右腦占優勢，你可能傾向：

* 在解決問題時愛打趣。
* 容易受感情的影響做出決定。
* 容易解釋身體語言。
* 有很好的幽默感。
* 主觀地處理訊息。
* 即席表演。

- 在描述事情時使用比喻和類比。

- 在同一時間處理幾個問題。

- 談話時使用大量手勢。

- 注意模式，用圖像的方式進行思考。

- 以近似的和發展變化的觀點看待解決問題的辦法。

- 沒有意識到自己知道的全部。

# 左腦

左腦是人類成為成功物種的主要原因，它能夠協助實現複雜的計畫。如果你的左腦占優勢，你處理訊息的方式與右腦占優勢的人非常不同。

左腦占優勢的人在同一時間只能處理一件事，如果有一連串的事要做，他們喜歡做完一件後再做另一件。他們經常為自己開列清單，也更依賴短期記憶、重複和言辭技能。你可能已經猜測到男性比女性更常是左腦占優勢。

左腦占優勢的人傾向整潔、有秩序和守時。他們重視書面和文字的資訊。他們傾向以具體的方式來思考，就像是在處理資料一樣。他們喜歡將資訊簡化為邏輯、形式的部分。在做決定時，他們不太會受情緒的影響。如果他們有幽默感，那很可能是詼諧、譏諷的。他們可能表現得有點自我克制、冷靜和獨立。

左腦占優勢的性格內向者，更接近大多數人心目中的性格內向者。他們可能只有少許的社交需求，並經常將注意力集中於某一職業或愛好。他們可能會使用否定或強迫式的思維方式，作為保護自己免於焦慮的方法。

## 如果你的左腦占優勢，你可能傾向：

- 在採取行動前分析正反兩方面的問題。
- 愛好整潔。
- 會基於事實而不是感情因素來做決定。
- 常用具體的例子描述事情。
- 考慮問題時，從正確和錯誤、好和壞兩方面來看。
- 客觀地處理經驗。
- 對時間有敏銳的知覺。
- 同一時間只做一件事。
- 不容易捕捉社交暗示。
- 喜歡分類。
- 觀點導向。
- 對字詞和數字感覺舒服而不焦慮。
- 尋求解決問題的確切方法。

# 大腦左右兩半球的分工

左腦
控制右側身體

理解言語、
閱讀、談話

擅長語言、書寫

理解數字、
數量、計算

邏輯思維——
基於事實解決問題

右腦
控制左側身體

主掌情緒、想像、
直覺、幽默、想法

具藝術表達能力,
如彈奏樂器、繪畫、
具創造性的寫作

掌握透視

認知模式、形狀、
面孔與表情

# 右腦占優勢，還是左腦？

　　性格內向者的思考方式並不全都很相似。右腦占優勢的性格內向者在處理訊息、使用語言和憑直覺獲知等方面，都與左腦占優勢的性格內向者大不相同。

　　當你閱讀這本書時，如果你發現我所說的內容無法引起你的共鳴，這可能是因為這個話題受到大腦某個腦半球占優勢的影響。例如，比起右半球占優勢的性格內向者，大腦左半球占優勢的性格內向者當眾講話時感覺較舒服，也較不慌張。所以，如果我們說性格內向者有時難以想起自己想要表達的字詞，這個經驗也許根本就不會引起你的共鳴。當你閱讀到這部分時，請看看你認為自己是右腦占優勢，還是左腦占優勢。

## 延伸思考

以下是科學領域中與內向和外向性格相關的一些研究：

- 性格外向者在法律方面有較多的問題，在離婚、更換工作、交朋友或失去朋友、產生衝突等方面，一般都比性格內向者要多。

- 性格內向者在要求認真仔細、高度集中注意力的任務（例如航空調度），會完成得比較

好。性格外向者則可能會厭倦地看著螢幕說：「噢，又一架747。」

- 性格外向者在初等教育和考試上表現較好，性格內向者在大學和研究所階段表現優異。

- 在一項有關疼痛的研究中，性格外向者對疼痛的抱怨比性格內向者多，但在對疼痛的忍耐度上似乎也較高。

- 在一項有關記憶的研究中，如果不考慮受試者是接受積極回饋、消極回饋，還是沒有回饋，性格內向者表現得比性格外向者好。性格外向者在接受積極的回饋後，成績提高。

- 性格內向者可能有較多睡眠方面的問題。

- 一項針對兩百五十八名大學生進行的研究發現，性格外向者比性格內向者有較高的自尊。

- 性格內向和外向的中學生討論的話題較不相同。性格外向的中學生傾向反駁和提出相反的例子；性格內向的中學生則合作發展出解決問題的創造性辦法。

- 性格外向者比性格內向者更快適應時區的變化。

- 性格外向者喜歡沒有意義的幽默，性格內向者則較喜歡能解決不一致問題的幽默。

# 3-9 發揮你的優勢

## 專業人士：左腦占優勢的內向者

對性格內向者來說，知道自己大腦的哪一半球占優勢，對於更加理解自己很重要。我認為，左腦占優勢對性格內向者較為有利。

他們可能只有較少的社交需求，所以可能對過長的獨處時間沒有太多的衝突。他們在語言和邏輯方面的能力，通常比右腦占優勢的性格內向者更好，所以他們在學校、工作和會議中都更為成功。許多工程師、會計師和電腦操作員就屬於這類人。由於這些個體可能較不受感情因素的干擾，而且更關注細節，他們可能對自己感覺很滿意，甚至沒有意識到自己與別人不同。

## 藝術家：右腦占優勢的內向者

右腦占優勢的性格內向者有很多才能，但大部分都難以轉化成傳統的工作技能。

他們很有創造性，但在其他人看來，他們似乎有點古怪和奇特。飢餓的藝術家（starving artists）便是為這群人創造的辭彙。第二章提到性格內向的名人中，有許多正是藝術家，大多數可能都是右腦占優勢。由於右腦占優勢的性格內向者有更多的情緒體驗，並且能看到問題的全貌，他們可能對自己與別人的不同相當敏感。

教育系統是為左腦占優勢的人設立的，它要求邏輯、語言的能力、分析性的詢問、快速反應（有時間限制的測試）和快速的記憶。右腦占優勢的兒童常常處於不利的地位，得不到別人的欣賞。丹尼爾·高曼的《ＥＱ》為什麼如此受歡迎的原因之一，就是它成為了右腦占優勢的人們極具戰力的支持者。右腦占優勢的人常常為受人誤解而苦惱，也常感覺抑鬱。

## 左右腦，不同的學習途徑

右腦還是左腦占優勢，會影響我們如何學習。

如果你是右腦占優勢，在學習新材料時最好透過**想像整個模式**來學習，認識這一點很重要。如果你能在腦中想像一個新概念，會更容易促進理解，所以透過插圖和例子，你的學習效果會最好。理論和分析可能不會讓右腦占優勢的人留下深刻印象；他們透過實作和提問來學習會比較好。右腦占優勢的人對於比喻和類比的反應，比對說明或敘述的反應來得好。

左腦占優勢的人**按順序**學習新的材料。他們透過重複理解原理、重點和理論來學習。在練習一種新技能前，他們需要先弄清楚「為什麼」。他們重視書面的資訊或權威出處的資訊。他們需要資料來印證他人的說法，以確認資訊的正確度。

## 瞭解內向者大腦的工作方式

總而言之，在這一章，我討論了內向個性的一些成分。

我們的大腦令人驚奇。基因創造了我們的神經傳導物質，使我們總希望在嘗試和發現真理中感到

歡樂和滿足。神經傳導物質分配較多的血液到我們思考的大腦中樞，使我們能在日常生活中時時搜索自己的經驗。在有壓力的時候，我們的身體使我們傾向使用閥門關閉系統，所以我們會傾向後退和評估，而不是貿然採取行動。決定我們看法的最後一個重要因素，是哪一個大腦半球占優勢：我們主要是用右腦還是左腦處理外界的資訊？

透過瞭解你的大腦工作的方式，可以減少羞恥感和罪惡感。你可以為自己創造最美好的環境，更加欣賞自己獨特的內向性格優勢。

## 本章思考點

- 每個人天生就有個性傾向。
- 不同的個性增加了人類存活的機會。
- 基因為我們的神經傳導物質提供了基本配方。
- 神經傳導物質指引我們使用大腦和神經系統的哪些部位。
- 右腦占優勢或左腦占優勢，會影響我們處理資訊和對外界做出反應的方式。

Part **II**

航行於
外向性格的水域

如果你的船沒有駛進來，
那就游過來吧。

——喬納森·溫特斯
（Jonathan Winters，喜劇演員）

第四章

婚姻關係：
和著音樂，翩翩起舞

- 性格內向者要怎麼選擇最佳的約會時機和地點？
- 性格內向者約會時要說些什麼才不會冷場或尷尬？
- 哪兩種性格的夫妻在一起，最具挑戰性？
- 夫妻都是性格內向者，為什麼婚姻生活反而經不起重大事件考驗？
- 夫妻的個性真的要彼此互補才好嗎？
- 夫妻之間該如何解決個性不同造成的誤解與衝突？

人類最古老的需要就是在夜深未歸時，有人擔心你身在何方。

瑪格利特‧米德（Margaret Mead，美國人類學家）

婚姻關係就像跳舞。一、二、三，一、二、三，糟糕——「我的腳！」你的舞伴提醒你，然後你們又慢慢跳了一會兒。他舞姿翩翩，進入高潮，放開了你的手！他一下旋轉到一邊，然後又跳回來再次握住你的手。跳舞就是這樣，也總會有這種時候：一個人跳著迪斯可，另一個人卻在跳恰恰。

沒有任何關係是容易的。每一種關係都會有一些過失，會不止一次踩到腳趾。無論你是處於內向／內向的關係，還是內向／外向的聯合，都需要學習複雜微妙的舞步。

學著瞭解一些個性喜好會影響彼此關係的情況或方式，可以幫助你提升舞技，跳得更好，避免踩傷彼此的腳。瞭解每個人的個性，可以減少責備、批評、防禦、限制對方等相處時常犯的錯誤。

# 4-1 準備出門約會

> 戀愛就像魔法師，能讓人改頭換面。
>
> ——班・海契（Ben Hecht，作家）

## 準備踏入約會的世界

雖然有些性格內向者比較喜歡沒有任何約束的關係，但大多數人更喜歡與別人有親密關係。這通常意味著在某個時刻或其他時間，他們必須進入約會的世界。這通常是讓人氣餒的任務，許多性格內向者在接近人時心中充滿恐懼，就像是要他踏入擠滿人的房間，而且裡面的人都隨著爵士樂狂舞。約會需要耗費巨大的精力，同時也增加了活動的時間，減少了恢復精力的時間。你必須計畫外出、與不熟的人談話、思考正在進行的事、整理被鼓動起來的情緒……等。

性格內向者不喜歡主動邁出第一步，他們會透過事先預約的活動，或透過朋友、同事、家庭成員的介紹來尋找伴侶。可是有些時候性格內向者仍得主動跨出第一步。約會就像學習新的舞步，這是一種陌生經驗，舞步感覺有點笨拙，但結果——在變幻的燈光下輕快地跳舞——值得一試。

## 內向與外向相互吸引

我們看到許多性格內向者與性格外向者結婚，或是有伴侶關係。為何他們會結合？以下列舉幾個

原因。

首先，性格外向者比較多（性格外向者和內向者的比例是三比一），所以他們更容易與人相遇。

當性格內向者可能掛在網上、獨自騎著自行車，或是在家裡蜷著身子閱讀的時候，性格外向者則在**外面**（例如在社交聚會、在健身房，或在職業相關組織中）與人交往。這時，有關「差異性」的問題就出現了。榮格認為，身為人類的我們不停尋覓，想成為完整的人。因此，他相信我們會受與自己相反的人吸引，並選擇他們作為自己的伴侶。

性格內向者被性格外向者吸引的另一個原因是：性格外向者在相處中經常承擔了談話和「做事」的責任，這意味著性格內向者可以放鬆、壓力較小。

在性格內向者看來，性格外向者似乎只要輕輕一跳，就能躍過高高的建築。我還記得我第一次遇到麥可時的感受：看！空中那個超級的性格外向者！好傢伙！他真的做了很多事，他家中的所有人都那麼忙碌，就像是忙忙碌碌的小蜜蜂。那個時候，我總以為自己有什麼**問題**（就像我先前提到的，許多性格內向者可能都會這樣覺得），所以我認為他們做的是「正確的」。很久之後，我才認識到那不是正確或錯誤的問題，而是人與人之間的不同而已。

## 認識新朋友

約會是一個**過程**，可以讓你整理自己對某人的反應和他或她對你的反應。你得安排自己放慢步調，但持續去約會。

首先，把想法說出來，告訴朋友和家人，你準備好要約會了。告訴他們你對哪種類型的人比較感興趣，以及相關的客觀要求，比如年齡範圍、性格類型（如內向或外向）、職業、興趣、教育程度和愛好等。不要忘記你最重視的個人特質——幽默感、忠誠、有見識或坦率。製作一張**你自己**的優良特質清單，貼在浴室的鏡子上，每天早晨反覆閱讀。請相信它。

剛開始，如果你感到有點害怕，請記得，你是要去邂逅一段奇遇，也是去認識一位新朋友，逐漸發掘對方對世界的見解是非常有吸引力的事。只要有一點點進步，就恭喜自己。

以下的方法有助於採取行動，增強你的活力，證明這些方法非常有效。約會沒有正確的模式，以下只是一些小建議，選擇適合自己的策略，好好享受過程：

- 考慮能製造短時間碰面機會的地點（如電梯、洗衣店、遛狗的公園），在那裡你可以向人們微笑和問好。

- 向性格內向的朋友取經，請教他們使用奏效的約會策略；瞭解他們是怎樣遇到自己的配偶或伴侶的。

- 仔細閱讀一兩本關於約會的書，每個星期從書中選出幾件事來嘗試。

- 練習說出對自己的評價，在遇見新朋友時可以運用。

- 報名參加感興趣的活動或社團，如山岳協會或民族舞社團，參加系列講座或音樂班。

- 參加某個你敬重的團體，擔任志工，比如國際慈善組織「仁人家園」（Habitat for Humanity），或協助重症兒童的「喜願基金會」（Make-a-Wish Foundation）。

- 製作清單，寫下你約會時可能喜歡做的內省方面的活動。

# 約會之路

大自然為什麼要創造「約會」？約會是一個重要的經歷，可以幫助我們以親密的方式瞭解他人，瞭解他們對生活事件會有怎樣的反應。如果他們感到不舒服，會退縮嗎？他們容易生氣嗎？他們會責備其他人嗎？他們會給你反應的空間嗎？他們對老人、寵物和兒童友善嗎？他們需要持續的關心嗎？他們如何度過空閒的時光？你可以隨著時間推移，清楚掌握自己對可能的伴侶感覺如何嗎？你們之間的交流很愉快嗎？兩人之間的沉默也讓你感到舒服嗎？你感到充滿活力，還是疲憊不堪？是受重視，還是被忽視？讓這些經歷顯露出來非常重要。

不要倉促選擇與你約會的第一個人作為「自己的另一半」。性格內向者會這麼做，因為精力的消耗和不舒服的感覺，有時會讓他們想將約會的經歷縮短一點。想想看，當你最後可以幾乎沒有憂慮就度過一次約會，那種感覺是何等美妙，這是你的閥門關閉系統發揮作用的原因。請慢下來，給自己一點時間考慮約會的事，看看你的腦中會出現什麼想法，然後堅持自己的步調，給自己一點時間來經歷約會的過程。

## 第一次約會

重要的約會馬上就要到了，你可能既緊張又興奮，那很好，處於好奇的狀態，思考今晚的約會可能會怎樣？對你的約會保持好奇，就不會過於緊張不安。想想自己，你的身體可能感到有點興奮，可能一點也不害怕，還有，記得經常深呼吸。

- 選擇適合的地點見面，以便在想要離開的時候就可以離開。
- 利用你優秀的觀察技巧，獲取約會對象的資訊。
- 在合理的範圍內，像其他人那樣，提供某種程度的個人資訊給對方。
- 如果感到焦慮或過度興奮，可以到洗手間去休息一兩次。
- 不要試著像性格外向者那樣表現自己。
- 不要依賴酒和香菸來放鬆。
- 不要過度放縱自己，注意自己的精力狀況。
- 注意自己是否開始變得敏感，並想一想為什麼。
- 不要強迫自己與對方有肢體接觸，你需要一定的時間來使自己感覺放鬆。
- 注意一些危險信號，例如對方應對衝突的方式；留意你是否認為對方太消極或太好勝。
- 留意自己任何不舒服的感覺，如憤怒、恐懼或厭倦，思考這些感覺向你傳遞了哪些資訊。

在約會時留意自己的精力狀況。在對方身邊，你是感到充滿活力，還是疲憊不堪？你是否玩得很開心，但已經筋疲力竭了？如果是這樣，向約會對象解釋自己玩得很開心，但有點累了，所以你再過一會兒就得結束這次約會。注意對方對你所說的話的理解程度。

以下是一些有助於約會進行順利的方法：

• 記得安排休息和採取一些小步驟來調整精力消耗。提醒自己：約會並不是故意要消耗你的精力——儘管在大多數社交活動後你都會感到筋疲力竭。

• 性格外向的約會者有他自己的節奏，以及和反應快速的風格，不要因此持有批判的態度。

• 詢問約會對象如何度過空閒時間。

• 注意約會對象問你的任何問題。大多數時候是否是他或她在說話？這可用來判斷和你一起出門的人是不是好的傾聽者。

• 你的約會對象是否只是傾聽而不談論自己？

• 多一點幽默感，約會並不一定要那麼嚴肅認真。

# 當人格類型相互衝突時

婚姻的目標並不是兩人都想得一樣，而是共同思考。

——羅伯特‧陶德（Robert Dodds）

在內心深處，我們都是社會的動物。儘管我們想要獨立，但也渴望成為伴侶中的一員；即使離婚率徘徊在五○％上下，大多數離婚的人也都在尋找新的伴侶，並在幾年後再次步入婚姻殿堂。伴侶們都想要實現某種婚姻關係，只是「實現」對每一個人來說含義不同。以下的資訊或許能幫助你弄清楚，對你來說什麼是「實現」。

## 個性差異

維持婚姻並不容易，即便是非常和諧的夫妻也會有出錯的時候，個性差異當然又增加了犯錯的可能。誤會可能因各式各樣的原因而引起，重要的是認清差異並不是有害的，**差異是中立的**。

在婚姻關係中，差異的確會反映在具體的行為和觀點上。一個人動作慢，另一個人動作快；妻子想睡覺，丈夫卻想起床外出；丈夫不想參加社交活動，但妻子希望全家都去。這些差異既不好也不壞，只看你如何**看待**它。差異可以為婚姻增加趣味，也能將夫妻倆拉遠。

## 差異，是強化夫妻關係的機會

那麼，是什麼使婚姻之樹長青？研究婚姻關係超過二十五年的約翰·高特曼（John Gottman）博士指出，夫婦倆面對差異引起衝突時的**處理**方式，決定了婚姻持續的時間，以及對婚姻的滿意程度。

事實上，將彼此的差異視為「強化夫妻關係的一種機會」是很有用的。如果夫妻將對方的行為視為拒絕或阻撓，而非對方的特點和人格類型的表現，婚姻中的一切很快就會往不好的方向發展。例如，一位性格內向的丈夫可能會對他性格外向的妻子說：「你知道我不喜歡你打斷我，你完全不想聽我的意見！」

就個人而言，我們不能夠改變這種差異，但我們可以創造新的「舞步」，來解決這類衝突。我們需要學習如何進入和走出伴侶的私人空間，知道什麼時候領導、什麼時候順從，以及如何適應不斷變化的婚姻關係的步伐。

在下一節，我想描繪三種性格類型相結合的婚姻關係：性格內向的男性＋性格外向的女性、性格內向的女性＋性格外向的男性，以及性格內向的男性＋性格內向的女性。每一種結合都有各自的挑戰和優勢，而且這三種結合都能透過生活中用心的體諒來增進夫妻的感情。

以下的這些例子以異性戀為主。如果你是同性戀者，請觀察這三種夫妻關係，找到最適合你們的一種。過去這些年來，我曾為許多同性伴侶進行諮商，發現這些優勢和挑戰同樣也適用於同性伴侶的關係。

# 4-3

# 挑戰型夫妻：性格內向的男性＋性格外向的女性

文化環境會對夫妻關係發展過程產生很大的影響。例如，當男性性格外向，而女性性格內向時，衝突常常就會發生。然而研究顯示，大多數嚴重的衝突卻發生在剛好相反的情況：也就是男性性格內向，而女性性格外向。這種結合與我們的社會環境恰好相反。

性格內向的男人認為性格外向的女人讓自己壓力太大、受到威脅、意見不被接納；性格外向的女人則可能認定性格內向的男人安靜的個性意味著軟弱、順從或欠缺保護力。他們也可能在婚姻關係中感到孤獨和沒有活力。這些夫妻能解決他們之間的問題，但是不能改變彼此固有的個性。

## 強勢的妻子／窩囊的丈夫

不久前，安德魯和布魯克來找我，因為他們的關係有點緊張，而且有許多的問題。幾分鐘後，我認定他們是內向與外向相結合的夫妻——安德魯是性格內向的丈夫，布魯克是性格外向的妻子。

我問安德魯，他認為夫妻關係中最讓他失望的地方是什麼。

他說：「我只是不明白為什麼我們不能相互體諒，喜歡我們的家，放鬆地……」

布魯克打斷他的話：「你只是想逃避所有的事。」然後又加了一句：「你真是窩囊。」

安德魯低頭看著地板，變得沉默。

我說：「布魯克，我想聽聽安德魯在這個問題上的觀點；然後我再來聽你的想法。」

時鐘滴答滴答走了好幾分鐘，安德魯最後終於開口：「我只是想多一點放鬆，而少一點『做這個……做那個……做……』。」他低聲說道，眼睛沒有看布魯克。

我說：「布魯克，你能夠談談為什麼放鬆對你這麼難嗎？」

她盯著安德魯說：「對我來說，這聽起來就像是在棺材裡打盹。」

安德魯回道：「我覺得自己就像活在颶風裡。」

對安德魯和布魯克來說，真正的問題是，在這場戰爭中他們都察覺感情出現了裂縫。安德魯認為自己應該把生活的節奏加快些；另一方面，布魯克害怕在任何一個休息點把車開到路邊。他們以退縮和抱怨的行為，表達了對自己的個性所感到的羞愧。他們並不認為自己是可愛且魅力十足的人。

你可以看到婚姻關係中的這種模式是怎麼導致嚴重的問題。

那麼，這樣的一對夫妻要如何撫平彼此之間的差異，而不會「跳舞時踩到對方的腳」呢？這需要一些很好的「舞步」，以及相當程度的誠實。

## 敞開心扉，開誠布公

布魯克和安德魯需要就各自對婚姻的期望，以及在婚姻中所體驗到的失望和沮喪，進行一次開誠布公的對談。

誠實討論自己困窘和羞恥的感情，的確會令人痛苦。安德魯可能會體驗到焦慮和恐懼的自我意

識，布魯克可能會感到非常不舒服，因為安德魯缺少傳統的男性特質，使她受到限制。然而，只有透過彼此敞開心扉，討論自己基於傳統文化對男性和女性的期望，他們才能夠開始鎖定自己在**兩人的婚**姻關係中的角色，並採取必要的措施來維護這段關係。

在平等的婚姻關係中，夫妻倆都試圖適應對方的需要，並盡力滿足；兩個人都感覺得到對方的認可和關心。以下的建議是一些思考的出發點，你可以加以修改，以符合自己的特定情境。

## 應對新模式帶來的挑戰

開始安排一系列的談話（注意不要打斷對方的發言），談談你們的婚姻關係。約定開始和結束的時間，例如連續四個星期的週三晚上八點，可以從下星期就開始。透過分享餐後甜點或是去看場電影來慰勞自己，但注意**總要適可而止**。

堅持這個約定會比口頭上說說困難很多。如果你們有困難，討論一下可能的原因。有時候，可能只是因為害怕談到感情和感覺問題。面對這個問題，然後重新開始。

### 第一階段

- 談論你們對「雙方在婚姻中應扮演什麼樣的角色」的看法。
- 討論在你們父母的婚姻裡，夫妻的角色又是如何。
- 單純說出自己的觀點，也讓你的伴侶談談自己的看法。

- 重述伴侶所說的話，每個人大約五分鐘。
- 和伴侶討論一下，你對對方觀點的最後總結如何？是相當準確？還是不太準確？
- 有矛盾的地方就重新討論。
- 感謝伴侶的參與。

## 第二階段

- 談論你們眼中自己的角色的長處和短處，每個人大約十五分鐘。例如，丈夫可以談談他是怎樣將他的思想和觀察帶進婚姻，但因為雙方沒有討論他的感受而使交流較為有限。妻子可以談論她為家庭所做的貢獻，但因為沒有放慢生活的節奏而減少了親密相處的機會。
- 重新陳述你們聽到對方說了些什麼，澄清任何可能的誤會。
- 討論你們此時的感受，大約五分鐘；如果你不能確定自己此時的感受，暫停一會兒，稍做自我調整。
- 重新陳述你猜想伴侶會有怎樣的感受：害怕、失望、興奮、筋疲力竭等。

## 第三階段

- 夫妻雙方都可以從兩個方面來改變**自己在婚姻關係中的角色**。例如，妻子可以在總是要求正確、吹毛求疵的方面有所改進，並提高傾聽的技巧，練習放鬆，或讓丈夫來領導一段時間。丈夫可以稍微放開一些，想想為什麼自己總是覺得不滿，偶爾當一下領導，正視妻子的批評，當感到

- 壓力太大時讓自己平靜下來。

- 同意在下次會議上討論自己在行為改進方面進行得如何。

- 如果你注意到配偶退回以前的行為時，**不要譴責對方**。

- 讚賞自己是多麼勇於改變！善待自己。

## 第四階段

- 報告你的行為有了什麼改變。

- 談談你最喜歡配偶的哪些行為，各談十五分鐘。例如：我喜歡你傾聽的方式；我喜歡你跟我說你在看的書；我喜歡你對去哪裡玩的提議。

- 重述配偶的話，澄清可能的誤會。

- 腦力激盪十分鐘。談談對約會的想法，這可以反映出你們雙方的個性。例如，到有歷史意義的教區旅行，去電腦賣場試試新的電玩遊戲，在開滿玫瑰花的花園散步，光顧新的夜店。

- 對於參與配偶選擇的活動，談談你的想法和感受。約定一個日子，並且在下個月就去實現其中一個想法。

- 主動安排約會。

- 在日曆上寫下你們出遊的日子。

- 祝賀自己。這也是一件有趣但很困難的事情。

## 保持討論與溝通

既然你們已經有了一些嘗試，請持續討論你們的婚姻關係。

交流是一個圈圈——你們是平等地來回討論，還是只有一個人單獨講話？（當然，這有時會發生，但大多數時候是一個圈圈。）如果主要是其中一人在講話，討論一下有什麼方式可以讓另一個人更能參與交流。例如，性格內向的丈夫可能會告訴妻子，他希望她講話慢一點，讓他有時間可以反應；性格外向的妻子可能會提到，如果不能聽到丈夫的想法，會感覺與丈夫沒有連結。她可以描述自己聽丈夫講話時的感受：憂慮、散亂不連貫、心情沮喪、似乎浪費時間、有興趣……丈夫則可以描述自己講話時的感受：緊張不安、暴露、愉快。

我想提供一個奇妙的練習：某一天，嘗試一下對方的生活節奏。如果你確實這麼做了，留意以配偶的節奏來進行時會有怎樣的感受：不舒服、倉促、讓人厭倦、放鬆，還是心情沮喪？安排另外一系列的談話，選擇你們喜歡的主題，例如處理衝突，或者協調你們精力落差的問題。別忘了談論你們婚姻關係中的積極面向。請記得，你們的結合模式有它的優勢，好好欣賞吧。

### 機會和挑戰

#### ■ 對男內向／女外向的夫妻來說，機會在於：

- 女性可能比在傳統婚姻關係中有更多的權力。

- 男性聽女性的話，並重視她的觀點。
- 男性在領導家庭方面的壓力較小。
- 夫妻倆有自己的個人空間，可以平衡彼此的活動水準。

## ■ 對男內向／女外向的夫妻來說，挑戰在於：

- 男性會覺得女性讓自己壓力較大，或覺得窒息。
- 女性的感情需求可能沒有得到滿足；她可能變得苛求。
- 她可能會以自己的伴侶為恥；她可能將他看作軟弱、被動或者逃避。
- 男性的自尊可能會下降。

# 4-4 相反的人互相吸引：性格內向的女性＋性格外向的男性

生活就是這樣，相反的事物在平衡中心的周圍左右搖擺。

——D・H・勞倫斯（作家）

## 當性格移動到非優勢的那一端

說到混合個性的夫妻，最普遍的類型就是性格內向的女性和性格外向的男性結合。這種結合可能非常棘手。請記得，內向／外向連續體存在於我們每一個人之中，如果我們整天都是占優勢的那一端在發生作用，當環境條件合適的時候，我們就可能會移動到較不占優勢的那一端——這種移動在這一種夫妻結合類型中表現得最為明顯。

性格外向的丈夫，在工作中就已讓自己大多數外向的需求得到了滿足，所以回到家之後就想休息，親密的談話會讓他覺得**不舒服**。另一方面，他性格內向的妻子盼望丈夫能滿足自己外向的需求，因為她和丈夫在一起時感覺很舒服。她**渴望**親密的交談。

從外表上來看，丈夫看起來似乎是內向性格，而妻子是外向性格。她想要交談，而他想要安靜。

不管在人前表現如何，恢復精力的基本方法表明了誰內向而誰外向。

# 人生階段變化的考驗

剛有了第二個孩子的傑克和麗莎，因為長期衝突不斷而來找我。他們兩個都是精力充沛、健談、有創造力的類型，也都很有幽默感。他們共同經營一家裝飾品經銷公司，正處在業務擴展期。他們對彼此感覺失望、不堪忍受。沉重的壓力降落在他們的生活之中。

這個例子呈現了常見的人際互動問題，壓力或危機顯現出每個人的應對風格。這就是為什麼重大事件——如某人死亡、一場婚禮、房屋重建、一場疾病、一次升遷，或孩子長大離家等好事或不好的事——發生時，會導致這麼多夫妻離婚。如果夫妻倆不能適應這些變化（或壓力），夫妻關係就會開始惡化。

在第二個孩子尚未出生和公司業務的事還沒那麼多之前，傑克和麗莎會透過一些方法來彌補彼此相反的風格，**卻沒有意識到個性方面的差異。**

傑克的性格比較外向，他負責銷售、商業會議，以及與客戶的聊天討論。麗莎的性格比較內向，她負責管理員工，以及安排傑克的時間表。她主要在家工作，一個星期去辦公室幾天。到目前為止，麗莎的情感需求主要由女性朋友和具創造性的工作來獲得滿足。她從傑克那兒要求的不多。傑克在世界各地奔波，在他的情緒舒適圈裡活動；他有大量的自由去會見客戶、打高爾夫、出差，而且還是麗莎眼中的寶貝。

過去的關係很適合他們，但這時已行不通。即便有專門帶孩子的保母，麗莎也需要減少去辦公室的頻率，延長在家的時間。她渴望傑克情感上的支持。傑克則覺得來自家庭和工作不斷增加的壓力，

令自己陷於困境。他認為麗莎不關心他，因為她不想幫他分擔辦公室的工作，反而將精力集中在孩子身上。他知道自己不擅長組織和管理，他害怕承擔麗莎的職責。麗莎奔波於工作和家庭之間，覺得疲憊不堪。傑克覺得很焦慮，也沒辦法不擔心。他們急需解決辦法。

## 改變相處的舞步

首先，麗莎和傑克不該因為目前婚姻裡的狀況而責備自己或對方。改變模式很困難，但是機會與挑戰並存：新的環境帶給他們成長的機會。傑克有機會提升自己處理人際關係和組織管理的技能，以及學會在不安時幫助自己擺脫焦慮。麗莎可以提升自己尋求幫助的能力，談論心理需求的不滿足，並且不再感覺愧疚。

以下是當時對傑克和麗莎有幫助的一些建議，提供參考。請記得：改變總是前進兩步又後退一步，然後又前進兩步。要意識到，兩人都需要做出一些改變：

- 討論你們的個性差異，以及各自因為某種變化而產生的影響。例如，性格外向的丈夫可以向配偶解釋，發生了哪些事讓他感覺陷入困境；性格內向的妻子可以解釋自己如何覺得像是被人遺棄，還要負擔家裡所有的事。
- 討論能幫助你們分別做出一些改變的話題。例如，妻子可以對丈夫說她需要安靜的時光，也需要丈夫的傾聽和分擔家務。丈夫可以討論他如何平衡家庭和工作之間的需要。
- 協商不同的需求。請注意，不要互相指責。責備是「經過喬裝的害怕」。透過直接詢問對方需

要什麼，可以減少這種責怪。努力讓你們的協商實現雙贏，讓兩個人都能實現一些願望，也都能做出一些讓步。如果丈夫說的話聽起來像是在責怪對方，丈夫應該請妻子提醒，妻子也要注意：自己對婚姻中的所有問題也都有責任。

- 坐下來，面對伴侶，牽著對方的手，每個人說三分鐘。傾聽並總結你聽到的內容。檢查一下自己的理解是否準確。

- 提醒自己，你們倆都在維護這場婚姻的平衡：例如妻子帶來了放鬆，而丈夫帶來了活躍。

- 丈夫應該練習討論自己的恐懼和脆弱，妻子應該練習說出對生活的失望和沮喪。

- 平衡夫妻間的約會，還有與親友相聚的時間。

- 每星期為對方計畫一些小驚喜——在伴侶的車裡放對方最喜愛的點心和表達愛意的紙條，在伴侶的枕頭上放顆薄荷糖，替對方做一次足部按摩。

## ■ 機會和挑戰

### 對男外向／女內向的夫妻來說，機會在於：

- 妻子聽丈夫的話。
- 丈夫可以鼓勵妻子活躍一點，參加社交活動。
- 妻子有較多的自由，因為伴侶對她的時間沒什麼要求。

- 丈夫有較多的自主權，因為他的伴侶喜歡獨處。

## ■ 對男外向／女內向的夫妻來說，挑戰在於：

- 丈夫通常不擅長經營親密關係。
- 妻子可能不會談論自己的想法和情感體驗。
- 丈夫可能把婚姻中的所有失敗都歸咎於妻子，妻子可能接受或忽視這些責難。
- 妻子可能很難直接表達自己的願望。

# 4-5 全世界就只有我們倆：性格內向的女性＋性格內向的男性

荒野之地是遊覽的好去處，但不適合長期停留。

——喬西·比林斯（Josh Billings，作家）

我面談過的性格內向／內向相結合的夫妻，多半都對現況非常滿意。他們告訴我，當窗外雪花紛飛，他們坐在一起閱讀的場景是何等溫馨。他們還描述了傍晚玩拼字遊戲、在森林裡徒步旅行、一起欣賞音樂會等。這類夫妻多半覺得婚後比在原生家庭中壓力小很多。對於兩個性格內向者是否能成為很好的伴侶，我的態度比較保留，因為即便你對兩個性格內向者組成的夫妻關係很滿意，但有時好事太多也會讓人習以為常。

## 太穩定也有問題

有一對性格內向／內向相結合的夫妻來找我做心理諮商，他們一起生活了大約七年，並開始感到厭倦。妻子帕特說：「每天晚上都做同樣的事：待在家裡看電視或看書。」丈夫托尼同意她的觀點：「我覺得與帕特做任何事都有壓力，有時我寧可和朋友出去。」

這就是性格內向／內向相結合的夫妻可能產生的問題：**沒有足夠的外在刺激和友誼**。況且，在這種因強烈需求和期望而產生的巨大壓力下，沒有人能維持良好的夫妻關係。

想想一九三〇年代古老的馬拉松式舞蹈。一個男人和一個女人跳啊跳，學習站著睡覺，以便成為最後一對站著的夫妻，贏得獎金。他們一圈一圈地跳著轉著，直到其中一個人筋疲力竭、虛脫而倒下。

在性格內向／內向相結合的夫妻關係中，其中一人、甚或兩人都可能開始覺得麻木和死氣沉沉。如果你們習慣一起做大多數的事，分開度過空閒時間會引起恐慌。即便你對與配偶一起做事有點厭倦，但若獨自出門卻又可能感到有點不安。

如果一對夫妻黏在一起的時間太長，引起壓力的事也會隨之而來，如生病、孩子的某個問題，或失業等，任何事都可能降臨，並使他們分開。夫妻關係不能停滯如死水，這讓我想到芭芭拉·安柏利（Barbara Emberley）獲獎的童書《鼓手霍夫》（Drummer Hoff）。那是個激勵人心的民謠故事，搭配活潑的木刻插圖，描述士兵帶來各種零件組合成大炮並加以點燃：二等兵帕里亞吉推著炮架，上士曹德帶來炸藥，上尉巴默爾帶來裝填桿，最後鼓手霍夫大喊：「發射！」然後轟然一聲巨響，結束故事。

## 衝破習慣的藩籬

有時候，性格內向／內向相結合的夫妻能夠成功忽視這些問題，直到有外在的事件將他們從自以為的平靜中驚醒。這種夫妻關係通常會不斷膨脹，最後炸成碎片。不過如果他們能注意到自己處於單調的習慣路線中，在感情破裂之前就試著一起走出來，夫妻倆就有較好的機會應付外在的威脅。

以下是一些建議，可以幫助你們走出第一步：

• 冷靜下來，審視你們靜止的婚姻關係。問對方：你覺得有點缺乏活力嗎？

## 機會和挑戰

### ■ 對內向／內向的夫妻來說，機會在於……

- 擴展你們的社交生活，一個星期與朋友或另一對夫妻聚會一次。

- 多出去活動。與伴侶每個月外出約會一次。輪流安排你們的約會。

- 各展所長。有各自的朋友和個人愛好是健康的。

- 談論你們倆有哪些不同，以及這種不同為什麼會對夫妻關係有幫助。

- 注意你是否因為夫妻關係中缺乏樂趣而責怪伴侶。請輪流扮演「點火器」，撩起對方的感情。

- 你們可以擁有自己的想法，這跟桃色事件等具有破壞力的祕密可不相同。

- 討論你們對休息的需求，看看兩者是相同還是不同。

- 計畫一起做平常想不到的事：乘車或騎車去新的目的地，到新的餐館用餐，品嘗對方最喜愛的霜淇淋，或試著吹奏樂器等。

- 如果衝突已讓你們驚慌，請參考 4-6 提示 2 的「解決夫妻衝突的五個步驟」，練習協商衝突。

- 問問你的伴侶，是否有藏在內心深處沒有說出來的願望，然後實現一部分的願望。例如，如果對方一直想去尼泊爾，可以借一本關於那個國家的書；如果對方夢想成為高級廚師，就讓她去當地的烹飪學校參加一期法式烹調課程。

- 他們注意傾聽對方的談話。
- 他們對全面思考問題很有耐心。
- 他們理解對方對隱私和安靜的需要。
- 他們的衝突較少。

## ■ 對內向／內向的夫妻來說，挑戰在於：

- 他們可能跟外界失去聯繫。
- 他們看待所有的事都可能會受自我局限。
- 他們可能會逃避有關衝突、差異和各自需求的討論。
- 他們有太多的情緒需求，所以可能彼此依賴。

即使是同樣的月亮，對每一個人來說也會有不同的含義。

——法蘭克・波曼（Frank Borman，阿波羅計畫太空飛行員）

兩人一旦結為夫妻，很快就會明白：夫妻關係需要技巧和不斷的學習。以下有五點提示可以幫助改善任何性格內向／外向相結合的夫妻關係。請記得：所有的夫妻關係都有不完善的地方，但我們可以不斷加以改善，直到蹣跚地踏進墳墓。

## 提示1：試著站在對方的立場看問題

還記得我在第一章描述過麥可和我去拉斯維加斯嗎？性格外向的麥可在飯店的門廳走來走去。他看見閃爍的燈光和擁擠的人群交織而成的彩虹；他聽到嘻笑聲和錢幣的叮噹聲；他開心聞著附近餐廳裝得滿滿的自助餐散發出的濃烈香氣。他整個人都因為飯店那傾斜而上的電梯送到我們房間的新鮮事物而興奮。他已經提前享受傍晚活動即將帶來的興奮和激動。

身為性格內向者，我的情況就非常不同了。閃爍的燈光使我什麼也看不清；人們手中叮叮噹噹的錢幣撞擊聲在我耳中轟轟作響；菸味繚繞讓我窒息；在狹窄的通道上，來往的人群推擠著我。我想逃

避。我搖搖晃晃上了電梯，匆忙回到我們的房間。

在不知自己個性的情況下，一對對夫妻就戴著自己個性的「眼鏡」步入了婚姻殿堂。我們的視角受到基因、生理、童年成長背景、過去的情感經驗、社會階級、教育和朋友等影響，每一個人看問題都有自己的角度，所以每一種觀察只對那個特定的人是正確和準確的——但也只是對那個人是如此。

對健康的婚姻關係來說，重要的是要意識到你是透過**自己的視角**在看待生活。

如果我們認為自己的觀點就是**正確**的觀點，那麼我們在婚姻關係中就會不斷爭執。麥可對拉斯維加斯的體驗是**錯誤**的嗎？不。我的體驗是**錯誤**的嗎？也不。各自都是**正確**的——對**我們**各自來說。麥可和我都有自己看問題的獨特角度；我們就只能擁有**自己的**體驗。

許多性格內向者成長的文化背景認為，我們應該學習能夠快速談話、敏捷思考、活動滿檔的人。

如果你與性格外向者結為夫婦，你可能以為伴侶的行為模式是「正確的」方式。這是這些年來，我從實際面談或共事過的許多性格內向者那裡聽到的。他們對我說：「我沒辦法敏捷巧妙地回答。我有什麼問題嗎？」什麼問題也沒有。如果你不能迅速回答提問，性格外向者、甚至包括身為自己言語上的差距感到害羞的性格內向者，都可能會對你不耐煩，或甚至認為你是故意要隱瞞些什麼。然而，現在你應該知道，你的大腦是以不同的方式在工作；你總是擁有不同的觀點。這可以幫助你證明自己。

## 改變看問題的角度

正確認識自己看問題的方式之後，我們可以開始理解自己的伴侶。為什麼我們想想知道在其他人眼中，生活看起來會是怎樣的？答案是**好奇心**。「我想知道」是一句很有力量的話。「在你看來，它像

什麼？」、「告訴我你對它感覺怎麼樣？」、「改變一下個性，那會是什麼樣子？」婚姻關係在好奇中得到了成長和發展。

麥可喜愛逛地區集市。就像你想像的那樣，我一想到那擁擠的人群、各式各樣的活動，就不是很想去。每隔幾年，在麥可的熱心鼓動下，我同意去那裡走走。不久前，我們開車去加州海濱，然後去趕文杜拉（Ventura）集市的最後一天。我幻想著也許喜愛逛集市的人已經走得差不多了，只剩下少數的晚到者。可是情況並不是這樣。在耀眼的午後陽光下，到處站滿熱切的人。我們在長長的隊伍中等待購買油膩的點心，然後等著上太多人用過的骯髒洗手間。在科學館，我們參觀雪花結晶過程，看著它們飛過觀眾頭頂；在臭氣熏天的畜棚，我們看見一頭母豬哼哼唧唧照顧著吱吱尖叫的小豬崽。

儘管如此，農業部四健會（4H）的畜棚讓我稍微感覺好一點。那裡正在進行山羊評選賽。朦朧的燈光下幾乎沒有什麼人——只有帶著興奮步伐的我。在圍欄裡，十幾歲的飼主帶著四頭白山羊。三個競爭者穿著亮棕色和珍珠白相間的外套，在畫有驚歎號的位置抓住山羊雅致的小尾巴。第四頭山羊是灰白色的，兩腿之間夾著小尾巴，牠的主人看起來安靜又謙遜，身上的衣服有一些小洞，看起來就像有幾隻飛蛾停在那兒。我很驚訝他居然要參加比賽。最後，山羊評判員分發白色、粉紅色、紅色和藍色的緞帶。那個衣服上像有飛蛾的山羊主人——我以為最不可能獲勝的人——結果竟然得了第一！他因為沉著的舉止而獲勝。勝利的另一個原因是他內向的個性，因為——相信我——從他的臉上看不出一點勝利的喜悅。

我們離開的時候，我問麥可：「我很想知道你對集市的看法。你究竟喜歡集市上的什麼？」他說：

「喔，我想，我喜歡看見各種年齡的人在喜愛的事情上一起工作，就像四健會的孩子展示他們餵養的

家畜。那些動物讓我想起自己在農場的成長歲月，也讓我想起孩子們會多麼盼望去趕集。」

如果我沒有因為麥可而改變自己看問題的角度，我只會對那臭烘烘、擁擠又吵鬧的集市充滿怨言。透過他的觀點，集市聽起來很不錯。我對麥可留下溫暖的感覺——他多麼像孩子，我比以前任何時候都更想瞭解他。今年，我盼望著再去集市——只要我們在那兒待的時間不要太長。

# 提示 **2**：解決夫妻衝突的五個步驟

只有瀕臨死亡的婚姻，才會沒有衝突。不管你和配偶是什麼樣的個性組合，以下有五個步驟可以幫助你學習怎麼解決婚姻裡的問題。我以前面討論過的安德魯和布魯克當作例子。

## 步驟①：交替陳述自己對衝突的看法

安德魯提出他的觀點：「我想待在家裡，享受只有我們倆的安靜夜晚。我很疲憊。布魯克看起來不想花時間和我在一起。」

布魯克說：「這個週末我想和朋友一起出去玩，我不明白為什麼安德魯不喜歡我的朋友。待在家裡讓我覺得太受限制，似乎浪費了整個週末的美好時光。」

## 步驟②：各自陳述內向的觀點／外向的觀點

我問安德魯和布魯克怎麼看待自己內向／外向的性格在這個衝突中產生的影響。

布魯克說：「我覺得我需要充滿活力的生活。如果待在家裡，我會覺得太沉悶。」

安德魯說：「我覺得自己整個星期在工作上耗費了大量精力，我已經筋疲力竭了，我需要休息。」

## 步驟③：弄清楚問題的癥結

我說：「所以問題在於，你們各自有一些不同的需求。安德魯，你需要休息，而布魯克，你需要參加一些刺激的活動，比如說和朋友跳舞。當對方不理解你的需求時，你們倆都會覺得受到傷害。你們都只看到自己的需求。」

## 步驟④：站在對方的立場看問題

我轉向安德魯說：「布魯克怕的是如果待在家裡的時間太長，會失去活力，你能夠理解嗎？她在參加社交活動時覺得精力充沛，她並不是要離開你。」

我又對著布魯克說：「太常出去玩，會讓安德魯覺得非常疲憊、壓力太大，他不想成為聚會上筋疲力竭的人。」

## 步驟⑤：協商並找出和解的辦法

如果你們遵循了以上四個步驟，第五個步驟通常簡單得令人驚訝。

我問：「你們覺得，要怎麼計畫週末，好讓你們倆的需求**都**得到滿足？」

布魯克說：「我知道安德魯不是要逃避我，這讓我覺得好多了。我可以在星期五晚上下班後和女性朋友一起出去玩。星期六晚上也許我們可以一起看錄影帶，然後星期天晚上一起去和朋友玩？」

我問安德魯有什麼想法。

他說：「我猜想布魯克並沒有把她的朋友看得比我重。你的提議很好，但是星期天晚上的活動時間要有一些限制，比如說告訴朋友我們會和他們五點碰面，九點離開。」

布魯克同意了。他們都讓對方知道自己願意和對方在一起，這讓他們的焦慮減輕了。當他們知道自己可以學習滿足對方的需要時，我看到他們臉部的肌肉都放鬆了。

## 提示 3：消除彼此之間的鴻溝

不管你是處於約會階段，還是已經步入婚姻殿堂，性格內向者和外向者在交流時最重要的問題是要瞭解：因為你們的個性不同，因此會用不同的方式表達自己。通常對一個人來說很容易的事情，對另一個人來說卻可能很困難。風格沒有對錯之分；每一個人都有自己的優勢和不足。如果你理解兩種風格，就可以「理解對方」並開始共同生活。讓我們一起來看看吧：

### 性格內向者的交流風格

性格內向者較常出現以下情況：

- 對於自我保有旺盛的精力、極大的熱情和興趣，而且只和他們非常熟悉的人分享。在與其他人分享個人的資訊前非常猶豫。
- 在回答前需要用一點時間來思考。在對外在事件做出反應前需要用一點時間來反思。
- 寧願選擇一對一的交流。

## 性格外向者的交流風格

性格外向者較常出現以下情況：

- 與身邊幾乎每一個人分享自己的精力、興奮和熱情。

- 對問題和外在事件的反應非常迅速。

- 容易分享個人資訊。

- 無論是一對一的交流，還是在團體中的交流，都覺得同樣舒適和愉快。

- 透過大聲談話進行外在思考，與其他人相互作用、影響，並在過程中得出自己的結論。而且，他們常常不給其他人說話的機會，因而經常無法使自己提出的觀點有深刻的意義。

- 更喜歡面對面的交談、口頭的交流，而不是文字的交流。

## 如何與性格內向的伴侶進行交流

如果你是性格外向者，而且你想與性格內向者有更好的交流，請試試以下的方法：

- 約個時間，討論兩人怎樣相處才能更融洽。這能給性格內向者一些時間來準備自己的想法。

- 不要打斷對方的談話──對性格內向者來說，重新開啟談話會浪費額外的精力。耐心傾聽你的伴侶講出心裡的話，再談論你的想法和感覺。

- 偶爾可能會以為他們告訴了你一些事，但其實並沒有。（他們的腦中總是想著各式各樣的事。）

- 談話時需要別人的邀請，而且可能更喜歡透過寫的方式來進行交流。

- 說話前從一數到五（也就是放慢一點），並考慮一會兒──性格內向者需要回想你說了些什麼。

- 重複伴侶所說的話，讓對方確信你在傾聽。問對方你的總結是否正確。

- 伴侶說話時，你得學會安靜地坐一會兒。請記得：對方可能已經很疲憊了，但仍然還想和你待在一起。

- 你的伴侶是很好的傾聽者，但你得留意讓伴侶和自己輪流講話。

- 問你的伴侶一天過得怎麼樣。有時候，對方需要你主動詢問。

- 偶爾以文字形式進行交流。性格內向者能接受書面的字詞，而不會覺得刺激太多。在電話旁放一張卡片；在伴侶的午餐盒、手提箱、公事包、衣服口袋或者枕頭裡放張便條。

- 欣賞停頓。深呼吸，享受只是坐著的樂趣。體驗兩人獨處的感覺。

- 時常用文字或行動表示你瞭解並感謝伴侶談話時所消耗的精力；表達你的讚賞和感激。感受伴侶的生活節奏。

- 使用非語言的交流。例如，給伴侶一個輕吻、在人群中對伴侶眨眨眼、牽牽手，以及擁抱。

## 如何與性格外向的伴侶進行交流

如果你是性格內向者，而且想改善與性格外向者的交流，以下是一些建議：

- 告訴伴侶你想和他或她談談心，確定一個日期和時間來進行，並注意提醒自己。

- 練習說簡短而清楚的句子。這會使性格外向的伴侶在聽你說話時感覺容易一些。

- 在你需要時，不要害怕喊叫或大聲說話。你可能會覺得刺激過於強烈，但有時候如果你說話的聲音不夠大，性格外向的伴侶可能會不相信你說的話。

- 練習說出突然出現在腦海裡的東西，不要總是想好了再開口。

- 允許停頓。無法跟上性格外向的伴侶停不下來的節奏也沒關係。

- 告訴你的伴侶，你需要花點時間來做決定，以及有時候無法說出腦中的想法，你知道這對對方來說是有點難以接受的事。

- 如果你對一個問題反應很強烈，又覺得直接與伴侶討論有些困難，寫下你的感想並交給伴侶。

- 在爭論過程或爭論後，如果你覺得心裡受到的刺激過於強烈，不要太擔心，有點強烈的情感並不是一件壞事。一切終究都會煙消雲散。

- 告訴你的伴侶，你對他或她的感覺。我們經常忘記這麼做。你的伴侶想要知道自己是受到關注的。所以，經常留張便條、發個電子郵件、給對方一個吻，而且別忘了給予真誠的讚美。

# 提示 4 ：輪流實現各自的願望

如果人都只按照自己的方式行事，無法持續婚姻關係。只有夫妻倆都覺得自己達成了一些心願，婚姻關係才能歷久彌新，否則，不滿就會產生。此外，每個人不時有些失望是有益的，這會協助個體發展出優良的情緒力量。沒有人活在世間而不曾體驗失去的痛苦和失望，傳統意義上的「性格」，指的就是承受這些情感的能力，以及對自己在思想和行動上的反應有清醒的認識。有自己特質的人能夠信任自己，而且擁有健康的婚姻關係，因為他們知道自己可以承受生活中的各種成功和失敗。

透過思考彼此的需求和願望，你們能成為關係更好的夫妻。學會如何交流和協商彼此的需求及願

望，是婚姻關係持久的標誌。以下是一些建議：

- 如果你需要休息，讓你的伴侶知道。詢問對方是否需要社交活動。
- 制訂計畫時，留意性格內向／外向者的差異。
- 對性格內向者或性格外向者，既不批判，也不過於理想化。
- 從一些明顯的外在特徵來辨識你的伴侶已精力不足（如性格內向者會表現出容易過敏或疲倦；性格外向者會表現出不耐煩、厭倦，或因為缺少刺激而心不在焉）。討論可以用哪些方式來提醒對方自己已經很累了。
- 在你們的婚姻關係中，讓性格外向的伴侶做「偵察兵」，將新的嘗試介紹給性格內向的伴侶。
- 對在社交活動中過多少時間進行協商；各自開車，或安排其中一人與朋友先開車回家。
- 對兩人一起做和分開做的事加以平衡。
- 無論何時，如果你的伴侶做了自己本來不喜歡做的事情時，你都要表示認可和讚賞。

## 提示5：欣賞彼此的差異

我將最有價值的提示留到最後。與性格外向者生活了三十八年之後，我學到一個很有價值的經驗，那就是：欣賞彼此的差異。

麥可沒有什麼地方不想去，所以我旅行過很多地方：包括夏威夷偏遠地區的泥土路和河床——那些地方已經超出租車保險的範圍！我很慶幸自己有機會領略伴侶那外向性格的世界。他讓我體會高爾

夫球場的寧靜，也介紹我認識形形色色的人（我自己是不可能去認識的！）。麥可的個性能夠充分展現，我也一樣。我知道：我的世界和他的世界是如此不同，但這並不意味著我或他出了什麼問題。

如果我們的一切都一樣，生活會多麼索然無味啊。我們需要用我們**所有的**優勢和不足，來讓生活變得豐富多彩；在欣賞各自進入生活的事物的過程中，我們逐漸成長。讓婚姻關係歷久彌新最好的方式，就是互相**欣賞**。有時，性格內向者很難向伴侶說出欣賞的話，他們不明白為什麼欣賞就一定要大聲說出來；而性格外向者是如此忙碌，他們也可能會忘記在家裡表現出自己對對方的欣賞。

將注意力集中於欣賞你的伴侶，會產生非常奇妙的效果。所以，找一個星期，在每天晚上，選擇以下的一個主題，以筆記的形式寫下你的想法，然後與你的伴侶分享。

- 你最欣賞伴侶的哪些面向。
- 描述你發現伴侶令人喜愛或具魅力的風格或特質。
- 描述你真正喜愛伴侶的某個身體特徵。
- 寫下你們共度的一次美好時光。
- 回想你們共享的某段浪漫時光，並告訴伴侶，它讓你有什麼樣的感覺。
- 討論你最喜歡伴侶今天做的哪件事。

一週下來，在你做了以上每一件事情之後，再決定下個星期是否還想繼續這麼做。發想你自己的主題，如果你喜歡這個練習，但決定停止，談談你的原因。有時候，我們避開有益的經歷，只是因為它們帶來的刺激太大。

# 閒談的智慧

學無止境。問題在於你走了多遠。

——蘇斯博士（Dr. Seuss，繪本作家）

性格內向和外向會從許多方面影響婚姻關係。理解自己和伴侶的個性，就更能瞭解彼此的不同風格所帶來的情緒衝突。你們可以各自想想希望如何改善關係，而不是想都不想就回應。無意識的婚姻關係會產生距離、痛苦，也會缺乏親密感。如果不思考，我們只會活在重複的模式中，就像倉鼠一樣，只有周而復始的單調重複。改變模式很難，卻能夠建立永恆的情緒力量。有時，這甚至會非常有趣。

## 本章思考點

• 約會要消耗大量的精力——請記住，那是一種體驗。

• 每個人都從自己的角度看問題。

• 每一種夫妻的結合方式都有各自的機會和挑戰。

• 衝突可以解決，你們可以透過學習，愈來愈能一起討論問題的癥結，並彼此欣賞。

# 第五章

## 為人父母：孩子的教養，你做好準備了嗎？

- 如何應對性格內向的孩子偏愛安靜的情況？
- 如何幫助性格內向的孩子參與團體活動？
- 為什麼性格外向的媽媽在懷孕或照顧嬰兒時會有罪惡感？
- 如何糾正性格內向或外向的孩子？有什麼不同的方法？
- 如何避免性格內向的孩子在兄弟姊妹之間被忽視？
- 若性格外向的孩子經常受到羞辱、批評或自尊受到傷害，也會變得很害羞。

> 孩子不是用模子塑造的東西，
> 而是逐漸長大的人。
>
> 萊爾博士（Dr. Jess Lair）

為人父母是二十四小時全天候的複雜工作，會占用大量的精力，還會讓人面對大量的壓力。如果一個家庭由不同個性的個體組成，這種情況會特別明顯。

每個人都有自己運轉（如何維持充沛的精力和處理訊息）的模式，瞭解這點的重要，會提高整個家庭和諧相處的信心和能力。如果個人的個性沒有得到其他人的體諒，這個家庭會變得動力不足、怨氣沖天，成員也會缺乏自尊。結果，每個人都會覺得很糟糕。

首先要做的，是判斷你們家有哪些不同種類的個性。如果你已經閱讀本書的前幾章，應該已經瞭解你和伴侶落在性格內向／外向連續體的哪一個位置。如果你還沒讀前面章節，請回到第一章的1-3，做一做「性格內向者自我評估問卷」，也讀一讀討論婚姻關係的第四章，可以幫助你瞭解你和伴侶屬於哪一種類型的夫妻。

在這一章，我想協助你們建立對家庭成員的個性描述，協助你們判斷孩子的個性。

## 5-1 你的孩子是性格內向，還是性格外向？

你的孩子有什麼樣的天性？為什麼這有助於你和孩子更理解他們天生的特質？你對孩子的**天性**瞭解愈多，就愈有可能將這些特質**培養**成他們的優勢。

### 判斷孩子的個性，協助他們發揮天性

在《孩子叛逆、好動，怎麼辦？》（*The Challenging Child*，新苗出版）中，醫學博士史坦利‧格林斯班（Stanley Greenspan）指出：「父母親對孩子學習如何使用自己與生俱來的特殊能力會產生相當巨大的影響。」身為父母，我們不斷調控先天遺傳和後天培養對孩子的相互作用。你愈懂得如何判斷孩子的身體和情緒信號，就愈能夠幫助他們應對自己的個性，從而幫助他們將自己的個性發揮得更好，創造滿意而有價值的生活。

請閱讀以下條列的項目，想一想你的孩子屬於哪一種，以及他們的性格比較內向、比較外向，或處於中間。如果你認為他們因為自己比較內向或外向而感到有壓力，請特別留意。請記得：因為強而有力的文化偏見，許多孩子會感覺無形的壓力逼他們要表現得外向一點。我們可以完全運用個性中不占優勢的那一面，但如果這樣做，我們將耗費大量的精力，也會格外感到筋疲力竭。

**如果你的孩子性格較為內向，他們可能會有以下情形：**

- 在參加活動之前會先看一看和聽一聽。
- 集中精力於感興趣的事情。
- 喜歡在房間裡獨處的時光，從內省中獲得精力。
- 全面思考問題後才發言。
- 有強烈的個人空間感，不喜歡別人坐得太近，或不敲門就進入他的房間。
- 不喜歡主動公開自己的想法，可能需要別人問他在想什麼或有什麼樣的情感體驗。
- 需要別人的鼓勵。可能有非理性的自我懷疑。
- 如果對話題感興趣，或與人們相處得很愉快時，可以滔滔不絕發表自己的意見。

## 如果你的孩子性格較為外向，他們可能：

- 除了一些正常的發展階段，他們很合群並喜歡與人交往。
- 透過與人相互影響及參加各種活動，使自己充滿活力。
- 想要立刻告訴你他所有的事情和想法，而且這些事情和想法面向廣泛。
- 透過大聲說話進行思考。當他們在找東西的時候，可能繞著整個房子說「我的球在哪裡？」，或說「我在找我的手機」。他們需要邊說話邊做出判斷。
- 喜歡跟別人待在一起而不喜歡獨處。
- 需要許多的讚美。例如，他需要聽到別人說他做得多麼好，或你是多麼喜歡他送的禮物。
- 喜歡多樣性，而且容易分心。

- 經常主動說出自己的想法，表達自己的情感。

重要的是，請記住：很少有孩子是典型的外向或內向，有時候，性格內向者也會表現得很外向，反過來也是一樣。

## 找出孩子的精力開關，善加運用

想一想，你是否發現了一個模式：你的孩子在什麼時候、以及有什麼樣較為內向或較為外向的表現。請記得，這不是社交技巧的問題，而是關於你的孩子如何恢復精力的問題。

我的個案卡拉的女兒伊莉莎白個性處於內向／外向連續體的中間，她表現出個性中內向面的方式之一，是幼稚園剛放學的時候不想說話。

卡拉告訴我，她是怎樣應對女兒偏愛安靜的情況。當卡拉去接伊莉莎白，把她抱上汽車座位後，會給她一本她最喜歡的書，並播放配套的有聲書。伊莉莎白很喜歡伴著有聲書裡的鈴聲翻看繪本。卡拉說：「其他的日子，我讓她自己選擇聽什麼音樂。今天我們在回家的路上都在唱『披頭四』組曲。」

這樣過了一會兒，伊莉莎白就想說話了，而且是滔滔不絕。

# 5-2 理解性格內向的孩子

孩子就像是未乾的混凝土地面，無論什麼東西落到上面，都會留下深深的印記。

—— 海穆・吉諾特（Haim Ginott，兒童心理學家）

性格內向的孩子容易受人誤解。他們思考和體驗的東西比他們向外界展示的還要多。令人困惑的是，他們知道的東西通常比自己以為的還要多。如果沒有人幫助他們瞭解自己大腦的工作方式，他們往往會低估自己強大的潛能。

性格內向的孩子在學習時，首先是吸收資訊，然後需要安靜的時間來處理這些資訊——他們會整合觀察到、聽到和吸收到的一切，直到終於形成自己的想法後，他們就能採取行動，或談論自己的意見和感想。

事實上，交談能幫助他們理解自己的大腦如何運轉，但干擾則會讓他們忘記自己講到什麼地方，他們就必須消耗額外的精力，努力回想自己的想法。（還記得性格內向者那長長的大腦神經傳導路徑嗎？）如果性格內向的孩子沒有時間和私人空間來暫時拒絕其他的刺激，他們就會「昏頭昏腦」，無法正常思考。

對性格內向的孩子來說，大多數的活動都需要消耗精力。如果能教他們恢復精力，他們就能成長茁壯。以下是性格內向的孩子可以用來應對這個世界並恢復精力的一些方法。

# 安排個人的時間

性格內向的孩子需要在每天的時間表中安排一些個人時間。在這段個人時間裡，他們可以只耗費較少的精力。你可以讓你的孩子獨處，或是讓你的孩子和他覺得可以輕鬆相處的一兩個人在一起，或只是離開人群一會兒。在刺激很強烈的活動中，你的孩子也需要特別的休息。

在西方文化中，人們很重視外向的性格，因而許多孩子的活動都是以群體方式進行，因此，有獨處的時間對性格內向的孩子來說就顯得特別重要。如果他們的情緒變得很糟，通常就是需要出去一會兒的信號。（在《芝麻街》節目中，奧斯卡〔Oscar〕之所以總是如此不高興，也許就是他需要到他的垃圾箱裡度過更多安靜的時光。）

## 適度的獨處，有助於轉化壓力

我的個案鮑伯九歲時，家裡為他辦了超盛大的生日晚會——一共來了三十個孩子——這實在太過熱鬧。他的親戚送他一隻活潑的黑白花色小狗。

鮑伯記得生日宴會開始時，他就覺得太擠太吵。他告訴我：「我不想讓人碰我的小狗。我給牠取名叫蜘蛛俠。我希望每個人都回家去。我覺得好像有很多螞蟻在我手臂上爬來爬去，讓我渾身不自在。後來我爸爸把蜘蛛俠帶到樓上，勸了我好幾分鐘。我放鬆後，才感覺螞蟻爬走了。」

鮑伯最後下樓吃蛋糕和冰淇淋時，似乎換了一個人，是一個面帶微笑的小主人。至於蜘蛛俠，牠在生日宴會的下半場都待在樓上。接下來的幾年，鮑伯的父母都只為他舉辦規模較小的生日宴會。

## 覺察孩子的需求

性格內向的孩子學習在什麼時間用什麼樣的方式休息時，通常需要父母協助。他們不知道自己需要一個人待一會兒，不熟悉一個人待一會兒的感覺，或者也不想離開朋友。這就是為什麼對父母來說，瞭解孩子是如此重要。父母必須夠敏感，才能注意到他們的孩子是否有點反常，是否變得脾氣乖張或退縮。

在聚會中，如果你看到你的孩子變得表情呆滯，你可以建議他：「這裡太吵鬧了，而且人太多，我們到後院去走幾分鐘。」如果你發現他的脾氣開始變得有點暴躁，試試一些方法，例如：「你來幫我一起把甜點端出來；我們過幾分鐘就回來。」或「你看起來有點累了，我們上街去散散步吧，看看街上有什麼東西。」

如果對正在鬧彆扭的孩子說他需要休息一會兒，他們常常會反抗，所以父母可能需要引導孩子去做點其他的事。之後，你就可以這麼說：「我注意到你需要暫時離開其他小朋友一下子。」幫你的孩子意識到他們獨處一會兒後會感覺好多了。他們需要有人告訴他，可以等五分鐘後感覺好一些再**回來**，然後他們就可以和其他小朋友玩得更開心。

## 協助孩子降低刺激帶來的興奮

梅根是個活潑的五歲孩子。她在幼稚園成為「本週好學生」，在一個小活動裡得到大家的祝賀。成為眾人關注焦點的壓力，使梅根感到非常焦慮不安，躺在地板上四處打滾。她的父母受邀前來參加這個活動，看到這狀況時非常尷尬和震驚。梅根的父親把獎品遞給她時，她猛力想把獎品從父親的

手中推開。

後來，當她的父母和我談論這個反應的可能原因，我問他們是否認為她可能受到太大的刺激，也要求他們與梅根談談發生了什麼事，並問問是否能夠給她什麼幫助。第二個星期，她的父母高興地對我說，梅根知道自己太興奮了。她告訴他們：「我的肚子有點不舒服，我需要出去一會兒。」她還告訴她的媽媽：「我希望你能對我說，『寶貝，靜下來，靜下來。』」

## 協助孩子掌握自己的節奏

如果你問性格內向的孩子需要什麼——而且他們確信自己能夠得到想要的東西，那麼，他們常常具有很好的洞察力。

你的指導可以幫助性格內向的孩子保持充沛的精力和愉悅的心情。與他們談論休息的必要，一些孩子實際上也有這樣的要求，選擇他心情放鬆的時候，和他單獨待在一起，你愈強烈表達休息**有好處**的觀點，他就愈有同感。

你可以說：「你注意到有些小朋友精力很充沛嗎？他們可以玩一整天不會累，就像你哥哥山姆。有些小朋友雖然也喜歡和朋友一起玩，但偶爾需要休息一會兒。你就是這樣，凱米。你需要休息一下來恢復精力，做幾次深呼吸，否則，你就會開始覺得累，或覺得有點煩。」

問你的孩子有沒有留意過什麼時候需要休息一會兒。暫停一下，讓他們有時間反應，如果他們一次也想不起來，提醒他們具體的某一次，他們當時曾感到很疲倦或壓力太大。

也可以用其他小朋友休息當例子：「你有沒有注意過，蘇珊會玩一會兒，然後坐著看大家一會

兒？當你開始覺得有點累的時候，你可以對朋友說：『我想去坐一會兒，很快就回來。』或者說：『我去別的地方看看，幾分鐘後就回來。』」

問你的孩子是否能想出告訴朋友自己要離開的其他方式，並且稱讚他的提議。

## 幫助孩子回到遊戲中

幫助孩子回到遊戲中，是很重要的事。大多數性格內向的男孩或女孩在進入或重新進入某個活動前，都需要觀察幾分鐘。告訴他們：「在你重新加入之前，先觀察一會兒沒關係。」

研究顯示，進入一個團體最好的方式，是和其中一個人有眼神交流，並對對方笑一笑，在沒有引起大家對你的注意時便加入遊戲，然後問對方一個相關的問題。

比如，你可以告訴孩子：「如果你的朋友在玩追趕的遊戲，你試試看能不能讓山姆注意到你，對他笑一笑，然後問他，你應該往哪邊跑。」

表揚你的孩子在加入活動方面的努力，然後和他討論什麼方式比較有效，什麼方式不大有效。

## 提供私人的空間

性格內向的孩子需要替自己的身體保留個人空間，以便在身體和外在世界之間建立實際的界線，原因如下：

1. 為了整理思想和感情，他們需要將外界刺激完全隔絕在外，好讓自己的注意力轉向內在世界。

2. 處於人群和活動之中會消耗性格內向者的精力，對性格外向者來說，這非常難理解或想像。

3. 如果外在的環境沒有被隔開，性格內向的孩子無法產生新的精力。

## 接受他們需要獨處的需求

我為性格內向的十歲男孩傑佛瑞做過幾個月的心理諮商。他的父母非常焦慮，因為他在沒有任何明顯原因的情況下，有時表現得退縮，有時突然發脾氣。

有一次，我們正在玩遊戲，他突然對我說：「我討厭和哥哥住同一個房間。我喜愛安安靜靜的。」

我回道：「哦，是這樣嗎？聽起來這件事你已經想了很久了。」

他們家有四間臥室，其中一間改成遊戲室，所以傑佛瑞就和性格外向的哥哥麥克住同一個房間。

傑佛瑞說：「嗯，麥克可以搬到遊戲室去。」

我於是建議他：「也許你可以畫一幅畫，想像一下他的房間和你的房間各會是什麼樣子。」

傑佛瑞興奮地弓起身子，在紙上畫著那兩間房間。顯然，他已經在腦中計畫了一段時間，也設想了父母可能會有的種種意見。他把一切都想好了，才跟我說這件事。後來，麥克搬到遊戲室，傑佛瑞的精力馬上就變好了，時常爆發的脾氣也不見了。他擁有了他個性中非常需要的平和與寧靜。

拿著畫去和性格外向的父母談論自己對空間的需求了。在他告訴我他的計畫之後，他就能夠

性格內向的孩子會用很多方式表現他們對身體接觸的需要。像所有孩子一樣，他們喜歡牽手或擁抱。有些時候，當他們感到壓力太大時，會要求有一些距離，例如他們會說：「他碰到我的腿了。」在一群人當中，他們通常喜歡待在人群的前面、後面或邊緣，而不當他們累了，可能會在車裡抱怨。在

喜歡待在中間。他們不喜歡與別人分享座位或沙發，可能更喜歡自己單獨坐一張椅子。當你碰觸到他們時，有時他們可能會把你推開。在這種時候，不能主觀猜測判斷。你既要享受他們想要依偎著你的時刻，也要接受他們想減少外在刺激的時刻。

我記得有一次，我母親和我一起搭火車旅行了幾個星期。有一天，她的腿碰到我，我覺得皮膚發燙，猛然移開自己的腿。她對我如此神經過敏感到很生氣。我也為自己讓她不舒服而感到很糟糕，但是在這麼長時間沒有親密相處之後，最輕微的接觸也讓人感覺不舒服。

## 給他們空間，就是給他們精力

性格內向者在身體空間受到干擾時，會感到精力像耗盡了似的。在人群中，即便與他人沒有什麼交流，也會耗損他們的精力。這對性格外向者來說非常難以理解，因為空間對他們來說不是問題，而舒適的處所不會耗損什麼精力。

與性格內向者站或坐得太近，或沒有經過允許就進入他們的房間，會耗損他們的精力。我的個案克莉絲汀在她才六歲左右，就在臥室門上潦草地寫著「不要進來」。讓她感到很驚訝也很有趣的是，她的女兒凱蒂也在與她當年同樣的年齡時來問「不要進來」該怎麼寫。凱蒂在小黑板上寫好後，便將它掛在門把上，然後把門關上。後來，克莉絲汀笑著對凱蒂說：「我知道你的感受。」給性格內向者一些空間，就是給他們精力。

和你的孩子談談分享個人空間的問題。你可以這麼說：「我知道如果其他人推擠到你，你會感到不安或精力不夠。」

最重要的是讓他們知道你瞭解他們可能會覺得不舒服。「我們要和蒂娜姨媽還有克里斯多夫一起開車去博物館。路程大約要一個小時。我知道在那麼長的時間和別人坐得那麼近，你可能會覺得不舒服。你認為有什麼方法能讓你舒服一點嗎？」

令人驚訝的是，孩子們經常都能提出很好的建議。不過為了避免想不出辦法，你可以先提一些建議：「如果我們放一個枕頭在你們兩人中間，會好一點嗎？你有什麼看法？」

如果你們是在長途開車的過程中與孩子談論個人空間的問題，請注意定時停一會兒，下車走走，並輪流坐不同的座位。如果他們開始感到不安，建議他們做做深呼吸並放鬆。幫助他們將注意力集中在身體以外的其他事物。給他們耳機，讓他們聽聽故事或音樂；給他們一本比較難的書，這樣他們就可以獨自專心看；或玩一玩趣味問答之類的遊戲。告訴他們，坐車時間不會很長。

## 每個人都有自己的空間圈

和你的孩子討論：所有的孩子在身體周圍都有一個看不見的空間圈，只是大小不同而已。向你的孩子說明，他通常有個較大的圈，這意味著如果他與其他人靠近太近就會覺得不舒服。處於人群之中，特別是如果別人進入他的個人空間，會使他們感到精力耗損且疲倦。

想找出每個家庭成員的個人空間圈大小，可以試試這個練習。讓家裡每個人都站在家門前的空間或人行道上。讓家人以外的某個人朝其中一人走過去。當這名家庭成員（例如你兒子）開始想要後退，教他說「停」。接著用粉筆畫下他站的位置，再用這個點當作半徑，在他身邊畫一個圈。家庭中的每個人可能有不同大小的圈，那就是他的個人空間圈。你性格內向的兒子的個人空間圈可能很大。

## 提供思考的時間

性格內向者需要在沒有「做」什麼事情的壓力下，花一點時間來思考。許多性格內向者被認為慢吞吞，是因為他們需要一段思考的時間。父母往往會變得急躁，責問他們：「你懶洋洋地在那裡做什麼？」不過，除了利用休息時間來恢復精力外，性格內向者還需要用休息時間來思考。為什麼他們還需要這段沒有壓力的時間？

性格內向者有意識或無意識地從外在世界吸收資訊，如果不減少來自外在世界的刺激，他們內在的思想、情感和印象就會永遠無法提升到表層。如果沒有處理的時間，他們的大腦就會阻塞和超載，於是許多性格內向者最後會覺得大腦一片空白，其實那是因為腦中的東西太多，來不及分類和整理。

當性格內向的孩子覺得腦中一片空白時，會產生許多窘迫和不安。你可以透過簡單的解釋，幫助

對你的孩子解釋他對個人空間圈的需求。告訴他，有時他可能想與別人分享他的個人空間圈，有時又不想。建議他可以讓他的朋友知道他對個人空間的需求，他可以這麼說：「你可以往旁邊移一點點嗎？謝謝。」或「我喜歡我們一起坐在鞦韆上，但你能夠稍微過去一點嗎？我覺得有點擠。謝謝。」

幫助你的孩子留意自己在什麼時候覺得有點擁擠，就能夠在他感到不舒服之前有能力創造一些空間。問問他：「當昆廷跟你坐得那麼近的時候，你覺得怎麼樣？你能移到其他地方嗎？」當看到孩子努力容忍不舒服時，別忘記誇讚他：「我知道坐在車裡有時讓你覺得很受約束，但你今天表現得真的很棒。」然後說：「下一次，當你像那樣感覺不舒服的時候，你可以怎麼做？你能移到其他地方嗎？」當看到孩子努力容忍不舒服時，別忘記誇讚他：「我知道坐在車裡有時讓你覺得很受約束，但你今天表現得真的很棒。」

他瞭解自己的情況：「現在你不知道自己的感覺，但是過一會兒你就知道了。」你也可以提醒他們，大腦的工作值得信賴，即便有時候意識不到它在工作，例如：「我確信你的大腦會仔細思考那個問題，到了明天，你就會有一些想法了。」當他們得出一些結論或解決辦法時，也可以告訴他們：「看來你似乎對那本書已經有想法了，現在你應該能夠說出你喜歡和不喜歡的地方了。」

性格外向者喜歡與人討論問題，來找出解決的辦法，所以通常對性格內向者好像「有所保留」感到生氣。他們可能會說：「有話就說出來吧！」你可以教性格內向的孩子在遇到這種情況時說：「我還在思考這個問題。」

如果你的孩子是思考問題時會大聲說出來的性格內向者，建議你專心聽他說，並對聽到的一些內容給予回饋，例如：「艾莉西亞，讓我看看我是否理解正確。你已經對你的科展實驗有了一些想法，而且也把選項縮減到只剩兩種。你要現在討論？還是再找其他時間？」對於性格內向的孩子而言，即時回饋有助於他們繼續解決問題，不至於束手無策。

## 和孩子一起重視思考的過程

教孩子自我反省，他們將能學習把自己的天資運用得更好。建議他們坐下來，讓思緒自由漂遊。向他們解釋，自由的時間可以讓大腦有機會把獲得的資訊連結起來，將資訊像拼圖一樣放在一起，形成某些觀點。提醒孩子留意，完整的觀點、解決辦法和印象是在什麼時候變得清晰起來的。

身為父母的你，愈是欣賞這個處理過程，你的孩子也愈會這樣做。對他說：「我發現你在思考昨天的那個問題。」問他：「你對新老師的印象怎麼樣？如果你需要，可以想一下再回答。」重要的是，

要幫助你的孩子對他們大腦的工作方式建立足夠的信心。

和孩子的老師談談，解釋一下孩子需要思考的時間，這可能會比較有幫助。老師未必知道人的大腦會使用不同的神經傳導路徑，而且神經傳導路徑的長度決定了孩子反應的快慢。老師可以要求學生思考一個問題，然後說：「我們會在午餐後討論本書的這一章。」他會發現許多平時表現較安靜的孩子，在有機會先思考的情況下會更投入參與。

協助孩子學習告訴家庭以外的人：「我在回答前需要先思考一下。」提醒他們，重要的是要跟上自己的想法。還有，別忘了讚美，例如你可以說：「愛蜜莉，我很欣賞你全面思考問題的方式。」你的孩子擁有很多的優點。

## 家庭新成員到來時的因應之道

### ■ 性格外向的媽媽

當新的小生命進入你的生活，可能會凸顯你個性的不同面向。琳恩是性格外向的女性，上班時經常和許多人互動。最近她生了一個男寶寶——艾倫。

當她來找我的時候，她已經和小寶寶在家裡待了幾個星期。她真的很喜歡這個孩子，但是她不明白為什麼自己如此疲倦，有筋疲力竭的感覺。我問她在這些日子裡，是否還有許多的社交往來。她說她根本就沒有再跟大多數的朋友碰面了，因為她們都要上班。

這個結果說明，她其實是因為刺激不夠而感到厭倦。我建議她在一天當中可以跟朋友簡短通幾次電話聊天，或安排跟好朋友共進午餐；也建議她帶著艾倫去有許多親子一起活動的公園裡走走，到當地的購物中心散散步，或是去生意興隆的茶店喝杯伯爵茶。接下來的一個星期，琳恩的精神便好多了，也更喜歡艾倫了。

嬰兒會為一些性格外向的媽媽提供刺激，但也會使一些媽媽感到筋疲力竭。如果你需要外在的活動，不要有罪惡感。身為性格外向者，琳恩需要外界的刺激來讓自己充滿活力。

## ■ 性格內向的媽媽

許多性格內向的媽媽喜歡參加照顧嬰兒的課程，喜歡與咯咯笑的嬰兒舒適地待在一起。用比較平緩的步調育兒，讓她們在家時也有獨處的機會，肯定自己內向性格的能力。

然而，不是每個性格內向的母親都是這樣。重要的是要注意自己個性的狀態。一天二十四小時把注意力集中在另一個人身上，會格外費力。性格內向的母親需要尋找休息的方法，完全獨處，或轉換到讓人放鬆的成人活動當中。

我喜歡當母親，但我女兒還是嬰兒的時候，我每學期都選修一兩門大學課程，我需要精神食糧來平衡我當母親照顧孩子的時間。如果你是性格內向者，並且需要離開孩子一些時間，請搭配調整你的時間表。不要有罪惡感，尋找你需要的個性狀態的適溫帶，用一些時間來善待**自**己，你的孩子和你都會從中受益。

# 5-3 性格外向的父母 vs. 性格內向的孩子

## 父母的問題：過度擔憂，恨鐵不成鋼

性格外向的父母若有性格內向的孩子，便常會有許多擔憂。由於他們希望自己的孩子在生活中表現良好，便會經常擔心自己的孩子展現的某些特點是危險的信號。如果這個孩子是男孩，父母通常會希望他堅強果決一些。

例如，我的一位個案這樣描述他的兒子：「我認為馬克斯需要接受諮商。他是個好孩子，但他不夠活躍和自信。馬克斯做任何事都要花很長的時間，即使是說話也是這樣。」這位性格外向的父親很有洞察力，他還說：「馬克斯從一開始就跟其他人比較疏離，我另一個兒子就開朗多了。」

我向他描述了性格內向者較為安靜的精力表現，解釋為什麼馬克斯需要一些不受干擾的時間來回答問題。我可以看見這位父親臉上的緊張慢慢舒緩了。當他開始認為馬克斯的行為是並無不妥，就能夠幫助他的兒子了。例如，當他提前將計畫告訴馬克斯，並讓孩子先觀察一下，馬克斯參與活動時就變得更順利自然了。後來，馬克斯開始比較願意說話，家人也開始學會傾聽。

## 父母的問題：用自己的標準要求孩子

我的另一位個案海莉處於內外向連續體較外向的那一端，她的兒子四歲，名叫班，相當敏感又內

向。她來找我，因為她認為她對班有一些嚴重的問題。她甚至認為他有點孤僻。她不能夠理解為什麼他看起來有點恍神，而且動不動就哭。接下來的十到十五分鐘，她開始描述他們的日常生活。那就像在跑一場馬拉松：去這裡、去那裡、做這件事、做那件事。

她一一列舉自己為即將到來的家庭計畫的更多「有趣」活動，例如打迷你高爾夫、逛商店街，

**然後去**「Chuck E. Cheese」複合式遊樂餐廳吃午餐……這時我打斷了她，因為連我都開始感到不舒服和疲倦了。在我的腦海中，我幾乎可以看見班都要累倒了。

我說：「這對班來說壓力似乎有點大。」

她問：「你指的是什麼？」這是她坐下後第一次停下來。

我說：「噢，在我看來，你是性格外向者，而班是性格內向者。這些活動對他來說壓力都太大了。班會恍神或哭鬧，都顯示他要做的事情太多了。」

這個概念沒有引起她的共鳴。我對她解釋，班可能覺得要做的事情「太多」了，因此太累、無法思考了。

「你說的壓力太大，是什麼意思？」海莉問。

海莉笑著說：「我還以為我給了他這麼多美妙時光。」

海莉才剛懷第二胎，她停了一會兒說：「我很想知道這個孩子有怎樣的個性。」

我認為，我們有了一些進步。我告訴她這是一個很好的問題。不要用**你的**精力水準來要求孩子，不要讓孩子感到壓力太大，這很重要。

另一個性格外向的父親來和我談論他們的女兒——亞莉克莎：「她就只是待在房間裡看書。我認

為這是個嚴重的問題，她在逃避生活。」

她不想做他建議的任何事情，他覺得女兒在生他的氣。我建議他問亞莉克莎是否同意和他一起看書。在我們下一次談話時，他說亞莉克莎因他的提議變得十分快活，他感到相當**震驚**。這對父女現在每週都一起看書，兩人的關係有了很大的改善。

## 接納自己和孩子的個性

性格內向的孩子可能沒有性格外向的孩子那麼愛表達自己的情感。他們喜愛你、尊重你，但是他們可能不會多談。接納自己和孩子的個性吧，兩者都是難以改變的。你們都有許多優秀的特質，可以奉獻給你們的家庭和這個世界。

## 如何糾正性格內向孩子的錯誤

性格內向的孩子可能對別人的憤怒和反對很敏感。正如我前面提過的，最好不要當眾糾正他們的錯誤，因為對他們來說這是很痛苦的事，他們甚至會築起高牆，將你阻隔在外，並表現出不在乎的樣子，但其實他們非常在意。

不過，這不代表你就應該忽視他們的破壞行為。你必須以就事論事的方式來告訴他們，你不同意他們所做的哪些事，例如：「我不喜歡你扔沙子。」然後向他們解釋為什麼：「沙子飛進提米的眼睛裡，害他受傷了。」接著告訴他該做什麼：「我希望你去跟提米道歉。然後，讓

我們來談談這件事，看看你當時有什麼感想，以及為什麼你要扔沙子。如果你因為什麼事而感到沮喪或不安，我保證我們可以找到更好的方式來表達。」

對性格內向的孩子來說，感到生氣和失望會帶來很大的刺激，他們需要別人的幫助，來學習調整自己的情感，不是透過行動，而是透過說話，將壓抑的情感宣洩出來。

身為父母，你需要把可能讓他們感到羞恥的做法和對他們的責備降低到最小限度。請回頭閱讀第二章 2-6 關於羞恥感、責備和解決辦法的內容。

請記得：當孩子的核心存在感遭到攻擊，他會產生羞恥感，例如：「我對我的姊妹大吼大叫，我很壞，現在媽媽不會再愛我了。」罪惡感則是感到自己做了什麼不該做的事，例如：「我對柯里大吼大叫，媽媽不喜歡我這個樣子。」

給孩子說話的空間，如果他感到難過，可能會變得沉默。留意並確認他沒有還在為那件事悶頭苦思。告訴他你很愛他。提醒他，每個人都會犯錯，即便是你也一樣。

# 5-4 理解性格外向的孩子

在孩子的眼中，這個世界上奇異的事情不是只有七件，而是有七百萬件。

——沃特・斯德萊提夫（Walt Streightiff）

有人可以對話、得到別人的回饋，透過大聲講話來想出問題的答案，以及忙碌地做事，這些都是性格外向孩子的精力來源。請注意，這些方式與性格內向孩子的精力來源相比，是多麼的不同。也請記得，性格外向者和性格內向者一樣，都是處於個性連續體之中——只不過某些人比另一些人更外向一些，而且每一個人都是具有獨特個性的唯一一個體。請將這些觀點銘記在心，並參考以下幫助性格外向的孩子茁壯成長的方法。

## 確定他們有伴，有可以交談的對象

性格外向的孩子需要有伴。他們喜歡那種好幾家人共用一條線路的老式電話，隨時都可以加入談話，讓他們可以有感而發、交流、分享生活心得，這些都能夠帶給他們精力。這類閒談的需求，有時可能連家人也無法完全滿足，所以要幫助他們發展家庭以外的友誼。

此外，性格外向的孩子在人群中容易受別人影響，特別是在十多歲的時候，所以早點幫助他們發

展個人的興趣愛好非常重要。研究顯示，有嗜好的青少年比較不會捲入麻煩。想想有什麼事物可以吸引他們的注意力，鼓勵他們去做。尋找可以與他們談話而且知識豐富的人。例如，如果你的女兒對攝影感興趣，也許當地照相館的店主就是很好的交談對象；或者可以請懂攝影的朋友外拍時帶她一起去，或是用她的名字訂閱攝影雜誌。一旦你的孩子覺得自己已經非常有見地，請她在晚餐後跟家人分享她的興趣中最令她著迷的部分。

## 提供回饋

性格外向的孩子需要回饋，「好孩子」之類的讚美非常重要。幾句肯定、加強語氣的鼓勵，就能讓他們高興得幾乎要飛上天。所有孩子都需要把別人當成自己的「鏡子」，以便反映自己的人格，而這對性格外向的孩子來說特別重要；這能幫助他們更加理解自己的行為。

「我注意到雅各不能跟你一起玩時，你看起來有點難過。讓我們看看是否可以約他明天一起玩。」

性格外向的孩子那麼喜歡反思，所以他們需要別人幫忙發展這種能力，重要的是要讓他們理解，情感和行動是不一樣的……情感是內在的狀態，是可以好好**思考**的。例如，感到焦慮時，先想想為什麼？然後，他們就可以選擇自己要採取什麼行動。

「我知道你認為該輪到你了，但是你排在西恩後面。好朋友應該這樣。」

「如果所有時間都是你在說話，而你的朋友根本沒有機會開口，你認為情況會怎樣？」

「我知道你很急，但是我希望你能等一下，讓凱西先進門。」

這些評價可以幫助孩子變得不那麼衝動，並且能發展反思的能力——學會在行動前先思考。給予回饋時留意一下，說話時可以用「夾心餅乾」式的獎勵技巧：一開始先講一些肯定的評價，然後加一些否定的意見，結束時再講一些肯定的評價。回饋可以讓性格外向的孩子充滿活力。

## 讓他們透過大聲講話來思考

性格外向者透過講話來進行思考。他們需要別人聽他們說話，來整理自己的想法和情感。他們可能不需要對方回答，只需要對方傾聽和共鳴。問問孩子，他們只需要你聽就好？還是你應該要問問題，並提出建議？（即便你只是聽，也要讓孩子知道你多麼喜歡他們的觀點和問題。）

性格外向的孩子可能會大聲自言自語，用這種方式可能更容易「聽到」自己的心聲。讓性格外向的孩子說說他們的擔憂和關注的問題，並與你分享想法；讓他們透過大聲講話，來整理自己的思想。

他們可能也會問很多的問題，你可以用你希望的方式回答，也可以和他們先做一些約定，例如：

「我只能再回答兩個問題，然後就得去弄晚餐了。」

對性格內向的孩子來說，他們很難想像：性格外向的孩子在電視機或收音機開著時，學習效果可能更好。

## 安排時間讓他們靜下來

對性格外向的孩子來說，遊戲就代表「刺激」；他們需要有事情可做、有地方可去、有人可以一

起玩。他們的態度是：時間一點一點過去——我們不想無所事事。

許多性格外向的孩子不想錯過任何事，這對父母來說很累，即便是性格外向的父母也一樣。因此，即便你的孩子不想停下來，也要安排一些時間讓他們安靜一會兒。例如，告訴他：「今天下午兩點到三點，我希望你能休息一會兒。你可以聽音樂或有聲書，或是讀你在看的那本書的另一章。」

幫助他們找出擁有個人時間的益處。「你在閱讀和休息之後，看起來輕鬆多了。現在身體覺得如何？」如果你的孩子是獨自在玩、作白日夢，或只是休息放鬆，讓他們知道你很高興他們可以享受安靜的時光。再檢查一下孩子的活動情況，確信他們沒有將活動排得太滿。即使性格非常外向的孩子可以做得更多，他們也需要一些機會來練習內省。

## 5-5 性格內向的父母 vs. 性格外向的孩子

一個孩子再活潑可愛，也要注意勞逸結合。

—— 愛默生（Ralph Waldo Emerson，思想家）

### 父母的問題：需要保留身體與心靈的空間

對性格內向的父母來說，性格外向的孩子可能是快樂，也是麻煩的泉源。這些孩子對這個世界充滿狂熱和興奮，想要嘗試一切，想要黏著你坐來下，傾訴一天中所有的事情。

你的個性對你的孩子來說，彷彿是打開一道有趣、充滿各種機會的門，使他們可以很早就認識到個體差異的重要。由於你對身體接觸的需求可能比他們少很多，給他們一個擁抱，告訴他們你很愛他們，只是你此時需要多一點的空間。

### 父母的問題：因精力不足造成的罪惡感

南西是性格內向的母親，她找我諮詢時說：「我女兒維多利亞想參加學校所有的活動，不願錯過任何一項。我沒辦法，而且感到很強烈的罪惡感。」

把你的罪惡感擺到一邊去吧，重要的是向你的孩子解釋，你對太多的活動感到疲倦，而且你和他不一樣，需要透過休息來恢復精力。幫助他們理解你喜歡參加他們的活動，但你有不同的生活節奏，

就像是烏龜和野兔一樣。讓他們知道，你願意參加他們的其他活動，但會有個限度。例如你可以說，你以後一個月可以參加兩次活動，讓他們自己挑選。我建議南西可以要求女兒錄下她一星期的活動，然後在星期天晚餐後和全家分享（或許是用個玩具的麥克風），將它稱為「維多利亞的一週」。

我的個案凱文無法理解為什麼他的兒子喬許不想在家多待一會兒。當他到學校接到喬許時，喬許冒出的第一句話就是：「我們要去哪裡？」凱文一說：「回家。」喬許就會唉聲歎氣陷進座位裡。

凱文說：「這讓我覺得自己是個壞爸爸，我不能理解為什麼他不想和我們在一起。」

對孩子的個性不要有主觀的看法。他們不是要拒絕你，而是想尋找活力。請記得，他們若害怕感到筋疲力竭，這也是你不會喜歡的情感體驗。對你的兒子說：「我知道你不想回家，那我們一路唱歌，或是輪流找街道招牌上的字母。你開始找A吧。」如果他沒有馬上同意，你可以開始唱歌或玩遊戲，大多數孩子很快就會加入。

給你性格外向的孩子大量的讚美，如果你沒有向他們指出他們的優點（不管在你看來是多麼明顯），他們可能也不懂得欣賞。

## 如何糾正性格外向孩子的錯誤

性格外向的孩子就像變幻無常的天氣，情緒相當多樣化，而且大起大落。有時候，他們對別人的情感毫不在意，也可能忽視父母的憤怒，如果你對他發火，他們可能會有一段時間感到有點沮喪，因為他們喜歡令人愉快的讚美。不過，外向的孩子不像內向者那樣會花時間思考問

題，可能一下子就認為問題已經過去，就像狂風暴雨後煙消雲散一樣。

向他們表明你對什麼感到不安，並讓他們對此留下深刻的印象，是很重要的。單獨與他們談話，說出你不喜歡他們的哪些行為。直視他們，語氣堅定，簡短但具體地說出你的看法：「你從琳西手上拿走畫筆，我覺得不太好。」然後說明接下來應該做什麼：「我希望你去向她道歉。」

因為她本來就快用完畫筆了，你只要再稍等一下，就能接著用了。」

在這之後，用一種既不是責備、也不是批評的方式，問孩子是否還有其他方式可以應對當時的情境，幫助他們全面思考自己的行為。

不要讓你們的談話變成辯論賽。許多性格外向的孩子非常善於言辭，而且可能講得比你還流暢。保持平靜，並控制住局面，告訴他們：「我愛你，但是我不喜歡你做的那件事。」提醒他們，我們都需要常常思考自己的行為，即便是媽媽和爸爸也一樣。

# 5-6 協助內向的孩子覺察、瞭解自己

我們擔心著孩子們的明天，卻忘了他們生活在今天。

——絲塔莎・桃夏（Stacia Tauscher）

## 教內向的孩子管理精力

當性格內向的孩子還小的時候，就開始跟他們談談他們的身體和大腦是怎麼工作的，又該如何管理。為了思考、感覺和行動，我們的身體需要能量。

和孩子談論他們該怎麼儲存精力，怎樣才能感覺良好且精力充沛。向他們解釋，某些人需要大量屬於自己的時間來恢復精力；另一些人則是透過到外在世界去活動來恢復精力。用你如何恢復精力的經驗當成例子，向孩子說明。

## 協助內向的孩子覺察身體感受

協助孩子說出他們的身體感受，教他們瞭解自己的個性。他們可以透過注意自己什麼時候需要休息或活動，來開始瞭解自己。給他們一些回饋：「我看見你在雀兒喜的宴會上玩得很高興，但後來你感到很疲倦。你有注意到這個情況嗎？」

幫助他們觀察其他孩子的不同表現：「野餐後，泰勒在回家的路上就睡著了，但莎拉一路上都在

說話和唱歌。他們的需求和個性都不同。」

## 協助內向的孩子理解他大腦的工作方式

大腦也是以不同的方式在發揮作用。向你的孩子解釋：「有些人的思考非常迅速，講話經常很快；另外有一些人和你非常像，需要全面考慮自己的行為。如果你有一些時間考慮，就會知道自己想說些什麼，你會覺得很棒。你在集中精力蒐集蝴蝶幾個小時後，也會覺得很棒；但有些人如果在某件事花太長的時間，會感到厭倦。他們比較喜歡忙碌。」

## 協助內向的孩子融入異質性的環境

和你的孩子一起找到「融入團體」的途徑。幫助他們對可能不易面對的情境做好心理準備。

討論你和家中其他成員的個性，讓他們理解內向和外向都沒有不好。關鍵是幫他們理解自己，而不是選擇逃避。有時他們會覺得刺激過大，你可以鼓勵他們深呼吸，休息一會兒，讓自己平靜下來。

## 不過度保護，適時支援陪伴

不要過度保護孩子，也不要期望他們能獨自處理自己的事情。他們最需要的是感覺可以和你一起研討出解決問題的多種辦法。如果他們知道你瞭解他們的優勢和不足，自然會逐漸成熟。

經常和孩子談論他們精力的高潮和低谷（你主要是傾聽），只要他們感覺你和他們在一起，就會有無窮的力量。這是他們在面對成長過程中的各種艱難險阻時，你能給的最大支援。

## 當內向的孩子遇上外向的手足

大多數家庭都是既有性格內向者又有性格外向者。以下的情況很常見：一個家如果有一個精力十足的外向者，他會占用大量的說話時間，而沒有為較為內向的孩子留下什麼空間。如果你家出現了這種不平衡，需特別留意保護內向的孩子，不要讓他受可能會控制或壓抑他的強勢兄弟姊妹的欺負。

在晚餐桌上，要確保所有孩子都有機會輪流說話。內向的孩子對打斷別人的談話會感到很不舒服，所以他們可能不會加入家庭討論。如果他們知道即將輪到自己說話，就有時間準備一下自己的想法。幫說話機敏的孩子學會等待步調較慢的兄弟姊妹，不要讓孩子打斷或幫另一個孩子說話。沒有哪個孩子應該因為自己的交流方式而遭到取笑或侮辱。

留意內向的孩子是否傾向只是跟隨眾人，因而受眾人忽視。問問他們對家庭活動的看法或感覺。例如：「今天的活動對你來說會不會有點亂？」

教其他孩子要考慮性格內向手足的意見，例如：「喬恩，我知道你想去公園——問問海瑟的意見如何。」

若性格內向的孩子需要較長的時間才能講出觀點，請鼓勵其他孩子耐心等待，例如：「喬恩，海瑟需要一點時間想想。讓我們看看她是怎麼想的。」

只要能尊重每位家庭成員，你每個孩子的人際交往技能都會有更好的發展。

# 5-7 內向者與天賦的關聯

我總是對**具天賦**和**有才能**這兩個詞感到不舒服，因為**所有**孩子在某方面來說都是有天賦和有才能的。雖然如此，我還是願意討論這個問題，因為許多性格內向的孩子和成人並沒有意識到，他們的能力和才智非常有價值。

儘管研究表明內向性格和天賦之間有關聯，但性格內向的孩子未必考試就能考得好，也未必會被認定是有天賦或有才能的人。

## 資賦優異者的早期表現

人們認為，**具天賦**的孩子有遺傳的資質，可以有水準較高、速度較快的大腦發展。他的認知、情緒、身體和直覺的機能可能發展為高智商。**有才能**，則是指一個孩子具有的特質可能發展到非比尋常的水準。人們也認為，具天賦和有才能的孩子，都需要可積極回應、豐富多彩的環境，以便充分發展他們天生的才能。

以下列舉的項目，是資賦優異的一些早期表現：

- 較強的抽象推理和問題解決技能。

- 在一些發展的重要階段，成長、進步神速。

- 強烈的求知欲和好奇心。

- 語言發展較早，且水準較高。

- 對照顧他的人較早發展出認知（如微笑）。

- 喜愛學習且速度快。

- 強烈的幽默感。

- 驚人的記憶力。

- 較高的活動水準。

- 對雜訊、疼痛或需求得不到滿足有強烈的反應。

- 在幼兒時期睡眠需求較少。

- 如果對話題或活動感興趣，可以集中長時間的注意力。

- 敏感、有同情心。

- 追求完美。

- 活躍的想像力（如想像中的玩伴）。

- 在幼兒時期表現出不尋常的機敏。

- 看完這些內容，讓我再補充一個忠告。我相信在「活動力、語言技能、記憶」三個領域中，性格內向的孩子與這些描述是不同的。

首先，許多性格內向的孩子**活動力不高**，可能習慣久坐而不參加活動。

第二，他們的**語言能力可能不明顯**。如果缺乏好好引導，他們豐富的辭彙庫可能會有如一潭死水，

無法表現自如。

第三，請記得，性格內向者傾向使用**長期記憶**，而不是像性格外向者那樣傾向使用短期記憶。因此，性格內向的孩子在回憶某事時會需要較長的時間，但是一旦他們做了某事，很少會忘記。相對的，性格外向的孩子回憶較快，但遺忘也快。

請再看看前面列出的項目，看看你的孩子是否表現出其中的某些特質。

## 如何陪伴孩子發揮才能

培養具天賦或有才能的孩子固然是鼓舞人心的事，但同時也充滿困難。以下是一些有用的建議：

- 以積極的態度看待孩子的特質，例如，堅持和固執可以視為本質相同的特質。
- 評估孩子獨特的才能或興趣，並盡力為他提供資源。例如，如果你的孩子喜愛繪畫，就提供繪畫所需的材料。
- 做個有想法的支持者；你可能需要與學校和老師談談你的孩子。
- 尋求協助。嬰兒和剛學走路的孩子可能會讓父母筋疲力盡。請尋求家人和朋友的幫助。
- 以尊重的態度傾聽孩子說話；有天賦的孩子可能會問無窮無盡的問題，並挑戰現有的一些觀點。概略地解釋會帶來更多的配合。
- 教孩子利用資源來尋找你不能回答的答案。
- 閱讀關於天賦的書，上網查詢資訊，參加同樣有資優孩子的父母團體，與他們交流。
- 重視孩子的獨特性，例如他們的觀點、想法和抱負。別對他們施加壓力，確保他們在家裡覺得

受到欣賞和重視。

## 關於害羞的補充說明

請容我提醒一下，我在第二章的2-2討論過關於成人一個普遍的誤解：性格內向者並不一定就是容易害羞的人。

性格內向和外向的孩子都可能害羞。害羞是一種不安的狀態，一個人害怕被拒絕、被譏笑或感到困窘。某些害羞的孩子社交技能較差，他們逃避社交情境，無論是和一個人還是和二十個人相處都一樣，因為他們害怕被拒絕或排斥。社交對他們來說是非常痛苦的事。他們常常為自己在社交情境中所做或所說的事情而批判自己。

性格內向的孩子通常都有良好的社交技巧，而且經常都喜歡社交情境，但他們可能需要自然而然地參與社交活動。還有，如果他們被迫在太長的時間裡應付太多的人，就會變得疲憊不堪。他們可能感到不舒服，因為他們不喜歡強行打斷別人的交談，這會使他們感到自己並非群體中的一員。儘管如此，一般來說，性格內向的孩子都喜歡社交活動。不過，如果性格內向的孩子對身為性格內向者不斷抱持著排斥和批判的態度，就會變得害羞、壓抑或恐懼。

如果性格外向的孩子經常受到羞辱、批評或自尊受到傷害，也會變得很害羞。害羞對性格外向者來說是非常困擾的事。我的一位個案是個引人注目、害羞的性格外向者。十五歲的她想和朋友一起，也需要出去玩，好讓自己充滿活力，但她卻又是如此焦慮，讓她幾乎連安靜坐一

內向心理學 204

会兒都不行。她在我的辦公室裡，快速搖晃沙發，簡直讓人覺得她快要把自己從窗戶甩出去了。當我們開始減少她的社交焦慮，並提高她的人際交往技能後，她就能以輕鬆的心態參與各種活動了。

## ■ 性格內向或外向難以改變，但害羞可以明顯改善

對你害羞的孩子解釋害羞和性格內向之間的差異，讓他們知道你會幫助他們學會如何在社交情境中感覺比較舒適。儘管一些孩子天生就害羞（大腦中的恐懼中樞較為活躍），但大多數孩子是因為受到批評、羞辱和拒絕而變害羞的。性格內向或外向的害羞孩子都需要學習一定的社交技能，以停止腦中批判的聲音，並增強自信。

建議你可以找些關於害羞的好書來讀，並實踐當中的一些建議。性格內向和外向是孩子個性的一部分，而且難以改變；另一方面，害羞卻可以明顯加以改善。害羞的孩子和成人可以透過學習新的技能而減少大部分的恐懼和焦慮。

# 5-8

# 父母的力量

孩子是人類的未來。

——威廉・薩洛揚（William Saroyan，作家）

我們無法讓孩子避開世上所有的危險，但可以**影響他們對自己的感覺**。當他們還小的時候，我們可以教他們重視和理解自己的個性。（如果他們能根據第五章前面所討論的內容，學習瞭解自己的個性狀態，將會獲益良多）。我們也可以教他們欣賞別人的個性。

## 善用親子關係，引導孩子發展天性

如果我們運用自己和孩子之間強而有力的關係，來幫助他們發展自己的天性，他們就能打下堅實的基礎，成長為具有獨特性格的成人。

**性格是一種機能**，是我們每個人使用自己天生個性的方式。在這個範圍裡，我們有絕對的控制權。

請留意：我們的孩子是妥善發揮他們的天賦和能力？還是濫用了天賦和能力？如果每一個孩子在成長的過程中，都正直誠實、充滿好奇心和求知欲、具深厚的同情心、有愛與被愛的能力，以及發展內在力量的能力，這個世界將變得更加美好和光明。

内向心理學　206

## 本章思考點

- 觀察你的孩子是性格較內向，還是較外向。
- 思考你的孩子是如何恢復精力的。
- 思考你和你的伴侶的個性。你們是性格內向者？還是性格外向者？
- 一家人坐在一起談談你們的個性，以及個性對你們日常關係的影響。這樣彼此就能更加和諧地相處。

# 第六章

社交活動：
選擇煞風景，還是筋疲力盡？

- 到底該不該參加聚會？有沒有什麼判斷依據？
- 如何得體地拒絕聚會的邀請？
- 參加聚會跟人談話到一半，突然腦袋打結，該怎麼化解？
- 離開聚會是門大學問，千萬不要像鬼魂一樣悄悄溜走。
- 什麼方法能讓聚會的氣氛熱絡起來，讓內向的客人有參與感？
- 其實你沒有發現，你在聚會中是個滿受歡迎的人。

> 偶爾我也會遇見其他到洗手間喘口氣的人。
> 我們看著對方，露出會心的微笑。
>
> 瑪蒂・蘭妮

那個房間裡人山人海。喧鬧聲幾乎要震破我的耳膜。我掃視房間，想找個安全的角落。我的胃開始痙攣，呼吸變得急促，我想要逃走，我的丈夫麥可卻看見了想打招呼的朋友。他很興奮。他喜愛聚會。他穿過擁擠的人群，一路上都在微笑、點頭。我筆直走向洗手間，待在那裡，欣賞著壁紙、小毛巾和肥皂。我真的很喜歡設備完善的洗手間。我開始放鬆，我的胃也開始放鬆，我的呼吸恢復正常。

過了一會兒，我覺得可以離開洗手間這避難所了。我發現麥可在人群中，我悄悄溜到他身邊，他遞給我一杯百事可樂。我和人們閒聊，愉快地聽著他們談天，大笑和談話真是有趣。一旦我又感到那種想撤退的熟悉感覺，我會再次回到洗手間。偶爾，我也會遇見其他到洗手間喘口氣的人。我們看著對方，露出會心的微笑。我知道她在計算離開宴會場且又不會表現得失禮的時間還有多久。

大家正在共進晚餐，然後是甜點。我吃了兩口梅爾巴桃子冰淇淋（Peach Melba），轉向麥可悄悄地說：「我想在五分鐘後離開。」這已經是我在聚會上夠好的表現了。而且，不管你信不信，即便是這種水準的應對能力，我也是花了好多年的時間才學會的。

我喜愛社交聚會——只要我知道我可以很快就離開。如果我知道我很快就可以回家，鑽進我的睡衣，享受臥室的平靜與寧靜，我就能夠忍受社交聚會上讓人不舒服的感覺與精力的消

耗。事實上，我發現我對內向的性格愈是瞭解，就愈容易應對社交活動。

我接觸過的許多性格內向者，例如我的個案，或是為寫這本書而採訪的人，他們都覺得即便自己喜歡與人們在一起，但在社交活動時也會感到很不舒服。事實上，許多人對我所描述的「躲到洗手間」的做法都表示認同，並笑著問：「噢，你也是這樣嗎？」

愛蜜莉在某個星期一早晨走進了我的辦公室，這位案主走過我面前，整個人癱倒在滑輪沙發椅上。她笑著說：「我有社交後遺症。這個週末我參加了**兩次聚會**，而且玩得很開心，但是我筋疲力盡。」

為什麼我會感到如此疲憊？

那麼，為什麼社交聚會常使他們感到焦慮和疲憊呢？答案就在於，在人群中的社交活動需要付出大量的精力。

性格內向者多半都有很好的人際交往技巧，也都與親友維繫良好的關係。事實上，許多人還因為職業而需要與很多人接觸，就像我一樣。

首先，準備外出要耗費精力，因為性格內向者往往要事先做好考慮，並設想之後的情況對他們來說會是什麼樣子，以致活動結束時他們會感到疲倦、不舒服或焦慮。第二，大多數性格內向者需要逐步融入社交情境，適應社交活動的各種刺激。喧鬧聲、燈光、音樂、陌生的面孔、熟悉的面孔、吃東西、喝飲料、各式各樣的氣味——所有的一切都使大腦**超負荷運轉**。

最後，光是身體周圍滿滿的人、朋友或仇敵，就會消耗性格內向者大量的精力。

# 6-1 敏捷的對答 vs. 認真的交談

為了創造美好的人生，你必須成為你自己。

——比爾‧傑克遜（Bill Jackson）博士

社交聚會上的交談方式大多數是為性格外向者安排的，這可以為他們提供大量的刺激。然而，這與性格內向者的天性相違背，而且是非常的苛求。

閒談通常集中在近期的新聞、天氣和運動這些話題；這種談話音量很高、大家爭相發言，而且節奏很快。人們通常站著談話；他們表情豐富，眼神直接交流。他們自發地說話，彼此隨意打斷發言，並詢問很多非常個人隱私的問題。跟不上這些閒談的人通常看起來或感覺起來相當尷尬。他們雖然沒有被趕出聚會，實際上已經被這個群體忽視。

最近我接到一通電話，是十三歲男孩卡麥隆的母親打來的。她解釋說：「卡麥隆想跟心理治療師談談。他在網路上做了初步的自我診斷，認為自己有社交焦慮。」

卡麥隆來諮詢時，談起自己的生活狀況，幾分鐘後，我就瞭解他有許多朋友——是那種會邀他出去玩的朋友。

我問他：「告訴我，你為什麼認為自己有社交焦慮？」

「噢，」他說：「我討厭平常有這麼多的活動——去海邊、去演唱會，午餐時到處是人，以及在

同學面前開玩笑。我總覺得我不適合這樣的群體。我要不是覺得被忽視，不然就是成為眾人注目的焦點。」卡麥隆沒有意識到問題的原因，但是他很瞭解自己。

## 認真而深入的一對一交談

性格內向者可以藉由與人一對一談論感興趣的話題而感到很有活力，也可以透過複雜的討論，彼此認真思考對方的觀點，來獲得充沛的精力。我認為這種交談是有創造力的交談，因為它能不停產生新的觀點。

這種具發展性的談話節奏，對性格內向者來說比較適合，因為他們可以坐著慢慢談。（站著似乎需要更多的精力，而且會增加暴露自己的感覺。）他們可以聽得比說得多，在進入談話前先停頓一下，也比較少被干擾。他們可以看著其他地方（如果他們想減少刺激的話），但又不會失去與對方的連結。

微笑不是很重要，讓人尷尬的個人問題也不再是問題（他們可以回答，也可以不回答），而且他們不會覺得自己似乎得到太多或太少關注。

在一對一的交流中，性格內向者更有可能被邀請發表意見。而且，如果性格內向者沒有任何開場白就開始評論某個問題，對方通常可以請他發表進一步的觀點。如果發生了討厭的「腦袋打結」情況，也可以淡定的說：「啊，我想說的話溜走了。」當提到性格內向者發生社交困難的問題時，不難理解為什麼大多數人──甚至是大多數的性格內向者──會將它和害羞混淆。

## 6-2 個性的困惑

讓性格內向者非常困惑的是，有時他們也很喜歡參加喧鬧、擁擠、人們成群站著談話的社交活動，而且也覺得精力充沛；但下一次他們可能又覺得那樣的活動太耗費精力。

是什麼帶給他們精力？大多數性格內向者覺得他們**應該**享受交往的樂趣，他們想知道為什麼自己無法**經常**充滿活力。（反觀性格外向者察覺自己有內傾的趨勢時，他們會將這種情況理解為「我只是需要休息一下」）。因為他們覺得與人來往讓自己很舒服，他們幾乎不會去細想筋疲力盡的感覺。這似乎不會讓他們有什麼不安——也不會讓他們困惑。）

實際情況是，我們生來就具有外傾或內傾的身體機能，而且如果條件合適（我們未必能察覺原因），我們的身體和大腦也渴望有時候能外傾。確實，我們會有喜歡某一次閒聊，或在某次聚會上表現很活潑的時候。然而，如果你處於個性連續體較為內向的那一端，你較常見的體驗，是在社交活動後需要休息。

# 6-3 去或不去，這是個問題

無所事事毫無快樂可言，快樂在於忙裡偷閒。

——瑪莉·威爾森（Mary Wilson Little）

性格內向者經常為了要不要參加某次社交聚會，內心嚴重拉鋸。我們滿腦子都是我們**應該**做什麼，而忘了考慮我們**想**做什麼。顯然，在某些場合，我們沒有選擇餘地——例如，某些與工作有關的活動、家庭聚會，或是死黨的婚禮，但也有很多時候，我們可以選擇。

儘管大多數關於害羞的書都建議，**你不需要參加接踵而來的每一個活動**。但另一方面，如果你逃避所有的活動，最後會覺得自己被孤立，而且會認為自己是害怕參加社交活動的人，更不用說會錯過多少美妙的時光。

生活中大多數的事都有折衷的辦法，通常那也是最好的選擇。面對即將到來的社交活動，練習問自己一些具體的問題，有助於全面思考是否應該參加。你可以有幾天的時間保持中立的態度，也就是讓自己有**兩個**很好的選擇。你可以對自己說：「到了星期三，我會決定是否要去，並告訴漢娜我的想法。」如果不去，你可能會後悔，但那也沒有關係，這並不代表你做了錯誤的決定。如果你練習給自己一些選擇，就會開始發現，有的時候你**真的**想去。

當你試著決定是否要去參加某個聚會時，你可以問自己以下的問題：

- 這次活動對我或伴侶的事業有益嗎？

- 這次活動對我來說很重要嗎——是我信任的慈善機構的募款活動、我支持的政黨募款活動，還是某個好朋友舉辦的聚會？

- 這次活動我會成為大家關注的焦點嗎——會被邀請上台致詞或介紹其他人嗎？

- 這是一次性的活動，還是接下來不久會再繼續舉辦的活動？

- 這會是我討厭的活動——如電影首映、烤肉餐會、拍賣活動、要喝很多酒的活動嗎？

- 那裡會有多少人？很少、普通，還是很多？

- 參加活動的人，我認識的很多、一些，還是一個也不認識？

- 如果我不參加這次活動，會傷害到我在意的某個人的感情嗎？

- 最近我外出參加的社交活動太多？還是太少？

有時，可以允許自己擴大一些些社交活動，鍛鍊一下自己的社交能力。例如，如果那個社交場合對你或伴侶的職業生涯很重要，可以考慮出席一會兒。和你應該見的人碰個面，比如說與你的主管談談話，然後再離開。淺嘗即止是非常容易接受的選擇。如果你發現自己玩得很開心，你可以稍微再多停留一陣子。

## 內向者喜歡／不喜歡的社交活動

我為許多性格內向者做過測驗，問他們害怕什麼樣的社交聚會，以及他們覺得哪些社交活

動較有趣且不讓人厭倦。以下的清單反映了個人的偏好。也想想**你**對以下提到的不同活動有什麼感覺。

■ **內向者討厭的活動，包括：**

雞尾酒會、慈善活動、招待會、人多的活動、公司的野餐活動、燭光／野餐聚會、野營、沙灘聚會、大型運動會、震耳欲聾的演唱會，以及在正式場合擔任歡迎客人的主人或主賓等。

請注意有多少活動是必須站著的。

■ **內向者喜歡的活動，包括：**

博物館展覽（特別是有聲音導覽和有地方可坐下休息的）、講座、有導遊的小型旅遊、郊遊野餐、音樂會、向孕婦或新娘贈送禮物的送禮會（如果你不是準媽媽，也不是新娘，那麼焦點就不會在你身上）、小型的晚餐聚會、家庭聚會、電影欣賞、班級聚會、和某個朋友散步、與某個朋友乘車旅遊，以及個人的運動。

## 6-4 得體的拒絕

得體的關鍵在於不要尖刻。

——柯琳・卡妮（Colleen Carney，心理學博士）

### 學習得體地說「不」

性格內向者經常因為不想出席某種社交場合而感到內疚或困窘。結果，當他們拒絕邀請時，即便非常在意對方的邀請，也可能回應得非常草率、不客氣或不在意。有時候，他們試圖用不答覆來避免說「不」。這反而使問題變得更糟。

學習得體地說「不」，對大家都有益無害，可以使男主人和女主人都不會覺得受到冷淡的回應。

合適的做法是：對他們的邀請表示感謝，如果你真的願意，可以表明很樂意接到他們的再次邀請。

### 必要時，撒點小謊也無妨

請記得，必要的時候，可以說個小小的謊。許多性格內向者傾向一絲不苟展現自己的誠實，但這未必是對自己最好的方式。例如，如果你在拒絕參加某個聚會的邀請時說：「我沒有精力參加。」邀請你的男主人或女主人肯定會多心。正如珍・奧斯汀指出的，在社會中生活，意味著我們必須在人與人之間的互動中不時加點「潤滑油」。否則，關係就僵住了。

## 簡單但得體地說「不」的方式

- 「我非常高興你想到要邀請我。遺憾的是，我沒辦法去。」（你不一定都要說明原因。）

- 「我真的希望我們能參加你們的聚會，但那天已經有其他安排了。」

- 「噢，親愛的，我們那天不能來參加，但是下一次若還有機會，我們非常願意參加。」

- 「非常感謝你的邀請。我們只能待一會兒，因為我們還得去另一個地方，但是我們不想錯過這次與你見面的機會。需要我們帶什麼東西過去嗎？」

## 逐漸放鬆自我的束縛

許多性格內向者是用性格外向者的標準來確立自己的社交規則。這些年來，我發現很多這類的例子，像是：我必須參加自己受邀的所有活動；我必須在那裡待到最後；我必須和很多人說話；我必須讓自己看起來玩得非常開心；我必須適應；我不能夠表現得很緊張。

拋棄這些僵硬而苛求的期望，試著發展一些充滿樂趣且可以變通的方法，會很有幫助。例如，在彩色索引卡上寫一些「可以嘗試」的事項，把卡片放進小盒子裡，以後就能反覆使用。

以下是一些可能可以嘗試的事：

- 可以開車到聚會附近看看，但不進去。

- 可以去參加聚會，並在十五分鐘、一小時、兩小時，或任何你希望的時間離開。

- 可以去參加聚會，吃個草莓巧克力，然後再離開。

- 可以去參加聚會，並且只和一個人談話。
- 可以去參加聚會，並且只是看看別人的表現（這是我最喜愛的一種方式）。
- 可以去參加聚會，也可以感覺緊張。
- 可以去參加聚會，而且只和十歲以下的小客人說話。

## 6-5 精力的保存

想一想蘊藏在橡實中的驚人能量！你將它埋在地下，而它迅速長成一棵巨大的橡樹！

——蕭伯納（作家）

某天晚上如果你需要外出，**事先**儲存精力是很重要的。就像大壩積蓄水流以便利用它的能量一樣，你應該積蓄精力，來應付在外的消耗。以下是可能對你有幫助的一些提示：

- 同一個星期不要安排太多的社交活動。
- 在聚會前散步、閱讀、小睡一會兒，或坐一會兒。
- 當你對聚會感到焦慮時，多喝點水並深呼吸。
- 在你出門以前，吃點富含蛋白質的食物，增加精力。
- 讓保母早點到，這樣就可以不受干擾地做好準備。
- 在前往聚會的路上聽聽讓人放鬆或令人平靜的音樂。
- 預先保留隔天早上的時間來恢復精力。

## 6-6 預先的擔憂

擔憂是在問題真正到來之前所付出的利息。

——威廉・勞夫・英吉（William Ralph Inge，作家）

許多性格內向者常常有提早過度擔心的傾向。他們事前就擔心可能會出錯，或想起上次外出後有多麼疲倦。這會增加對社交活動的恐懼。如果你一直想到會把蝦醬灑在襯衫上，或預想從婚禮疲憊地回家的場景，請試著轉移你的焦慮，例如：

- 和伴侶談談你的擔心，分享時可以加進一點小小的幽默感。
- 暗示自己：「我會玩得很開心，我能應對將發生的一切。」
- 如果你總是想到讓你困窘的事，請告訴自己：「我不需要想那些事。」
- 想像你參加的是自己非常喜歡的社交場合。
- 期待會遇見某個也會出席這次活動的朋友。
- 提醒自己：我能調整好自己的精力。

佩戴名牌的困擾

大多數性格內向者都不喜歡佩戴名牌，因為他們不希望受到關注，佩戴名牌會讓他們感覺提升暴露的風險。然而，某些場合還是需要這麼做。以下是讓佩戴名牌這件事變得比較好玩的一些建議：

- 用不同顏色來寫姓名的每一個字。
- 畫一張可愛的圖來代替你的姓名，或畫在你的姓名旁邊。
- 把名牌戴在不太引人注意的地方。
- 無論如何就是不戴。

# 6-7 抵達的策略

抵達社交場合時，提醒自己不需像性格外向者那樣進入聚會場所，這樣可以減少一些心理壓力。

你應該以適合性格內向者的方式加入，也就是先觀察一段時間，慢慢適應現場的氛圍（就像深海潛水員控制浮升速度，循序漸進地每次上升一百呎），以減少社交壓力。你可以參考下列方法，一步步自在地融入聚會：

- 即將抵達時，你可能會緊張（提醒自己覺得不安也沒關係），記得深吸兩口氣，再按門鈴。

- 一進入會場就選擇可以休息和觀看整個空間的位置（例如火爐旁或沙發最旁邊的位子）。

- 找到女主人，打個招呼，詢問是否能幫忙做點什麼（幫忙別人通常能讓人感覺置身其中）。

- 如果男主人或女主人不是很忙，可以請對方帶你參觀一下他們的房子，或只是四處走走，看看他們的相片。

- 待在觀察位置時，留意自己的感覺如何。你開始適應現場的氛圍了嗎？

- 當你逐漸適應時，留意是否有其他和你一樣也在靜靜觀察的人，找到可以談話的朋友，或適合加入的人群。

- 有些人喜歡聚會時全程和認識的人在一起；另外有些人喜歡認識新朋友。你可以選擇你想要的方式。

<br>

# 7個因地制宜的社交策略

6-8

做好準備就意味著勝利了一半。

——塞萬提斯（作家）

一旦進入社交場合，就必須準備和別人有一些互動，該怎麼進行比較好？大多數內向者都會直接選擇和自己認識的人在一起。不過，如果我們一個人也不認識，或認識的朋友非常忙碌，又或是我們想認識新朋友時，可以怎麼做？以下幾個策略可以讓你更容易認識新朋友。

## 策略❶：想像自己是海葵

派崔克是性格內向者，他在華盛頓參加會議時，進入一個站滿了人群的房間。他一個人也不認識。周圍擠滿了商務人士，讓他覺得全身和胃都很不舒服。幸運的是，他事先就知道如何面對這樣的情境，所以深吸一口氣，走出房間。他隨意走到樓上的陽臺，那裡有些空著的鬆軟座椅。他挑一張坐了下來，觀看樓下熱鬧的場景。過了一會兒，另外幾個從下方擁擠人群中逃出來的人也上來了。很快的，他們也都坐下，並以性格內向者的節奏攀談起來。

這就是我所謂的「海葵」策略，也是我參加大型聚會時最喜歡的策略。海葵是一種將自己附著在

岩石的生物，牠們的觸鬚隨海水四處擺動，當漂浮物帶來可吃的東西時，海葵會用觸鬚抓住它們。

當我在聚會上尋找座位時，我總是有這樣的感覺。找個位子坐下，固定在我的「岩石」上，比在房間裡走來走去讓我感覺舒服許多。我非常確定的是，或早或晚，總會有人來到我身旁。我只要友好地微微一笑，他們通常就會停下來愉快地與我交談。有些人暫時待在那兒，有些人會離開。很快的，又會有其他人走過來聊上幾句。

# 策略2：「像……一樣」

當我為了成為心理治療師而進入研究所時，老師教我一種「像……一樣」的技巧。這種方法可以幫你嘗試新的技能或新的角色，直到它成為你的一部分。告訴自己，你知道怎麼做，而且充滿信心，就會開始相信自己可以做得到。在真的能做到某事之前，假裝自己好像會做這件事，是學習做某件事的一種方法。

起先我對教授教的這個方法非常反感——他在開玩笑嗎？我怎麼能夠假裝會做這麼重要的工作？但很快我就意識到，身為缺乏經驗的心理治療師，告訴自己「像……一樣」，然後就去做，是我唯一能做的事。這是個有力的工具，而且相當有用。

許多性格內向者都非常希望自己是可靠的人，我也一樣，所以我總是提醒自己，有哪些真正的特質與我的「行為」緊密連結在一起。以下是我找出來的一些特質：

• 首先，我知道我很擅長傾聽。

- 第二，我知道我能夠思索我聽到的事。

- 第三，我知道最後我必須表達意見，即便是簡單說一句「我非常希望下星期能聽到更多這方面的消息」。

- 第四，我的目的是希望能夠對別人有所幫助。

因此，在心理諮商過程中，我會自然的進入傾聽模式。很快的，就像小孩學騎車時不知不覺就忘了輔助輪已離開地面，我開始覺得沒有「像……一樣」這個「輔助輪」，我也可以成為治療師。

那麼，如何將這種體驗轉換到社交生活？當你進入宴會或聚會場合時，讓你的表現就像很有自信的**性格內向的**客人一樣，想像自己看起來很鎮靜；回想某次你與人互動時的自信態度。採取「我會假裝會做，直到真的會做」的態度。對陌生人微笑，看著人們，並對他們保持好奇心。提醒自己：儘管你可能感到不安，但是你**看起來很平靜**。

你的計畫與你的感覺是不同的。提醒自己，你有很多有趣的事情可以說。用眼神與某人接觸，然後加入那個群體。你可以傾聽人們在說什麼，可以對他們的說法加以評論，而且補充一些觀點。幾分鐘後，換到另外一個群體。不久，你的「輔助輪」就會離開地面，而且你會感到非常放鬆。

這些體驗不會一直都很好，起初你可能會感覺厭惡、極度緊張不安——焦慮到了極點，也可能會遇到一些尷尬的場面。但是，總體來說你的表現會「非常好」。而且，你的舉止愈是「像」很有把握，你就會變得愈自信。

最特別的是，從你練習從這個小技巧發展到與人互動的種種技能，「像……一樣」的你，已經成為你的一部分了。那就是完全沒有恐懼的你。

# 策略③：運用飾品

一位性格內向的朋友教過我一個很好的技巧。當她去參加聚會時，會隨身攜帶某些飾品——通常是她的陶瓷項鍊，上面有迷你畫像的那種：其中一條畫有造型活潑的貓，另一條則是一些精神抖擻、舞姿翩翩的人環繞成圈的項鍊。這些首飾令人想像無窮，並且容易激起好奇心。人們會問這些奇妙的圖像的相關問題：那是什麼？在哪裡買到項鍊的？談話就這樣展開了。其他參加社交活動的人也會因為有東西可以關注和評論而感到放鬆。

起初，你可能以為這些飾品會吸引太多注意力到自己身上，讓你覺得壓力更大。不過我的個案發現這種情況幾乎不會發生。飾品會將大家的注意力吸引到飾品本身，而不是你身上。

戴一只別針、一個古老的競選胸章、裝在墜子小盒裡的迷你照片、滑稽的帽子、不尋常的頭飾，或一只特別的戒指或手錶……等，都很有趣。

我有一隻小熊維尼手錶（是小熊逃離蜜蜂的圖樣），而且居然有人跟我說：「噢，我知道如果你戴著小熊維尼的手錶，你這人不會太糟糕。」我也有一雙滑稽的襪子，而且我總是很意外，居然有那麼多人注意到我寬鬆褲腳下露出來的襪子。我喜歡穿有亮片或人造鑽石的鞋子，通常會獲得一兩句評價。至於領帶，麥可有很多領帶的花樣很活潑，人們見面後總會立刻和他談論那些可愛的卡通圖案。

如果你想得到某些人的評論，可以選擇一些精緻的飾品或配件。如果選擇正確，它們可能會吸引你想交談的對象。我喜歡有幽默感的人，而且人們會因為我的配件或飾品，認為我這人還不錯。

我通常會喜歡那些因它們而發笑的人，當我戴著我的搞笑眼鏡，或襪子上有耳朵下垂的小狗圖案，我和小孩進行心理諮商時，總會在第一次面談繫上我的米老鼠腰包，孩子們馬上就對它和我產生

親切感。寵物和孩子是很好的飾品（當然他們不只是飾品），但另一種好用的道具是照相機。通常，替別人拍照的都是在社交場合感到最尷尬的人。許多成為公眾焦點的性格內向者發現，幫別人拍照能讓自己感到自在，美國前副總統高爾的夫人蒂波·高爾（Tipper Gore）就是很好的例子。他們運用內向的能力，從一定的距離觀察——在閒談「之外」，但又在群體「之內」——這是調整接受刺激非常聰明的方法。

# 策略 4：友善的面孔

如同我在本章一開始就提到的，對性格內向者來說，在社交場合與陌生人見面時，有些狀況應對起來特別困難，例如：眼神的交流、隨意的閒談、知道什麼時候該微笑，以及應付某些尷尬的時刻（例如忘記某個朋友的姓名）。請記得，與不認識的人相處時，即使是性格外向者也會有尷尬的時候。

## 眼神交流

眼神交流會增加刺激，因此性格內向者往往會逃避眼神交流。為了減少刺激而將眼神移開是可以的，祕訣就是要知道**什麼時候**眼睛可以看看旁邊。以下提供一些建議：

- 當人們和你談話時，你應該直視對方的目光。
- 當你在談話時，你可以看看旁邊，同時看起來仍然在談話「之中」。
- 透過眼神交流來突出重點。專注看著某人，來增強你說話的影響力。

- 眼睛可以不需要字詞就傳達大量的意思，以下幾種練習，可以來擴充你的非語言表達。……揚起眉毛（代表：「噢，真的嗎？」）、眨眼（代表：「哇噢！」）、翻白眼（代表：「不會吧！」），還有睜大眼睛（代表：「你在開玩笑吧！」）

## 蒙娜麗莎式的微笑

人類微笑和展示自己表情的原因，是想加入其他人。性格內向者專注於內在世界，而且通常不期望來自外在世界的反應，於是他們常常以平靜的面孔示人，沒有表情，也沒有笑容。他們下意識覺得表現得更活潑一些，可能會帶來更多的刺激和分心。不過，社交聚會的常客通常會拚命尋找友好的面孔，缺少表情的人對他們來說沒有吸引力，甚至令人望之卻步。此外，如果你表現出另一種極端，笑得太多，你又可能覺得犯其他沉默或害羞的人。你想變成《愛麗絲夢遊仙境》中那隻動不動就露出牙齒、嘻嘻笑著討好人的「柴郡貓」（Cheshire Cat）嗎？

所以，學習一下微笑的藝術吧。首先是笑不露齒，但當你覺得與某人在一起比較舒服，微笑時可以露出一點點牙齒。順便說一下，研究顯示，人們能透過微笑提高自己的情緒——它會影響我們大腦中「使情緒高漲」的化學成分。

## 策略 **5**：隨意的閒談

許多性格內向者沒有意識到，每個人都能學會隨意的閒談。隨意的閒談由四個部分組成：開始、

延續、過渡和結束。

## ① 開始

做好準備是童子軍的座右銘，對宴會上的交談也很有用。參加會議、宴會或其他聚會前，可翻翻雜誌或報紙，或看一集當紅電視節目或一場電影來尋找談話素材；也可以回想最新的政治話題，準備一些評論、觀點或問題。如果想加入一個正在談話的群體，研究顯示最好的進入方式是提出與他們正在討論的事相關的問題。不要加入一個群體就轉移新的話題，這會讓這個群體感覺受到威脅。

開始的問話是開放式、中立的問題，有助於邀請其他人來與你交談，所以寫下幾句你可以說的關於你自己或這個聚會的話。就像正餐前的開胃菜，這幾句話可以激起大家的興趣，也可以給其他人開始說話的機會。在鏡子前或與朋友在一起時練習說幾句這樣的話。以下是一些例子：

- 「嗨，我叫馬蒂。你和今天的主人是怎麼認識的？」
- 「嗨，我很喜歡他們正在演奏的音樂，你知道這首曲子的名字嗎？」
- 「嗨，我叫馬蒂，吉姆是我的主管。這個房子很漂亮，是吧？」
- 「今天的菜很好吃，對吧？」
- 「我很喜歡這個後院。」

## ② 延續

練習發表一些評論，讓談話得以繼續，也可用一些啟發性的問題來延續彼此的談話。「延續」是

要問對方的觀點或評價。如果話題是最新的賣座電影或當紅的電視節目，以下是能延續談話的問題：

- 「我想知道為什麼那個節目那麼受歡迎，你認為呢？」
- 「你覺得他們演得怎麼樣？」
- 「那部電影有什麼含意？」
- 「你覺得它怎麼樣？」
- 「它的主題是什麼？」
- 「你看了那部電影嗎？」

## ③ 過渡

性格內向者在大家閒談時常會感到手足無措。如果交談開始時有點無話可說、讓人不舒服或太個人，他們會更加促不安。比較好的辦法是：請記得你有控制話題的能力，並好好運用，使談話在「觸礁」之前就轉到安全的地方。將談話引導回前面提到的某些話題，通常是很好的主意。例如：

- 「剛才你說你有個兒子。他多大了？」
- 「你提到你們的假期，我在想你們去了哪裡呢？」
- 「你說你當過老師，你是教幾年級的呢？」

談話中讓人不舒服的時刻也可能意味著離開的時間到了。請記得，如果交談不只無話可說，而且是即將結束，就不要再嘗試延續。如果你意識到問你問題的人太愛探人隱私，又不理會你的暗示，就別再嘗試延續彼此的談話。或者，如果是兩人之中有人想休息了，那麼就休息一會兒。你可以採用以

下的建議來結束交談。

④ **結束**

研究發現，在站著聊天的群體裡，平均可以待上五到二十分鐘，三十分鐘是極限了。所以，如果有人走到其他群體時，請不要生氣，這似乎是動物的本性。「我真不想離開這場有趣的談話，但是我看見雅各在那邊，我需要過去和他說點事。」如果你真的很喜歡與某人談話，可以之後再找機會和他談談。如果你願意，可以在離開之前向對方要聯繫方式或名片：「我想可以找個時間和你一起喝杯咖啡。我可以打電話給你嗎？」

當你準備離開一對一的交談或離開談話的群體時，記得要說點什麼。不要像鬼魂一樣無聲無息地悄悄離開。告別的話應該簡單明瞭。以下這幾句話可以幫助你從交談中脫身，所以請好好練習。還有，如果某人對你說了這些話，請不要主觀臆斷。

- 「很抱歉，我需要再去加點水。」
- 「我很喜歡跟你聊天，但我看見我主管在那邊，我得過去打個招呼。」
- 「很抱歉，我約好這個時間要打個電話給我的孩子。」
- 「很抱歉，我現在要去拿點飲料。我非常願意待會兒再跟你聊。」
- 「請問洗手間在那邊？謝謝。」
- 「噢，那是山姆，我得去跟他打個招呼。」
- 「很抱歉，我答應了女主人要去廚房幫忙幾分鐘。」

・「我想我現在要去拿點吃的了——排隊的人似乎少了很多。」

如果你是那個即將被「拋棄」的人，只需要說一些簡短但親切的話，讓對方離開：

・「很高興跟你聊天。」
・「很高興認識你。」
・「跟你聊天很開心。」
・「祝你晚上玩得開心。」

## 策略6：應急補救策略

如果你練習了這些能讓閒談順暢的策略，而且即使做了充分準備卻還是失敗，頭腦一片空白，開始坐立不安，那麼，你能採取什麼措施來「急救」？以下是陷於困境時的一些補救方式，可以幫助你減少「刺激過大」的感覺，並降低焦慮。

・做幾個深呼吸。這通常是很有效的方法。
・離開。找到新的位置，在那坐下來或站著，並四處看看。
・到洗手間休息一會兒。在額頭上放條濕毛巾，將眼睛閉上幾分鐘。
・提醒自己說：「那和我沒關係。」如果你想化解心中的疙瘩，就反覆多說幾次。告訴自己，很快就沒事了。
・邀請一位朋友或你的伴侶與你一起出去一會兒。

- 四處走走，輕輕哼首歌（這似乎可以轉化情緒）。

- 如果你準備離開，要讓你的同伴知道。如果你提前給一些暗示，會比較有幫助。

當你的情緒還沒有瀕臨危機狀態，觀察一下其他人是如何處理自己對「新鮮空氣」的需求。問問幾位朋友，你會驚訝地發現，他們有各式各樣應急補救的休息方式。

## 策略 [7]：今天暫時停止

在聚會中發生一些令人心煩的事之後，我們就會經常在腦海中一遍又一遍回想那件事：我們說了些什麼，其他人又做了些什麼。（有點像電影《今天暫時停止》中，比爾·莫瑞反覆回味、重溫相同的一天。）

當然，那是我們自己內在的批評，為任何可能的錯誤而責備自己──話太多、話太少、微笑不夠多、感覺不舒服……那是一種痛苦的折磨，需要打斷它。

我的個案勞莉是物理學教授。她對自己的內在評價非常嚴厲，批評自己的每一個行動。在諮商過程中，勞莉和我努力試著減輕她自我審判的力道。

起先，她腦中的圖像是保守、面孔嚴肅、頭髮灰白、身穿黑色長袍的婦女，重重敲打推持秩序的小木槌，大聲責備勞莉。慢慢的，她腦中的圖像變成穿著夏威夷衫和夾腳拖的指導教練。這個面帶微笑、善於包容、幫她打氣的新「輔導員」啜飲著熱帶水果冰茶，杯裡還插著一支小花傘，對她說：「嗨，

放鬆些，你做得棒極了，我請你喝杯茶吧。」

如果你在社交聚會之後，意識到有些否定的話語一直在腦海中盤旋，試著想像那位批評你的「法官」的樣子。首先，告訴他：「別講話。」然後，轉移注意力去想一些愉快的事，比如海灘、露營、下雪或下雨的日子等。最後，用比較親切、柔和、充滿鼓勵的話（例如「你做得很棒」）來取代那批評的聲音。

如果這些都沒用，那麼想想某個友善的人，他可能是你在生活中、電影裡或電視上聽說過的人物，並讓他來鼓勵你。或許，你可以想像在《綠野仙蹤》裡鼓勵桃樂絲的葛琳達、幫助灰姑娘的神仙教母，或加州大學洛杉磯分校前籃球教練約翰・伍德，要求嚴格但重視公平的他，期望球隊有好成績，但也知道每個人都有失誤的時候。

# 6-9 這是我的聚會，我說了算

如果聚會、表演或會議是在你家舉行，情況會怎樣？你可能會覺得過度刺激，也會一直想到人們在你家裡穿梭的樣子，這種想像會耗費你大量的精力。因此，盡量把這樣的場合變得容易、方便一些，讓它簡單一些。你可以選擇提早準備餐點、叫外送，或是請客人各自帶菜餚來。

對性格內向者來說，要烹煮飯菜又要招待客人，通常比較困難。邀請客人時，最好確定開始和結束的時間。如果由你負責決定邀請哪些客人，就堅持只請你喜歡的人。確保對你和你家來說，客人的人數不會太多。試試看你是否可以每邀請一個性格外向者，就至少搭配邀請兩位性格內向者。

試著想出一種活動來鼓勵人們彼此聊天。以下是我曾經安排過的：在玄關桌上放一個大廣口瓶，裝滿高爾夫球、迴紋針、椒鹽脆餅、狗玩具或彈珠。這些東西的種類愈多，效果愈好。當客人相互討論時，這就為他們提供了一些話題。稍後，在聚會的過程中，我會宣布獲勝者，並分發逗人開心的獎品。

然後，我讓每一位客人在一張小紙片上寫下姓名，並寫下他們估計廣口瓶中有多少種東西。

如果是小型聚會，我喜歡安排團體活動，或能讓所有客人都能參與的活動：把爆米花穿成串、剝玉米粒、布置耶誕樹、切香蕉片，或讓每個人做披薩等。

## 讓氣氛破冰

我喜歡安排一些可以鼓勵人們相互交流的遊戲。我最喜愛的遊戲是將名人（或動物）的姓名卡片貼在客人的背上。（我通常讓我的孩子或某個朋友來做這件事。）那些姓名可能來自電影、文學作品或體育運動，只要是最適合現場團體的就好。

這個安排用來讓客人彼此詢問「是」或「否」的問題，試著猜出他們背上貼的是哪個名人的姓名。「還活著嗎？」、「我得過奧斯卡獎嗎？」、「我有尾巴嗎？」、「我擅長團隊運動嗎？」

我總是發現，「猜名人或動物名」的遊戲對各年齡層害羞和安靜的客人來說，是很好的「破冰船」，可以讓氣氛變得非常融洽。能夠正確猜到自己背上名字的客人，則可獲得很有趣的小禮物。

# 6-10

# 離開聚會：最精采的部分

横過河流時，千萬不要冒犯河中的短吻鱷魚。

——科戴爾·霍爾（Cordell Hull，美國前國務卿）

參加聚會之前，要先擬好退場計畫。在腦中確定具體的離開時間。用這種方式，你就會知道自己能夠保留精力。提前與伴侶討論這個問題。如果願意，你可以待久一點。（如果這種情況真的發生了，好好享受並記住這段時刻，因為想多待一會兒的美好感覺不會經常出現。）

無論什麼時候，只要可行，就安排好自己的交通工具，這樣就可以在想離開時就離開，不必被迫等到聚會結束。雖然你和伴侶分別開車赴宴看起來有點怪，但從長遠來看這很有好處。當你們安排好可以各自離開的方式，就能避免當你不得不等對方一起離開、或被迫提早離開時可能產生的不愉快。

準備離開時，不要忘記對主人說聲再見。有時候，性格內向者可能會因為迫不及待想離開，竟然忘了說聲「謝謝」。

當你準備離開時，以下是一些好用又可靠的道別話：

- 「我太累了，所以打算走了，但今天真的很開心。」
- 「我今天玩得非常開心，但很抱歉我現在得走了。」
- 「我答應過不要太晚回家，所以我們現在得走了。」

- 「我們今天真的很高興。看見大家真的很棒。非常感謝你能邀請我們。」

- 「不好意思，我明天很早就要出門。這是個很棒的聚會。希望很快我們可以見面再聊。」

如果你覺得自己連說再見都無法忍受，那麼就先離開吧，但隔天一定要打個電話、發封電子郵件或寄張卡片表達感謝。請記得，對性格內向者來說，有很多方式可以幫助你即使不透過電話或面對面談話，但仍能維持有意義的人際關係，並保持自我。

# 逢年過節：身不由己之路？

盡己所能地付出，就是最好的禮物。

——愛默生（作家）

節日是高度耗費精力的時刻。對性格內向者來說可能刺激過大，即便是性格外向者，也可能覺得過年過節會一團忙亂。那麼就找出不會太擁擠、太喧鬧的方式來慶祝吧。許多家庭年復一年地計畫慶祝的方式，卻沒問自己，那真的是自己想要的方式嗎？也沒有討論過有沒有新的慶祝方式。為什麼？因為「我們一直都是那樣過」。

從過節的「機械模式」中走出來，稍微想想做點其他不同事情的可能。詢問家庭中的其他成員，什麼對他們來說最有意義，並問自己同樣的問題。如果每個人都喜歡以前的慶祝方式，那麼就像以前那樣慶祝吧。如果他們願意試試新點子，那麼就大家一起嘗試。

比如說，如果你們覺得在一天當中拜訪兩家親戚，這對性格內向者（無論是孩子還是大人）來說，刺激都太大了。那麼，把拜訪分成兩天進行，或考慮在一個地方只待兩小時，不用停留半天。或者，安排大家一起外出，去一些安靜的地方。

為了改變家人圍坐在堆滿食物的餐桌前過感恩節的傳統方式，有個朋友和家人選擇去紅杉林野

餐。他們在鬆軟的松針上漫步，吃了一頓包含火雞三明治的大餐。然後，他們躺下來，傾聽陣陣的松濤聲。

也許你喜歡建立新的家庭慣例，例如在沙灘上比賽尋找復活節彩蛋，或是到收容所幫忙分藥之類的活動。我的一個個案就從當地大學邀請一位外國大學生到家裡來過節。

盡你所能讓節日過得豐富多彩又簡單，拋棄你不能做或不喜歡的慶祝方式。對節日的期盼很快便會用光你的精力，所以請記得經常給自己充分的選擇。

# 6-12 電話恐懼症

在我發給性格內向者詢問內向體驗的問卷中，有很多人提到恐懼電話的問題，所以我決定在這個小節單獨談談。

以下是大多數性格內向者對電話的看法：電話是一種干擾，會耗費精力並分散內在的注意力，而且打過電話之後，又必須重新集中注意力。打電話要邊說邊想，也需要立刻做出決定，所以會耗費很多的精力；打電話不能為性格內向者帶來快樂感。性格內向者一天當中有太多地方都需要耗費精力，所以他們不能一有電話就接，以免消耗精力。

如果你也有電話恐懼症，以下是一些建議：

- 讓語音信箱幫忙，等你準備好交談時再回覆來電。我的個案麥特是售貨員，他說如果每通電話打來時都要親自接聽，他可能會累個半死。所以他有固定的回電話時間，然後給自己一個獎勵：在那段固定時間之後，他一個電話也不打。

- 簡短通話，除非是某個你非常想深入交談的人。講電話時，保持呼吸順暢，如果你用無線電話或手機，在談話時可以走動一下。結束通話前，說幾句類似以下的話：「本來想和你再多聊一會兒，但是在下一位客人來之前我還得打好幾個電話，所以先這樣了喔，再見。」

- 即使沒有接電話，也不需有罪惡感，這是你的權利。不需因為彼此一再錯過通話而不好意思。

我發現對這種情況很有意見的人，往往就是別人很難找到他們的人，但**他們**卻希望打給你的時候就要找到**你**。

- 不要因為不喜歡接電話而自責，這不是性格缺陷。這會有助於你理解**為什麼**你不喜歡電話。
- 盡量使用電子郵件。

# 我保證，這是我對社交的最後建議

在這個世界上，每個人都想要也需要的，就是友情。

——威廉·E·賀勒（William E. Holler）

研究顯示，性格內向者在社交場合通常很難留意太多事情。他們非常專注於管理自己不安的情緒，並且耗費精力與其他人交流，通常沒有意識到**其他人對他們**有什麼樣的反應。例如，性格內向者通常不會注意到其實別人對他有好感，因此和別人的交流似乎就不是什麼愉快的事。

換句話說，他們可能沒有注意到有人正面回應他們一些社交信號，如微笑、靠近他們、在人群中尋找他們等。（相反的，性格外向者通常很快就能捕捉到這些信號。）

## 社交暗示解碼障礙

研究者將這種情況描述為「解讀社交信號的障礙」。

當性格內向者離開某個活動時，這種情況常常會發生。他們無法確認這個活動是否值得參與，也不確定別人是否喜歡自己，因而沒有體驗到快樂感。

當你下次離開快樂的聚會時，提醒自己，其實有很多人喜歡和你互動。事實上，我發現大多數性格內向者在社交場合非常受歡迎——畢竟，性格外向者需要很好的傾聽者！

## 本章思考點

- 社交活動是消耗精力的事情。

- 參加社交活動之前要養精蓄銳。

- 計畫好如何加入和離開社交場合，以及如何開始與人交談。

- 自己可以維持性格內向者的本色去參加社交活動。

- 只要事前妥善規畫，你會喜歡很多社交活動。

- 受到刺激後，適度休息並調整就好。

第七章

工作：
朝九晚五的危險

- 為什麼性格內向者常在職場奉獻許多，卻感覺沒得到應有的重視？
- 為什麼性格內向者不願在會議上大膽表達自己的意見？
- 職場中的性格內向者若與性格外向者發生衝突，該如何化解？
- 性格內向者該如何解決工作截止期限的壓力？
- 性格內向的工作者若遇到性格外向的主管，該怎樣避免誤會？
- 為什麼性格內向的主管反而常常忽略鼓勵員工？

> 當工作在我的面前，
> 獎勵也就蘊含在其中了。
>
> ——基督教震顫派* (Shaker) 箴言

對性格內向者來說，工作場所充滿許多可能發生的危險。應付此類危險需要各式各樣的技巧，這些技巧對他們來說非常困難。這就是性格內向者為什麼常常選擇獨自工作，或在家裡工作，或在有較多自由的專案中工作的原因。不過，不是所有性格內向者都會遇到非常合適的工作環境，所以對他們來說，知道如何避免朝九晚五之間所潛藏的危險非常重要。

幾年前，有家公司請我與他們的兩名員工談談，因為他們兩人常彼此誤解。公司希望我能幫助傑克（性格外向的主管）和卡爾（性格內向的員工）解決彼此之間的矛盾。

我先和卡爾談談。他說：「傑克用很多問題來質問我。我想告訴他，停一停、講話慢一點、給我一分鐘的時間，但他完全不給我思考的機會，根本不聽我的意見。他只是說了很多話，然後就決定用他的方式去做。結果害我頭暈目眩、胃不舒服，晚上還開始失眠。」

然後，我去找傑克談話。傑克說：「我簡直要氣炸了。卡爾太孤僻了，整天躲在辦公室裡，在會議上一句話也不說，也不提建議。他根本就不像團隊裡的一分子。」

我馬上就意識到，這兩個人一直攻擊對方的原因，顯然就因為一個是性格外向者，而另一個是性

---

* 基督教之一派，十八世紀中期起源於英國，現存於美國。以崇尚獨身主義為宗旨，由其祭神儀式中跳震顫舞而得名。

格內向者。他們都不理解對方，所以彼此責怪，這樣幾乎不可能創造適合的工作環境。

在《4×4種工作性格》（Type Talk at Work）中，歐圖・克羅格（Otto Kroeger）和珍納・蘇森（Janet Thuesen）討論了性格內向者和外向者在工作中的差異：「性格外向者習慣將個性展露無遺，性格內向者則不同，他們通常較為謙遜。你能透過觀察性格外向者瞭解他們的一切；但對性格內向者，你看到的只是他們個性中的一部分。他們內向個性中最豐富、最值得信賴的部分，不一定會與外在世界分享。他們需要一定的時間、彼此相互信任，並且在某些特定環境中，才會慢慢開始展現自己的個性。」

# 7-1 為什麼性格外向者得到所有的讚美？

謙遜的人通常是值得欽佩的——如果大家夠瞭解他的話。

——艾德‧郝伊（Ed Howe，作家）

為什麼在辦公桌前埋頭苦幹的性格內向者，沒辦法表現得像性格外向者那樣「機靈」，不難理解。

珍是性格內向的編輯，她告訴我：「當我終於向大家展現某些觀點時，我總是在他們的臉上看見同樣的驚訝表情。他們因為我在專業領域的知識而感到震驚。我很安靜，並不表示我一無所知。」

性格外向者離開辦公桌後，會走出來與人見面、交流；他們喜歡隨時瞭解公司的內幕，喜歡在下班或週末時與同事一起參加社交活動；他們待人熱情、笑容滿面，喜歡談論自己的成就，也不介意成為大家關注的焦點。事實上，他們可能非常希望引人注目。

在會議上，他們勇於發表自己的觀點；他們在眾人面前滔滔不絕、妙語連珠；他們喜歡在電話中聊天；他們喜歡參與很多事，常常從一個地方趕到另一個地方，看起來非常匆忙，顯得自己非常重要。

他們做決定非常迅速，是活躍的腦力激盪行動派，一點點「言語上的小問題」對他們不會有什麼干擾，事實上，他們還可能認為爭執非常有意思。他們是天生的自我推銷員，組織能力很好。他們是自己最好的公關。

## 7-2 不同的發光方式

性格外向者就像**燈塔**，將自己的光芒射向四方；性格內向者比較像**燈籠**，在自己的內部發光。性格內向者與外向者對於如何集中自己的火焰（即精力），以及如何分配注意力的方式大不相同，因此性格內向者在做每件事時幾乎都會遭遇困難。不過正如卡爾的例子所呈現的，這在工作職場上可能問題特別嚴重。

卡爾與職場中的許多性格內向者一樣，為人非常謙遜，絲毫不露鋒芒。傑克則與職場的許多性格外向者一樣，誤解了卡爾的風格（沒有將他視為團體的一分子），也不懂欣賞卡爾的重要才幹和技能。卡爾因為內向的天性，沒有意識到傑克並未看到他所做的貢獻。這是相互誤解常見的例子。關於卡爾和傑克如何解決彼此之間的矛盾，我會在7-4再繼續談。

儘管你的發光方式與性格外向者大為不同，但你還是可以影響職場中大家對你的看法。在7-3「不露鋒芒」這一小節，我會討論如何在會議中散發自己的光芒，（稍稍）自我吹噓一下，並且保護自己的節奏不受太多的干擾。

在7-4「共同創造」這一小節，我會提出一些建議，幫助你提高自己的言語技能，讓口才好的性格外向者也能聽聽你的言論。

在7-5「消除過分的緊張」這一小節，我會講述性格內向者最常見的四種壓力及應對方式。最後，

我會討論與性格內向主管相關的主題。這些話題中的一些內容，不僅適用於工作，也適用於生活的其他面向。

請記得，重要的是，要讓你的同事和主管**正確瞭解你的重要**。

## 7-3 不露鋒芒

千萬不要放棄自己擅長的領域。走自己的路吧，你終究會獲得成功。

——西德尼‧史密斯（Sydney Smith）

性格內向者常常驚訝地發現，自己在付出許多後沒有得到應有的重視；如果他們再三受到忽視，心中可能會產生憎恨。即使如此，他們對背後的原因還是感到迷惑不解。

工作環境就像社會競技場，性格內向者需要具備與天性相反的能力。由於他們的大腦機制，他們習慣的行事方式容易讓自己受到忽視。以下是導致這種狀況最重要的三個原因：不在會議上大膽表達自己的意見、無法為自己說幾句話吹噓一下，以及工作節奏很慢。接下來，讓我們看看為什麼這方面會有問題，以及如何加以改善。

## 為什麼性格內向者不在會議上表達意見

### 原因①：需要時間形成觀點和建議

性格內向者不在會議上大膽表達自己的意見的第一個原因，是當性格內向者置身大型團體中時，常常會發現既要吸收所有新資訊，**而且要形成相應的觀點，是很困難的事**。他們需要從會議抽離，花一

些時間整理和分類資訊。還有，他們需要回想並加上自己的思想和感受。他們在不受人干擾的環境中，可以將各種資訊混合在一起，提煉出初步的觀點和建議，但這需要時間。（還記得他們大腦中那長長的神經傳導路徑嗎？）這就像是釀酒或烘焙麵包，不是可以倉促行事的過程。

## 原因②：需要耗費額外的精力專心聽講

性格內向者必須耗費額外的精力專心聽會議談論的事。對他們來說，將精力集中於外在世界，就像駕駛 SUV 休旅車——超級耗油。因此，他們幾乎沒什麼精力發言了。透過大膽發言、吸引大家的注意力，無疑會使他們筋疲力竭。就算他們真的發表自己的意見，也可能聲音不大、缺乏眼神交流、猶豫不決。這時同事可能就不會注意他們的發言，或認為他們的談話不會有太多內容。

## 原因③：無法在團隊裡從容發言

大膽講出自己的意見，通常會讓性格內向者在面對其他人時更加緊張，因而很難清晰表達自己的觀點。性格內向者通常無法從容發言，除非他們感到很放鬆、很舒服。如果團隊因為某些原因而有衝突或刺激太大，他們「腦袋打結」的狀態會更加嚴重，即使絞盡腦汁，也找不到自己想說的字詞。這樣的狀況發生幾次後，他們就會擔心那種可怕的感覺，更不願在會議上發表自己的觀點了。

## 原因④：和他人意見不一致時，不會繼續說出自己的觀點

如果性格內向者發現，他們打算在會議上發表的意見可能不太符合當時的實際狀況時，他們通常會事先考慮太多。由於他們獨特的思考方式，他們說出來的可能是已經充分思考的觀點，或者就是他

們最後的想法。因此，當他們意識到自己所說的並不適合團隊當時的情況，或讓人有點迷惑不解，他們常會判斷是自己沒有清楚表達想法，並可能不願再完整說出自己的觀點。

## 讓同事知道你有認真參與會議的方式

* 在開會前到安靜、沒有人的地方，做五分鐘的深呼吸，好好放鬆一下。

* 盡量不要在同一天安排太多會議；在會議之間休息一會兒。

* 當你走進會議室，向房間裡的其他人問好並微笑；在離開時注意要說再見。

* 抵達時，用點心思，找個適合的位子坐下來（例如靠近門口，方便迅速走出去休息片刻）。

* 做筆記。這有助於集中精力思考，減少外界的刺激。

* 透過點頭、眼神交流和微笑等非語言的信號，讓其他人知道你在認真聽講。

* 說點**什麼**——問問題，或重述其他人說的話。

* 堅定地說出開場白：「我想補充⋯⋯」或「我的想法是⋯⋯」，吸引人們的注意力。

* 說出自己的觀點時，要有起承轉合，條理清楚。

* 如果知道自己的想法與大家不同步，可以先這樣說：「史坦，我想對你幾分鐘前所講的問題做點補充。」

* 讓其他人知道你想繼續思考某個主題時，可以說：「這個問題我想再多思考一下，然後再告訴大家我的想法。」

* 在會議結束時，對主持人、發言人或部門主管表示感謝。

- 如果你發言了，無論情況如何，都要為自己喝采。
- 第二天，透過電子郵件、便條或備忘錄把自己的意見表達出來。問問其他人對你的觀點有什麼回饋：「你認為怎麼樣？」

## 如何在工作中瞭解彼此

當（占大多數的）性格外向者與（占少數的）性格內向者在工作中意見不合時，雙方都應該瞭解對方的特點。

### ■ 性格外向者應該知道的性格內向者特點

- 喜歡安靜，以便集中精力工作。
- 很關心自己的工作內容和工作環境。
- 可能在溝通方面有困難。
- 知道的東西可能比表現出來的還要多。
- 可能看起來安靜又疏遠。
- 需要別人問才會發表意見和想法（不會主動坦白說出來）。
- 喜歡解決需要長時間思考的複雜問題，在意問題的細節。
- 做事時需要確切瞭解做這件事的原因。

- 不喜歡別人闖入或干擾。
- 在講話和行動前需要思考和反思。
- 很享受獨立工作。
- 可能不願意受委託去做某些事。
- 寧願待在辦公室或小隔間裡，不願意參加社交活動。
- 不喜歡吸引別人的注意。
- 即使沒人監督，也能認真工作。
- 可能較難想起別人的姓名和面孔。

## ■ 性格內向者應該知道的性格外向者特點

正如性格外向者需要瞭解性格內向者的特點，性格內向者如果能記住以下這些性格外向者的特點，就能相處更融洽。

- 善於與人溝通，喜歡與同事參加社交活動。
- 喜歡瞭解公司內幕。
- 對別人的要求反應很迅速，往往不假思索就採取行動。
- 喜歡打電話，不怕受打擾，也歡迎打擾。
- 當工作費事且重複時，容易變得不耐煩和厭倦。
- 喜歡透過溝通和討論來發展自己的觀點。

- 善於推銷自己。
- 喜歡大量的肢體活動，寧願外出四處走動。
- 可以一邊思考，一邊講話。
- 有非常優異的語言技巧，喜歡爭辯，提出許多問題。
- 喜歡自己的想法對團隊有貢獻，沒有主管的支持時感覺很孤立。
- 欣賞並喜歡別人的關注。
- 容易受其他性格外向者吸引。

# 抵死不曝光

如果你不自己面對困境，那就永遠無法跨越那道鴻溝。

——莉茲·史密斯（Liz Smith）

## 害怕向外界展示自己

我的個案莎曼莎非常沉默寡言，通常需要我問她：「關於那個問題，你可以再說點什麼嗎？」有一天，我開玩笑地對她說：「你為CIA（美國中央情報局）工作嗎？你不能讓我知道任何個人的事情嗎？」她看著我，淚光閃閃地說：「如果我告訴你，就不得不殺了你。」然後我們都笑了。我們

都理解，她大多數時間都認為過度展示自己和刺激太大──即便是面對心理治療師也一樣。不難想像，向同事洩露自己的任何事會有多麼困難。

為什麼性格內向者不能向外界多展示自己一點，或改善自身的環境呢？

## 原因①：個人空間的需求

如同我在前面的章節所說的，性格內向者有個人空間的需求。他們喜歡自己的空間，而他們保有個人空間的其中一種方式，就是小心不向外界展示自己，從而減少向外消耗的能量，並限制來自外界的刺激。

## 原因②：沒意識到自己知道很多

性格內向者不願分享他們所知一切的另一個原因，是他們經常沒意識到自己其實知道得不少。他們不認為自己豐富的情緒、智力和充滿想像的生活有什麼特別之處。除非朋友碰巧提到某個特別的話題──諸如航海之類的──否則，性格內向者不會知道自己在那方面的瞭解是如此豐富。或者，他們可能知道自己對某個神祕難懂的話題很感興趣──比如貓熊是怎樣繁殖的──但他們認為其他人不會對這個問題感興趣。

此外，性格內向者經常認為沒必要告訴其他人自己正在做什麼（尤其是工作），因為如果他們身為主管，他們會留意哪些人投入了多少的時間和精力。但性格內向者沒有意識到，性格外向者不會像他們那樣關注同樣的行為。性格外向者需要性格內向者更詳細告知工作中的所有細節，否則，他們會以為根本沒有事情發生。

## 原因③：不尋求外界的認同

性格內向者不願意暴露內心世界的最後一個原因，是他們並未尋求外界的認同。儘管他們也希望自己的成就受到欣賞，但是受到大眾的關注會讓他們覺得痛苦或不舒服——就像聽到指甲劃過黑板一樣，尖銳刺耳、讓人煩躁不安。

由於以上種種因素，性格內向者的表現看起來冷淡、不配合，甚至在最糟糕的情況下，他們看起來簡直是筋疲力盡。

## 如何避免過度展現自我

- 提醒自己，和同事分享個人資訊時，你當然有權利結束閒聊，或避談個人隱私。

- 讓主管知道你對哪種類型的工作、專案和任務感興趣。

- 如果你進行的是需要團體分工的事，讓自己安排一次會議：練習選擇時間、地點、預估進行的長度、議程和參與者。

- 針對你感興趣的話題，為公司內部通訊刊物寫一篇簡短的文章。

- 告訴主管你的某項成就：「我解決了最後那個問題，我明天就會交報告給你。」

- 以從容、放鬆的方式與同事分享個人資訊。比如說，在等待使用影印機或傳真機時，與他們聊聊你的愛好。

- 學習接受別人的讚美，並說「謝謝你」或「非常感謝你對我說這些」，這可以鼓勵人們認可你，並因為讚揚你感而到開心。

- 對其他同事給予讚美和認可。

- 在公司野餐或為生病的同事買花收錢時，主動提供協助。這麼一來，別人就會把你視為團隊的一分子。

# 習慣三思而後行

性格內向者通常比性格外向者動作慢一些，這是他們可能看起來疏離的另一個原因。

他們必須在預期的範圍內合理分配使用自己的精力，否則就會耗光自己的能量，感到疲憊不堪、筋疲力竭。

他們在工作進行時，希望能有時間全盤考量，並時時評估面對的問題。在緊張的工作環境中，性格外向者可能會認為性格內向者動作較慢、不夠機靈、對工作不夠投入，或難以勝任。

因為性格內向者習慣以較慢的速度說話，也會停頓較長的時間，所以他們看起來可能像是對自己的觀點感到遲疑或沒把握。其實他們對自己的觀點可說是深思熟慮。還有，他們重視問題的含義，希望自己能言詞精準，選擇適切的字詞來表達，但這幾乎會把性格外向者逼瘋。性格外向者會想：「有話就說啊！」

此外，性格內向者很樂於思考其他人的觀點價值是什麼，但是實際表現出自己觀點時卻會被誤解為缺乏說服力。如我前面提到的，性格內向者通常不會刻意告訴別人自己的思考過程，可以想像得到，這會導致相當多的誤解。

## 如何讓同事知道你動作雖然慢，卻能取得最後勝利

- 對自己的節奏抱持幽默的態度。
- 盡早分配好每天的任務；不要讓他們抓著你做事，浪費精力。
- 如果某事意外發生了，不要慌張。在採取行動前，先做幾個深呼吸，並提醒自己，當這個緊急事件處理好後，很快就又能夠回來按照自己的步調工作了。
- 偶爾表達一下情緒，說：「依蓮，很高興知道你的想法，你的想法真的很棒。」
- 告訴同事，當你沉默時，是在思考問題。你可以這樣說：「那是很好的觀點，我要想一想。」
- 如果團隊的其他成員超越你時，不要覺得挫敗。請他們等等你。
- 當你知道即將討論某個具體的話題時，可以準備一些論點寫在紙上，以便到時能迅速提出一些簡短的評論。
- 讓別人知道你在關注他們的計畫：「比爾，我有想過你的方案，也有一些想法。如果你願意，我可以發電子郵件給你。」
- 向你的主管解釋為什麼你需要時間，一起討論完成任務的截止日期。
- 問其他人對你提供的想法有什麼意見。

## 為什麼你該散發自己的光芒

你是優秀的員工，重要的是不要忘記自己的貢獻。每天提醒自己，你帶給人們的傑出特質：專注、

忠誠、深思、持久、堅定的意志、富創造性而新穎的想法、有遠見和淵博的學識等，類似這樣的性格內向者優勢，信手捻來還真不少。

性格內向者通常是每天安靜工作、默默改善工作環境的人。他們有能力做出困難的決定，又給予同事空間；他們會建立長久的一對一關係，工作時即便沒有嚴密的監督，也同樣認真。性格內向者較能體諒別人、為別人著想，也希望與別人通力合作。他們是認真的聽眾，以及有耐心的老師。在每天往前邁進的時候，散發一些奪目的光芒吧！

## 善用通勤時間，用以下的正面想法激勵自己

- 提醒自己那天完成了什麼。
- 為你嘗試實行的任何健康好習慣加油打氣。
- 回憶愉快的交談，以及得到的讚美。
- 回憶你提出的任何新想法。

# 7-4 共同創造

世界的變化源自人與人之間的創造性互動。

—— 約翰・蓋德納（John Gardner）

## 不同的溝通風格

談話可以落實「工作互動」。不同的溝通風格有助於形成資源豐富且具創意的工作環境。接下來，我會討論五個面向，說明透過合作創造，可以使我們調和彼此的風格，實現個人獨自工作難以達到的結果。如果員工熟悉非語言的溝通方式，有較強的解決衝突技巧，有能力參與辯論或腦力激盪，也能夠直接提出自己的要求，他們在這些面向的溝通技巧就愈成熟，也就愈能創造好的職場文化，讓每個人都能成功。

## 對話中的左右為難

所有工作場所都會因為溝通方式而增強或削弱實力。在性格內向者和外向者之間，溝通風格最容易產生明顯的差異，如我前面提到的，溝通風格也最可能引起誤解。

每一種形式的溝通都需要消耗精力。言語溝通和我們如何談話、關注什麼、聽到什麼，以及如何

反應有關。正如我們所看到的，對性格內向者來說，「談話」通常是個問題，因為它需要充沛的精力。

性格內向者在講話前需要有十足的精力，因為交談和尋找適當的字詞來回應對方，很快就會耗光他們的力氣。

實際上，研究顯示，我們所展示的自我（比如說，我們是友好還是敵對的、合群還是疏遠的），有一半以上不是透過我們講的話，而是透過我們的肢體語言來傳遞的（例如微笑、皺眉、歎氣、觸摸、輪敲手指、眼神交流等）。和同事透過書面（或電子郵件）的形式進行交流，是表達自己觀點，也讓大家瞭解你的另一種方式，因為它們消耗的能量較少，對性格內向者來說，這是在工作中改善溝通的最好方式。你可以展現豐富的學識，但是要以不太張揚的方式進行；你可以讓同事更瞭解你，並能保存大部分的「內在精力」，來應對更必要的交談。

## 如何不需太多交談，但又有更多的交流

• 透過微笑向同事或主管打招呼。

• 在會議或團體中對發言者點頭，或保持眼神的交流。

• 將身體轉向發言者，表示你對他所說的事情很感興趣。

• 掌控身體空間的差異。例如，你可以說：「讓我們之間空一個座位，這樣我們都能有多一點活動空間。」

• 向同事問好和說再見（這是多麼理所當然的事，但有時我們就是會忘記）。

• 寄感謝函、電子郵件或電子音樂卡給同事，恭喜他們的成就，或告訴他們，你很欣賞他們做的

跨越內向／外向溝通的鴻溝

**與性格內向者溝通的最佳方式：**

- 同一時間只談論一個話題。
- 詢問，然後傾聽。
- 給每個人充足的反應時間。
- 任何人在講話時都不要隨意打斷。
- 如果可能的話，用書面的形式進行溝通。

**與性格外向者溝通的最佳方式：**

- 口頭溝通。
- 讓他們講話，讓他們透過大聲講話進行思考。

- 某些事。
- 分享你認為某個同事或主管會感興趣的文章給對方，並附上一張便條，寫幾句話。
- 如果你的工作環境適合，可以送同事生日卡或節日卡。
- 在你的**所有成果**上都標示自己的姓名。

- 談論多種不同的話題。
- 期待立刻的反應。
- 保持話題的生動。

## 如何有效解決衝突

在需求相反時，衝突隨時都可能發生。有些人（通常是性格外向者）喜歡火花四濺，有些人（通常是性格內向者）則竭力避免衝突矛盾。他們什麼都願意做，就是不願意面對衝突。衝突會耗光他們的精力，所以他們盡力避免與人發生衝突。

然而，忽視衝突通常也是一種錯誤。一方面，衝突不會消失；另一方面，性格內向者的身體必須承受問題並沒解決的壓力——實實在在的壓力。他們會感覺頭痛、胃痛，還有抑鬱、萎靡不振的身體的感覺。因為衝突很容易就會擴大，所以學習在衝突初期就妥善處理比較好。

請練習以下解決衝突的步驟，以便在需要時運用：

1. 找出問題點，並形成共識。
2. 想一想：你的內向性格和其他人的外向性格對問題會有怎樣的影響。
3. 試著從同事的角度看問題。
4. 在腦中以性格內向／外向的角度來解決問題。

## 找出誤解，找出新的互動模式

那麼，在這一章開頭出現的卡爾和傑克，可以怎麼解決彼此的衝突？他們可以採取哪些步驟來跨越交流困難的鴻溝？依照上述的方法，以下是我們的嘗試過程：

- 首先，我建議傑克和卡爾介定造成彼此爭議的範圍，並對彼此爭議的點達成共識。傑克和卡爾都說，他們總是誤解對方。

- 其次，討論他們之間的不同，性格內向／外向風格的不同（不是對或錯，就只是不同而已），以及這會對他們的溝通產生什麼影響。

- 第三，我建議他們站在對方的立場看問題。卡爾是否意識到，傑克非常希望聽到他的意見，但發現他很保守，因而感到非常受挫？傑克是否理解卡爾在會議上承受了多大的壓力，還有，讓卡爾發言是多麼的艱難？

- 第四，我要求他們對彼此的行為不抱持偏見，才能便順利解決問題。

結果是卡爾瞭解，他應該盡可能遠離辦公室忙亂的節奏，所以提出請求，傑克也同意他可以在一個與這些活動隔開的地方辦公。傑克瞭解卡爾不喜歡馬上回答問題，也同意在會議前一天就把會議的議程告訴卡爾。透過這種方式，卡爾可以在沒有壓力的情況下思考自己（很好的）觀點，並有充足的時間斟酌自己的想法。

傑克決定分配一些需要很多時間並且很枯燥的工作給卡爾，這是他自己很討厭也從來沒想到會有人喜歡的工作。卡爾也瞭解，必須讓傑克更瞭解自己的才能，這能鞏固自己在公司的地位。

## 用不同方式來解決衝突

有時候，與同事之間的問題沒辦法用直接的方式來解決。性格內向的個案丹妮爾發現，她就處於這樣的情況。

她被安排與非常喜歡說話、性格外向的同事伊娜共享一個小隔間。這時，衝突就出現了。伊娜喋喋不休地對著丹妮爾、自己、電話或任何碰巧路過的人說話。整天與伊娜一起度過，使丹妮爾的神經緊張，幾乎要崩潰了。而且這嚴重妨礙她集中精力工作。

然而，當她向主管要求換到另一個小隔間時，主管卻不同意。原因是他希望丹妮爾平靜的舉止和出色的工作習慣可以影響伊娜。丹妮爾不知該怎麼辦才好。她不想和伊娜起衝突，特別是她們都在同一個小隔間裡。她告訴我：「我覺得很無助。」

丹妮爾不得不自己尋找解決問題的辦法。她知道伊娜不可能改變「愛聊」的個性，特別是她們的主管已經與伊娜談過這一點。丹妮爾和我一起討論，找出了幾個方法來幫助她改善這個情況，讓她不必離職，也不會變得神經緊張。

丹妮爾告訴伊娜，在「像公園一樣」安靜的環境中，她能把工作做得更好，所以她們在中間放了一排葉子很多的綠色植物，將小隔間隔開來。這帶進了戶外氛圍，也不至於明顯表現出對伊娜的排斥。

丹妮爾戴上耳機，一邊聽輕音樂一邊工作，這樣就不會聽到伊娜的自言自語。我們認為丹妮爾可以偶爾與伊娜說說話，但只有在伊娜直接對她說話時這麼做。如果伊娜只是隨意地自言自語，丹妮爾可以不用搭話。如果丹妮爾需要集中精力做事，她可以使用耳塞，或具體請求伊娜在某段時間內少說一些

話。丹妮爾現在覺得不那麼累了，而且和伊娜相處得非常愉快。

不是避免衝突，而是試著用不同方式來解決衝突。你可能會很驚訝地發現，自己在改善工作環境時，也可以同時處理好工作中的關係。

## 以雙贏的格局來面對爭論

研究發現，在面對意見不同時，性格內向者和外向者的態度很不一樣。性格外向者經常以一種非贏即輸的態度來爭論，他們強調的是對或錯。有時候，這使其他人（經常是性格內向者）感到冤枉。

許多性格內向者會以雙贏的格局來面對爭論，他們希望每個人都能表達自己的觀點。總之，性格內向者傾向多詢問，少批評。他們很少局限於自己的角度，傾向考慮所有有價值的觀點。

在工作時與性格外向者進行言語爭論會非常浪費精力。請記住，不要對性格外向者好勝的作風抱持偏見。以下是一些補充提示，可幫助你提高口頭表達的技巧。

- 保持鎮定，保持穩定的呼吸。
- 提前思考對方對你的觀點可能提出的反對意見。發言時，提出這些可能的反對意見，以及你的對策。
- 在別人提出之前，盡可能考慮到各種可能的反對意見。
- 如果某人提出你意料之外的反對意見時，注意要認真傾聽，然後重述這個反對意見，並問對方你的理解是否正確。（這可以給自己一些思考的時間。）

- 如果這個反對意見很有價值，以慣用的方式稱讚對方：「你是對的，我們需要找到辦法來解決這個問題。」

- 如果一直有人提出反對意見，問對方：「你認為我們怎樣才能找到可行的解決辦法？」

- 請記得，你的觀點很有價值。你有表達不同意見的權利。

## 腦力激盪

腦力激盪的目的是產生許多想法。這時需要的想法不必求質，只要求量。脫口說出各式各樣的想法，可以喚醒大腦中的某些東西，使你勇於創新，並幫助你在現今變化多端的市場中保持競爭力。

讓性格外向者講出腦中的想法是很自然的事，因為他們透過活動而獲得旺盛的精力，而且他們可以在思考的同時輕鬆發言。相對的，性格內向者為了不受約束、避免引人注目，需要有安全感和歸屬感。因為他們的觀點較容易顯得「格格不入」，他們必須確信自己不會受到批評才會發言。對他們來說，比較有利的做法是當其他人提出各式各樣的想法時，他們只是傾聽，然後第二天再告訴大家他們的意見。這提供他們夜間「咀嚼」（反思）的時間，以消化吸收的資訊，並產生一些新的想法。

如果你負責組織腦力激盪的活動，可以試試以下一些步驟，有助於創造暢所欲言的氣氛：

## 第一階段

- 向大家說明，請隨意但詳盡討論某個問題或概念，任何人都可以提出任何觀點或聯想。

- 向大家說明，有些人會先只聽不說，第二天再彙整聽到的觀點及自己的想法。
- 寫下所有的觀點和聯想。
- 向大家明確地說明，所有的觀點都很好，沒有正確和錯誤之分。
- 明確告訴大家，不可以有任何的批評！
- 表示非常樂意收到有補充意見的電子郵件。

## 第二階段

- 將所有想法和聯想納入不同的主題之中。
- 根據公司的目標，對不同的主題排出先後順序。
- 討論結果。
- 選出最好的三個解決方案。
- 選出最合適的方案。

## 試著提出要求

　　如果你是性格內向的員工，很多時候你需要向主管提出你的要求。很多性格內向者很難這麼做。

　　向別人提出要求，不僅讓自己成為大家關注的焦點（這是他們天生就不喜歡的事），也會消耗他們大量的精力。許多性格內向者擔心自己的大腦會變得一片空白，或會忘記自己想說的事；或者，他們擔

心自己在會議上不能正常思考。

如果你也有這樣的問題，請試試以下的技巧：

- 在紙上寫出你想提出的要求。愈具體愈好。
- 預期主管可能提出的反對意見，也寫下來。迅速寫下你能夠提出反駁的證據。
- 對著鏡子，或對著伴侶、某個朋友練習講話。（在某些可能引發焦慮的發言之前，性格內向者如果事先練習過，通常會表現得比較好。）
- 不管結果如何，都要讚賞自己勇敢提出自己的要求。如果沒有成功，請記住，你永遠都可以再次提出。試試看是否能再評估一下自己的談話方式，同時也提出更多方法來消除主管的擔憂。

## 展現自我

幾乎所有人都會發現，無論喜歡與否，在某些時候，我們不得不在團體中發言。以下是有助於盡量表現好一些的提示：

- 每個人在發言時都會焦慮，接受這個事實。
- 分析聽眾，讓發言更精準。
- 充分瞭解你要談論的內容。
- 做一些練習，直到感到從容自在為止。
- 在發言前一個星期，想像自己充滿自信。設想有人專心聽你說話。

- 發言時，尋找看起來和善的面孔，並看著他們。
- 講話時，比平常再大聲一點。
- 運用你本性裡的幽默感。
- 請記住，每次發言不一定都要十全十美。
- 結束時讚許自己！

# 消除過分的緊張

我發現對性格內向者來說，在職場裡有四個面向特別有問題：

- 第一是令他們畏懼的**最後期限**。後面我會談到面對最後期限又能保持冷靜的一些策略。
- 第二是**干擾**，但只要用些方法，就能輕鬆處理性格外向者突然出現問「一個小問題」的情境。
- 第三，如果擔心**想不起姓名或面孔**，我也會提供一些技巧，幫你將它們牢牢固定在記憶之中。
- 最後，身為性格內向者，你在工作中偶爾會覺得**壓力太大**，因此我會提供一個五步驟的計畫，幫助你在需要時減少讓你害怕的「火燒眉毛般」的感覺。

## 應對最後期限的五個策略

正如前面談過的，最後期限對性格內向者常會帶來困擾。他們會擔心，怎樣才能有足夠的精力來完成任務，**而且**還要在沒有失敗陰影籠罩的情況下思考手上的工作。他們可能必須對主管解釋為什麼自己需要額外的時間來完成這個工作。突然出現的最後期限，對性格內向者的困擾最為嚴重，這種感覺有點像「突然出局」。如果主管是性格內向者，討論最後期限這個議題，可能比較容易。

試著讓主管預留一點彈性，讓他知道，你瞭解最後期限不可能總是很寬鬆，但你愈早知道最後的期限，你會做得愈好。

無論最後期限是什麼時候，著手工作時將任務**拆解成小部分**。對性格內向者來說，這是最有效的方式，有助於減輕焦慮、頭腦不清和無助的感覺。以下是應對最後期限的五個策略：

① 將最後期限寫在桌曆上，然後將你的任務拆解成幾個小部分。確認如果要按時完成任務，你應該做哪些工作。

② 在日曆上寫下每天應該完成的事。保留精力最旺盛的時段給這些項目。（例如，我確定除了星期天，每天上午六點到十點都用來做某事。）

③ 在時間表上留出一定的空間，以防意外的工作和干擾。

④ 如果某一天無法完成原本計畫要做的每件事，請不要批評自己，只要在後面幾天重新分配工作量並且完成就好。

⑤ 經常對自己做的事給予獎勵——買一本新書、看場電影、吃塊餅乾，或玩一回合電動。

# 如何避免別人的干擾

除非是正期待別人來訪或當時的精力非常充沛，否則對性格內向者來說，干擾帶來混亂，常會使他們莫名感到心煩意亂。相對的，性格外向者很容易從一件事轉到另一件事。他們往往因為計畫之外的偶然事件而表現出色。他們確實也無法明白，為什麼你不喜歡他們突然走到你的桌前，豎起一根手指說：「就一個小問題。」

為什麼干擾會讓許多性格內向者覺得難以應付？有些原因和生理有關。首先，你可能正在深思，

很難從注意力高度集中的問題中抽離，改談其他話題——通常性格外向者會把這個過程理解為反應遲鈍。你可能需要一、兩分鐘來打斷高度集中的注意力，所以可能會感到有點困惑，或無法立刻消化機靈的性格外向者對你說的話。你不得不理解新的話題，而轉換思考的問題會耗費精力。在面對別人的干擾之後，你必須用更多精力才能回到原先思考的「地方」，以及精神高度集中的狀態。有時候，你可能好多天都無法回到當初的「狀態」。

我有個個案是一對夫妻，他們也是一間律師事務所的合夥人。太太佐伊的性格內向，先生伊森的性格外向。佐伊在寫辯護狀時，如果有人（即便是伊森）打開她關上的房門，她都會變得焦慮和煩躁不安。伊森喜歡跑進她的辦公室東問西問，對她的冷淡非常生氣。

我向他們解釋他們以不同方式看待干擾的個別原因。當我解釋之後，伊森說：「在我看來，這非常奇怪，因為我常常是在跟別人談話後才特別有活力。」佐伊變得比較活潑，對他說：「你不知道我多高興知道為什麼干擾會讓我如此煩躁，因為我從來不知道為什麼我討厭別人的干擾。」

以下的技巧，能幫助你減少不速之客或轉移干擾：

- 在門上掛一個寫著時間的牌子，說明可以來找你的時間。
- 設計自己的「請勿打擾」的牌子。盡力讓它充滿幽默。例如，可以畫一個卡通圖像，或姿勢像雕塑「沉思者」那樣的圖像。
- 在辦公室的椅子上放滿各式各樣的文件，甚至把多的椅子搬走。
- 告訴別人：「我現在分不開身，但十點鐘就有空了。你可以那個時候再來嗎？」
- 和對方站著談話，並逐漸走向門口，縮短談話時間，並且說：「對不起，我工作的最後期限快

到了，我得回去工作了。」

- 每次談話都限定一個時間：「我們星期三討論十五分鐘。這個時間應該夠了？」
- 送走不速之客。可以走到你的小隔間或辦公室門口，說你正好要去參加另一場會議或洗手間，然後提議：「我們可以邊走邊說。」
- 如果你必須「逃走」，可以保持點頭但停止談話，並不時看看其他地方或看看手錶。
- 當其他方法都無效時，找個隱蔽的地方來思考（洗手間、員工休息室或餐廳安靜的角落）。

# 四種恢復記憶的方法

當我年輕時，我能回憶起所有的事，並確定它是否發生過。

——馬克·吐溫

瑪塔告訴我，有人向她介紹一位新顧客，但不到幾分鐘，她就想不起那人的名字。可以想像那有多尷尬。「我簡直想躲到桌子下面去。」她說。

研究顯示，許多性格內向者在認知面孔和姓名方面有困難。事實上，有些研究推論，由於認知熟悉的姓名和面孔有障礙，增加了性格內向者在社交和工作場合與人碰面的焦慮。如果這些問題也發生在你的身上，以下這些技巧可以幫助你將姓名或面孔牢牢記在腦海中。

- 尋找不尋常的特徵——疤痕或痣、嘴唇的形狀、插滿髮飾的頭髮、眼鏡，或頭髮的顏色等。

- 姓名與生動的形象聯想在一起。例如，「卡拉（Karla）」讓我想起紅色的跑車。「葛蘭達（Glenda）」讓我想起英國長滿青苔的峽谷。
- 打招呼的時候，重述對方姓名：「嗨，卡拉。」
- 當你在房間四處走動時，看對方幾次，在腦海中，將對方的姓名與你建立的聯想加以連結。
- 如果你的確忘了某人姓名或面孔，讓自己休息一下。每個人都可能會偶爾頭腦一片空白。

# 減壓五步驟，減少不知所措的感覺

當我們覺得刺激太大或壓力太大時，我們無法思考、缺乏創造力，工作也沒有績效。以下幾個步驟，有助於讓自己平靜下來。

## 步驟①：掌握自己的身體狀況

放鬆——減少「過大的壓力」——的第一步就是將你的「精神狀況」與「身體狀況」分離開來。我知道這說來容易做來難，但是你可以練習這麼做。

身為心理治療師，如果我的某個個案因壓力太大而來，我總會請他（讓我們就叫她卡珊德拉吧）舒服地坐在滑輪椅子上才開始諮商。然後，我要求她描述身體的感覺如何：「卡珊德拉，告訴我，你的身體感覺如何。」如果她在回答這個問題時有困難，我會問：「你的手臂感覺如何？你的手有刺痛感或感到麻木嗎？它們繃得緊緊的嗎？覺得很沉重嗎？聳聳你的肩膀，你覺得很緊嗎？」

通常這些問題可以使人進入狀態，個案開始描述自己體內的焦慮（有刺痛感、緊張、有想要離開的衝動）或壓抑（沉重、疲倦、行動遲緩、缺乏活力）。你讓自己或其他人愈清楚你的身體狀況，就愈能夠學習如何幫助自己。

## 步驟②：深呼吸，再喝一杯水

第二步就是吸入一些氧氣。請注意呼吸的過程。大多數人在刺激過大的情況下會屏住呼吸，這時可以來個腹式呼吸，並將腹中的濁氣吐出。在呼吸變深之後，繃緊身體肌肉，維持一分鐘，留意感覺比較放鬆和感覺緊張之間的差異。喝杯冰水。

研究顯示，即便是輕微的脫水，也會影響注意力集中、思維、新陳代謝和神經傳導物質的運動。

在《高能量生活方式》（*High Energy Living*）中，羅勃·庫柏（Robert Cooper）博士指出，水可以「刺激並增加你全身的精力，且能增加你的大腦和感官的機敏程度」。

## 步驟③：注意你在腦中對自己說什麼

減少不知所措的第三個步驟，是留意你的大腦在想些什麼。當我們的身體察覺到某種感覺，往往就賦予它某些含義，而我們甚至還不知道這一切已經發生。

這個過程從我們小時候就開始了，所以當我們長大之後，它已變成自然發生的事。它是這樣發揮作用的：你的胃部緊縮，你下意識的反應就是害怕，害怕意味著危險，危險意味著一些很糟糕的事即將發生，而隨後會發生什麼，通常是有意識的。你的大腦中有一個聲音在說：我不能那麼做，我會失

敗。這個聲音強化了你最初的害怕，於是你感覺喪失勇氣。還記得我在第三章中談到，性格內向者的大腦在壓力過大時減少刺激的機制嗎？個案可能會以驚慌失措的聲音對我說：「我無法思考。我無法回答我發言過程中的一些問題。」

請留意你大腦中的那個聲音，聽聽它在說些什麼。練習將它變成平靜的聲音，這有助於減少你的恐懼：

「我只是感到有點焦慮，但一切都會好轉。」

「我覺得有點緊張，但這並不意味著會發生糟糕的事。我會沒事的。」

## 步驟④：回憶過去的經驗

第四步是回憶你曾經面對過的其他壓力情境。當我們壓力太大時，我們會忘記自己知道的事。我的個案艾莉對自己即將擔任講座主講人充滿恐懼。我問她，當她在其他發言場合能夠回答問題時，當時的情況如何。

她回答說：「我可以說，讓我思考一下那個問題，或者我會問，是否有哪位曾經碰過這樣的問題。」

「如果你的大腦變得一片空白，你會怎麼做？」我問道。

「噢，對，」她說：「我想起來了，我面對過那樣的情況，對吧？」

他是怎麼做的？我不用親自回答所有的問題。

「還有，請記得，」我說：「你可以常常這麼回答。我在開車回家的路上會幫你想出一個好主意，但是目前我暫時還沒有什麼想法。」

請提醒自己：你能夠學習調適自己的思想和身體中壓力過大的感覺。你曾經那樣成功面對過，就能再次成功面對。

## 步驟⑤：認識壓力的積極作用

感到壓力過大是內向的一個部分。請不要批評自己。這是你的一種珍貴特質。請記住，它意味著你吸收了大量的資訊，而且你的大腦非常活躍。

# 7-6 與主管的合作

## 當內向者成為主管

許多主管是性格內向者，這個事實可能會讓你感到很驚訝。他們通常展現出優秀的領導才能：正直，優秀的判斷力，決策的能力，幽默感，旺盛的求知欲，以及看見問題時能充分考慮過去、現在和將來的能力。和性格內向的主管共事，在許多方面都非常容易，但也可能會出現各式的問題。性格內向的主管可能會忘記與員工交流對工作的期望，可能沒有給予相對應的權力，也可能沒有意識到對出色的工作表現加以表揚或獎勵的重要性。

在我的職業生涯早期，我為一位性格內向的主管崔夏工作了一年多。對我來說，幸運的是我沒有受到很多的監督，因為我只看見崔夏本人兩次，大多數時間，她透過書面的方式與我溝通。她在我最後的培訓資料上寫下簡單的評語，也在給我的幾張便箋提到我的學生給我的評價。僅此而已。對性格外向者來說，這種管理風格非常恐怖。他們可能希望能有更多的合作，有更多工作上的回饋，以及更多的會議。我記得我和崔夏一整年都沒有開過一次會。

無論你是性格外向者還是內向者，如果你學會透過電子郵件、便條和備忘錄等形式讓性格內向的主管知道你要做什麼，你就能夠與他們和諧相處。如果你想要有更多的回饋，可以提出自己的需求。

性格內向的主管可能沒有想到你需要那些回饋，因為他們本身通常不太依賴外界的激勵，所以他們沒

有意識到許多員工需要鼓勵和授權。

研究顯示，性格內向者處於管理階層時，對員工的授權不如性格外向的主管那樣容易。如果你是性格內向的主管，請注意以下要點，並請記得：性格外向的員工比性格內向的員工更需要各式各樣的激勵。

## 溝通你的期望

- 討論工作中的期望，並用書面的形式寫下來。
- 問問員工的回饋。
- 給他們一些回饋，談談在你看來他們有哪些優點，以及有哪些地方需要改進。

## 授權

- 知道如何授權，增加員工的責任感。
- 讓員工知道你多麼信賴他們。
- 詢問建議、想法和解決辦法；對其中一些給予讚美。
- 支持你的員工；對好的計畫給予鼓勵。

## 讓員工保持積極的動機

根據大多數的研究，激勵員工最有效的方式就是對他們表示認可或欣賞。這比只給加薪和升遷複

雜許多，因為這意味著要找出符合他們個性的獎勵。

性格內向者與性格外向者樂於接受的激勵是不同的。性格外向者容易受激勵的是外在的強化，如表揚、獎勵的機會、公開的稱讚（如「本月最佳員工」之類的稱譽），以及具競爭性的比賽等。相對的，性格內向的員工喜歡避開大家的關注。他們發現成為眾人焦點是一種痛苦，而不是快樂。不過這並不意味著他們對認可和回饋沒有反應。只要這些認可和回饋沒有太大的壓力，他們也會有反應。

我推薦大家讀一讀鮑伯・尼爾森（Bob Nelson）的《1001種獎勵員工的方法》（*1001 Ways to Reward Employees*，哈佛企管出版）這本書。在書中，他討論了認可或欣賞員工的幾個主要面向……

- 清楚掌握每個人的工作動機。
- 找出適合個人的激勵方式，它應該要讓相關人員都覺得有趣且有價值。
- 報酬適合每個員工。
- 報酬符合成就。
- 適時並明確獎勵。

## 內向者都需要的狀態告示牌

安娜我的一個個案，也是性格內向者，最近剛換工作。她告訴我說：「瑪蒂，你不會相信，我的新主管是性格非常內向的人，但她在組織裡的職位非常繁忙，必須承受許多干擾。她在桌子上貼了一塊巨大的牌子，上面寫著『集中精力做事』，幫助自己集中精力。她在脖子上繫一

條橙色、有標記的緞帶，好讓人們知道她當時的情緒——她是否想與同事談話，或是只想專心工作。」我請安娜替我寫一張那些提示語的清單。我們看著那清單時都笑了。我說：「你的主管真的很瞭解自己，她是你很好的模範。」以下就是那位主管在辦公室放的標記：

- 請勿打擾！
- 請過來吧，我已準備好回答問題。
- 休息中，請不要談論工作。
- 請勿打擾，我正在趕工。
- 對不起，我的情緒很糟。

## 7-7 愛你的工作

我愈想做某事，就愈少將它視為工作。

——李察·巴哈（Richard Bach）

這一章集中於性格內向者朝九晚五所面臨的危險。儘管有這麼多的危險，性格內向者還是喜愛他們的工作，而工作也是他們生活中重要的一部分。事實上，最近牛津大學一項關於「快樂」的研究顯示，快樂的性格內向者比快樂的性格外向者更喜愛工作。如果性格內向者能夠學習與人互動，而且在一天結束時不會感到筋疲力竭，他們就能夠運用自己「內在的能量」為公司帶來驚人的利益。

所以，不要忘記用讓你感覺自在的方式來「炫耀你那豐富的學識」。畢竟，你值得讓人們認識並欣賞你深具價值的貢獻。沒有任何組織能夠在沒有性格內向者的情況下穩步前進，**性格外向者需要我們**，即便他們並不清楚知道這個事實。你可以讓他們瞭解。

## 本章思考點

- 想在工作上獲得認可，需要一點努力。
- 每天用一些小技巧，進行一些巧妙的自我提升。
- 避免筋疲力竭。
- 如果感到焦躁不安，學習一些讓自己平靜下來的方法。
- 請記住：你的主管有你這個員工，是多麼幸運！

Part **III**

創造「正好合適」的生活

“
宏偉的規畫既需要有飛翔的機翼，
也要有降落用的起落架。

——C. D. 傑克森（C. D. Jackson）
”

個人節奏、
個人優先考慮事項，
以及個人界線

- 你有沒有想過，一天之中何時精力衰退？何時是精力的高峰？
- 想要改變，最有趣的就是一旦走了幾小步，真的會想再多走幾步。
- 為什麼我們需要劃出個人的界線，並豎起「停下來」的標誌？
- 為什麼性格內向者常會害怕如果不做他人期待的事，就會被拋棄？
- 為什麼有些性格內向者常常違背本意，只會說「好」；而有些性格
  內向者卻常常不經思索就說「不」？
- 什麼時候要學習說「好」？什麼時候要學習說「不」？

> 我的力量大小取決於
> 我的決心有多堅定。
>
> 　　　　　路易・巴斯德（Louis Pasteur，法國微生物學家）

在第三章，我談論了內向性格的生理基礎。因為內向者的生理構造，我們需要特別的關心和照顧。我們需要妥善運用我們的精力，保持適當的生活節奏，保護內在資源，同時也能實現自己的目標。

在這一章，我會談論三個 P——個人節奏（Personal Pacing）、個人優先考慮事項（Personal Priorities），以及個人界線（Personal Parameters）。這是有助於你調適內向性格的三個概念。

個人節奏，意指學會確立自己的步調，這種生活和工作速度既能讓你完成想做的事，又不會感到壓力太大或筋疲力竭。

個人優先考慮事項，意指需要考慮哪個目標對你最有意義，以便將主要精力用來達成那些目標。

個人界線幫助你劃出範圍，將刺激保持在「正好合適」的範圍內——既不太多也不太少。

當你學會運用這些建議，就會發現自己能擁有更滿意和完美的生活。

# 8-1 個人節奏

人們很少注意到，多少點滴的成功就伴隨著多少的徬徨和苦痛。

——安妮‧蘇利文（Annie Sullivan）

還記得經典的寓言「龜兔賽跑」中所展現的性格特徵嗎？兔子對於在比賽中可以擊敗烏龜非常有自信，所以在路邊停下並小睡片刻。至於烏龜，緩慢但堅定前往走，在兔子還在驚慌失措追趕時，就已經到達勝利的終點了。

## 內向者的「龜節奏」

我為寫作本書而面談過的幾位性格內向者，將自己稱為海龜或陸龜。他們經常意識到自己寧願生活節奏慢一點。因為生理上的原因，性格內向者比性格較外向的人可能吃飯慢一些、思考慢一些、工作慢一些，走路和談話也慢一些。儘管我們當中有些人可能一生中都嘗試做「兔子」，但我們可能沒有意識到，如果能讓自己的生活節奏慢一些，會多麼自在。

比如說我吧，我走路很慢，我最好的朋友瓦爾——就像兔子——常常在我們走路時大步走在我的前面，而且我無法再更快了。當我在她到達後幾分鐘也到達我們的目的地時，通常，她已經瞭解那裡的情況，並給我一些提示。我曾經試圖趕上別人，但現在我不會了，事實證明這麼做完全正確。

內向心理學　292

我吃飯也很慢。我學會了如何應付收走我的盤子的服務生，如果他們靠近我，我隨時可以請他們離開。只要說「我還沒有吃完呢。」他們就會打消主意。我講話很慢，我的個案都習慣等我講完一句話。我一生可能都在埋頭苦幹，但我的確做了相當多的事。

這就是生活的節奏。性格內向者就像「天美時」（Timex）錶──它們「一點一點、少量地工作，但是可以一直滴答滴答地運轉」。

## 依照內在的節奏來生活

節奏意味著確立你自己的步調，然後繼續前進。當你這麼做的時候，可以在自己的精力與需求之間找到平衡，最後不會變得筋疲力竭。保持節奏，也是將活動拆解成較小的部分。因為你不可能一生都精力充沛，重要的是要知道自己的高潮和低潮──什麼時候工作最有效率，在各個專案上分配多少時間等。你的生活節奏可能與其他人不同，接受內向的自我是非常重要的事。

如果你沒有按照自己的節奏生活，最後會緊張、壓力太大，以至於什麼事都做不成。如果你繼續拖延，情況會變得更糟。這時，「減速中樞」應該發揮作用。然後，你的焦慮和壓抑就會減少。焦慮可能使你陷入狂亂，使你變得健忘，喪失集中精力和思維的能力；壓抑則會將你拖進疲憊和倦怠的泥潭之中。

確立你個人的節奏，價值在於它能讓你做很多事而不會疲憊不堪。計畫一下你能做什麼，而不是你必須做什麼，然後確定自己的步調，持續工作直到完成。如果你為自己的生活確立了適當的步調，就能避免工作的停頓，還能避免陷入抑鬱和焦慮。它對生活的各個方面都非常有益。

以下是一些有助於瞭解自己節奏的方法：

- 注意自己的高潮和低潮。在精力最充沛的時候去做最重要或最困難的工作；精力不濟時，做一些簡單的工作。

- 確定目標是實際可行的。我們的文化告訴我們，每個人都能做很多事情，但這只會為性格內向者帶來很大的壓力。將精力集中於你在正常情況下能夠完成並且很喜歡的事情，那一定不會是指所有的事。

- 選擇如何使用自己的精力。請記得，你擁有的精力並不多。

- 將工作拆解成較小的部分。

## 適應變化

研究者發現，性格內向者（烏龜）對生活中的變化，如衰老、退休、生病或受傷等，會比性格外向者（兔子、賽馬）更容易適應。賽馬習慣於疾馳，牠習慣獲勝並且累積大量的戰利品；不過，牠們在面對較慢的節奏時經常就會出現問題。相對的，烏龜習慣分配自己的精力，比較容易適應生活中的變化。

# 8-2 掌握身體的節奏

## 高峰和低谷

對性格向者來說，留意自己身體的律動非常重要。你可以問自己以下這些問題，觀察精力什麼時候達到高峰、什麼時候落到低谷：

- 早晨時，我覺得精神飽滿，還是疲憊不堪？
- 傍晚時，我感覺緊張還是放鬆？
- 晚上時，我仍然活力十足，還是疲倦到了極點？
- 我喜歡在什麼時候鍛鍊身體和／或做些耗費體力的工作？
- 我在什麼時間最能集中精力做事──早晨、下午或午夜？
- 我的大腦在什麼時候似乎最疲憊不堪和／或充滿「靜電干擾」？
- 一天當中，什麼時間我最喜歡與其他人待在一起？

## 找出精力的模式

如果這些問題的答案不能馬上出現在你的腦海，試著用一、兩個星期的時間記錄下來，並留意自己的精力變化。每天，迅速寫下起床時的感覺。記錄你的高峰和低谷（加上有趣的標籤來表現你的情

緒）。早晨，你是精神飽滿還是睡眼朦朧？上午十點鐘，你是精力衰退還是進入精力的高峰？到了中午，你是感到頭昏腦脹、渴望離開，還是剛剛清醒過來？傍晚，你是頭昏眼花，還是覺得充滿活力？晚餐後，你想和孩子們玩遊戲，還是準備上床休息？

一旦對自己精力的節奏有所瞭解，試著安排好你的一天，以便在精力的高峰時段做最重要的工作，而在低谷時段參加一些較不費力的活動。儘管我們都有某種節奏，但精力的情況也會有改變，所以你必須時時評估，以便在需要時加以調整。

我為寫作本書而訪問過藝術家和心理治療師吉兒，她對她個人放慢生活節奏的情況提出科學的解釋。她多年來關注自己的精力模式，並發現從星期一到星期三連續三天，她能更有效率地與個案見面。這就為她保留四天的時間，讓她在她賞心悅目的英式花園裡玩耍或畫畫。她也明確知道，在感覺到社交帶來的不適之前，自己還可以參加多少社交活動。

我訪問過的另一位女士寇特妮告訴我：「週末我們會出去看電影，所以這個星期我只有另一次活動的機會了。兩次外出活動是我能承受的興奮和刺激極限。」她也非常瞭解自己精力的高峰和低谷。

# 8-3 每個人都有不足之處

真正重要的是，你如何運用你所擁有的一切。

——雪莉・洛德（Shirley Lord）

## 有意識地做出選擇，欣賞自己的優勢

我們處在一個推崇「擁有一切」、「做好做滿」而不加以限制的社會中長大。但其實我們每個人都有自己的不足之處——對性格內向者來說尤為如此。我們沒有無窮的精力。我們的精力有限，我們需要認真思考如何運用這些精力。這可能是非做不可的苦差事。然而，它也可能使我們的生活變得更加可貴。當我們有意識地做出選擇，就能真正欣賞自己所能做的事情。

我為本書而訪問過的許多人都清楚知道，他們不可能像性格外向者那樣擁有那麼多朋友，做那麼多工作，或是做那麼多事。但是他們的友誼更深厚，工作富有意義，而且欣賞生活中較短暫、較安靜但也更珍貴的時刻。你愈能欣賞身為性格內向者的優勢，就愈能接受自有些不足的事實。這並不表示你有什麼問題。

有不足之處並不是問題，只是我們對不足所下的**定義**帶給我們太多痛苦。請試試看能不能更積極看待自己天生的特質，對自己說：「我的精力較為有限，但這是我天性的一部分，而且我仍然能完成對我而言很重要的工作。」不要讓你不能改變的事情使你自己陷入困境之中——一旦接受這個事實，

你就釋然了。並請記住，每個人都有不足之處，即便是活潑的性格外向者也一樣。

## 接受自己的不足

我們希望自己擁有某樣事物，但卻沒有——接受這個事實最有效的方式，就是**承認**這個不足。許多人希望自己能跨過這一步，這其實是否認：如果你假裝自己並不介意精力不是很充沛的身體，或沒有巧妙應對的能力，你內心可能是懊惱的——會對自己吹毛求疵、覺得自己有嚴重的缺陷。而且可能會不斷期望自己與眾不同。

我們與生俱來的情感，可以指引我們好好度過一生。沒有超強的精力的確會讓人有些失望，但如果你讓自己意識到這個不足，就不會感覺難過，反而會在現有的基礎上，享受你**確實**擁有的有效精力。

## 較慢的節奏

有時我會想，性格內向者是為古早時代而出現的。我有一個鞋盒，裡面裝滿浪漫且詞藻華麗的信件，那是我的祖父母在一八九六到一八九九年約會期間寫給對方的信。我的祖父是橋梁承包商，他造的橋遍及美國中西部。在他與未婚妻分隔兩地時，他總會在傍晚寄出一封信，講述自己的一天——他的商務會議，以及他透過火車窗看到的景物。而她也會在薄薄的、有香草味的信紙上用藍墨水寫下優美的字跡，寫她演奏的音樂、一起喝茶的朋友，以及她休憩的花園裡的美景。生活的節奏很慢很慢。

信中掉落的一張名片，喚起了我對上個世紀的祖母的回憶，上面寫著：我會在每星期天下午兩點到四點收信。

在那令人愉悅的時代，社會禮節可以幫助人們拿捏節奏。一段時間用來四處遊訪，然後一段時間閉門謝客。這對性格內向者來說真的很完美。

# 8-4 折衷選擇

## 取回控制生活節奏的力量

即便是精力最為充沛的性格外向者，也無法做完所有的事。對每個人來說，折衷選擇是很重要的事，我們都不得不進行交換或妥協。特別是性格內向者更必須學會調整，因為他們有限的精力讓他們必須減少活動。

如果你能學會輕鬆進行折衷選擇，就能讓你感覺更能掌控自己的生活節奏，並能在忙亂中保持某種平衡。它可以讓你不再感覺自己像個被逼迫的受害者。從「我不能」，轉變為「我可以做這件事情，但是我得去做那件事情」。你可以選擇生活中一些美味的餐點（一丁點這個和一丁點那個），而不會覺得被剝奪了某些權利。

## 像計算卡路里般選擇活動

比如說，如果我決定在週末參加社交活動，那麼我這個星期就不再安排其他的社交活動。下個星期，如果我的行程安排中已經有兩次午餐約會，那麼我就不會再有其他安排。

我把參加活動這件事想像成計算卡路里。如果我下週末要去參加一次特別高級的晚宴，我會在那個星期減少外出的活動，為那重要的場合保存精力。如果我在週六要參加外孫的生日宴會，但又有女

內向心理學　**300**

性朋友邀請我週日共進午餐，我就會考慮一個折衷的辦法。例如，我可能安排與朋友只是吃些甜點，或只是去看看她們。或者，我可能決定稍微晚一點去參加生日宴會，而且盡量只是旁觀而不是盡情參與，或者我可能主動去為他們拍照。

在無法同時兼得的事情之間取得平衡，讓你能掌控自己的生活節奏；你可以如願地行動快一些或慢一些。

# 8-5 按部就班：一隻鳥接著一隻鳥地寫

當你停止理性思考，並提供一定的空間時，你就能找回自己的直覺。

——安·拉莫特（Anne Lamott，作家）

## 一本書的啟發

在有趣的寫作進階指南《寫作課：一隻鳥接著一隻鳥就對了！》（*Bird by Bird*，野人出版）中，作者安·拉莫特憶起童年哥哥寫了一份關於鳥的報告的往事。他有三個月的時間寫作，但因為一些事情的耽擱，直到最後一天才動筆。「他坐在餐桌前，周圍散放著作業簿、鉛筆和一本本沒打開的鳥類書籍。他面對眼前的艱鉅任務，不知如何著手，簡直快哭出來了。後來我父親在他身旁坐下，把手放在他肩上說，『小子，一隻鳥接著一隻鳥。只要一隻鳥接著一隻鳥，按部就班地寫。』」

我記得當我一九九四年閱讀這本書時，這句話對我的影響有多大。我在想，如果我一天寫一頁，到年底，我就能寫出一本書了。一頁接一頁地寫，一隻鳥接一隻鳥地寫，這似乎很有可能。

## 將大任務拆解成一個個小任務

透過將任務拆解成極小的步驟，幾乎所有事都可以完成。S·A·R·K·（Susan Ariel Rainbow Kennedy）是擅長奇思異想的作家，她的讀者都是有創造力的人。在她的《創造力指南：如何解放你

的創造性思維》（*A Creative Companion: How to Free Your Creative Spirit*）中，她指出⋯「微小的改變就是讓我們一小步、一小步地朝某個方向前進。」（她肯定也是性格內向者，因為她主張多打幾個盹。）

小步驟最好的作用是：它們立刻減少人們的壓力。它們使我們不斷前進。當性格內向者面對困難的任務時，他們馬上會考慮那會耗費多少的精力。採用逐步靠近的方式，可以立刻減少他們對精力不足的擔憂。微小的改變帶給我們必要的鼓勵，這樣，我們的大腦就不會停止工作，我們臉上也不會浮現第一章曾提過的那種呆滯的表情。最有趣的是──一旦你走了幾小步，你就真的會想再多走幾步。

## 除了小，還要具體可行

我的性格內向者個案杜茹，有好幾年的時間都不明白為什麼自己選擇的對象總是不適合，最後她決定要開始重新約會。但一想到要跟新的對象見面，就覺得恐懼、壓力很大。我們討論了「一隻鳥接著一隻鳥」的策略。

在杜茹做出決定後的第一個星期，她買了《洛杉磯週報》（*LA Weekly*）。在這類報紙上，通常會列出洛杉磯所有的「重大事情」，包括單身者的活動。她圈出一些感興趣的活動。第二個星期，她到書店尋找約會指南。《傻瓜約會指南》（*Dating for Dummies*）吸引了她的注意，她買下這本書。第三週，杜茹報名參加山岳協會為單身族舉辦的徒步旅行。我們約定，如果她願意，她可以開始與某人交談──或者，她也可以只是徒步旅行；也許第四週她就會與另一位徒步旅行者談話。

找工作、找房子、修理東西、參加聚會、裝飾──事實上，任何活動都可以拆解成**切實可行的小步驟**。

假設你不得不為你的房子研究房屋貸款的資訊（這是大多數人都不會喜歡的任務），讓我告訴你如何將它拆解成容易操作的步驟。一旦你打定這個主意，就可以修改具體的方式來配合你個人的情況。你可以著手開始的第一個小步驟是什麼呢？

仔細的想，愈小愈好：

- 將這個計畫的名稱「房屋貸款」寫在檔案夾上。
- 只是想想你可以去哪裡尋找資訊，例如圖書館、網路或貸款經紀人。
- 打電話給最近辦過貸款的朋友，聽聽他的意見。
- 確定你打算結束這個任務的最後期限，這個期限可以寬鬆一點，但必須符合現實。例如，決定為這件事每天都打一通電話，連續五天都這麼做。把事情拆解成小步驟，並提醒自己能夠完成。

關鍵是保持逐步前進，是性格內向者進行工作的最好方法。

以下是另一個例子。我的房子需要保持整潔，因為我生活跟工作都在同一個地方。我的辦公室在樓上，所以每次我上樓或下樓時，都會順手拿一些東西。例如，我把項鍊拿到樓上大廳的櫃子裡。稍後，如果我要進臥室，我就先去那裡拿項鍊。當天晚上或第二天早上，我再把它放進珠寶盒裡。用這種方式，我們保持屋內的整潔，而我也不會覺得要忙東忙西，壓力太大。

**所有的事我都按部就班地做。我瞭解自己的生活節奏。**

## 別忘了獎勵自己

現在是最精采的時候了。縱容一下自己。在你確定那項任務需要多少步驟之後，喝幾杯香甜的氣

泡酒，點上蠟燭聽聽音樂，或是看一場足球賽。在完成一些步驟之後，可以看你最喜愛的老電影（卡萊・葛倫﹝Cary Grant﹞主演的任何電影我都很喜歡）。在完成二十個步驟後，吃點鬆軟的小甜餅，感覺棒極了。在結束整個計畫後，為自己買一本一直都想買的書。我在本書中自始至終都在強調，重要的是要找到你自己的生活節奏。請運用這種小步驟策略，設定好最適合你的節奏。

## 8-6 個人優先考慮事項

你在想像中能緊緊抓住的一切，最終都能夠擁有。

——威廉・詹姆斯（William James，美國心理學家）

當你學會欣賞自己的個性，並能夠安排適當的步調時，你就可以進入下一步——確定優先考慮的事項。在詹姆斯・費迪曼（James Fadiman）的《讓生命自由》（Unlimit Your Life）中，他指出：「讓我們從最初的地方開始吧。確定目標，意味著為你的生活確定行動的方向。」

對性格內向者來說，這是非常重要、具決定意義的任務，因為我們需要管理我們的精力，並將它用於最有意義、對我們最有價值的事情上。確認優先考慮的事項可以幫助我們達成目標——從日常生活各方面最小的決定，到重要的生活選擇，例如選擇職業、伴侶或決定要生養多少個孩子等。

### 它對你的意義何在？

大多數性格內向者關注事情的意義。想一想生活中有哪些領域、哪些東西對你很重要。生活的意義就在於什麼使你充滿活力、讓你急切地想要一大早起床就趕快去做。它可能是甲，也可能是乙。

我的個案帕姆在電影業工作，她在電影公司眾多組織架構中，選擇居中協調的位置——擔任行政

祕書。她說：「我必須尋找一些目標。我不想只是在我的新辦公室整天打字而已。我開始設想如何使整個辦公室運作更流暢。我將想法告訴我的主管，他讓我負責重新規畫各個部門。現在，我感覺好很多，因為當我離開這裡的時候，一切都會變得更有效率。」對帕姆來說，工作的意義就在於使組織的功能更完善。這使她曾向我描述過的「灰濛濛、陰暗的」體驗變成了「彩虹般、鮮亮的」體驗。

對我來說，生命的意義，就是幫助人們繼續追求生命的目標，也就是成長。我所有的工作經驗——幼稚園老師、圖書館員、教練、心理治療師和作家——都實現了這個目標：幫助人們成長。

## 想像死亡，寫下重要的事

想弄清楚什麼對你來說具有重要的意義，最快的方式就是思考自己的死亡。試著簡短寫下你希望在自己的訃聞中列舉的主要事項。像記者那樣想像一下你的生活。什麼很傑出？什麼最引以為傲？最關注什麼？生命中哪些時刻對你最有意義？

現在，請列出以下事項：你還沒學會、沒體驗過，或沒完成的。寫下你在生命結束前想完成的事。什麼都可以，不要限制自己。迅速寫下腦中出現的所有想法。你可以在一個月或一年裡不斷調整。這個清單不會刻在你的墓碑上。請記得，這是**你的**清單（你自己想做的），而不是其他人期望你做的。

以下是我的個案想出的一些例子：到人生盡頭時，可以感覺很自在；覺得可以走自己的路，並學習充分瞭解自己；畫畫；每隔幾天為某份刊物寫點東西；買一套金工製作工具；學鋼琴；參加航海訓練班；到英國旅遊；在密西西比河搭觀光遊輪旅遊；減少焦慮和恐懼；少批評自己一點；在經濟上感覺更寬裕；在慈善機構擔任志工；發展新的人際關係；吃得更好，更關注自己的健康……

將目標寫下來似乎會讓人氣餒。你可能會擔心：假設我沒有完成，或者它們不是正確的選擇，或者我想不出任何事。你或許會決定像鴕鳥那樣把頭藏進沙子裡可能比較好，忘掉這個主題，盲目地希望你會實現所有想要的事物。但當你這麼做的時候，通常意味著一件事：你沒有引導自己的生活。將頭埋進沙子裡，就像**你在自己的車子旁邊跑步，卻讓其他人來駕駛你的車一樣。**

## 確定你真正想要的是什麼

① 瞭解自己想過什麼生活的第一步，就是在以下的面向寫下目標（可在有想法時慢慢增加）：

- 你的健康
- 你恢復精力的時間
- 你的家庭生活
- 你個人的成長
- 你的婚姻生活或朋友關係
- 你的職業
- 你的友誼
- 你的創造力
- 你的社交生活
- 你的精神自我
- 你的愛好或娛樂

- 你的 _____

- 你的 _____

② 根據你的目標，確定整體而言需優先考慮的事項。

③ 寫下你為了完成優先考慮的事項可以採取的一些步驟。

④ 列出你這個星期可以採取的四個步驟。請記得，讓這些步驟小一點，一小步接著一小步。

⑤ 問自己，哪些因素阻礙你完成目標？

⑥ 你將如何跨越那些阻礙？

⑦ 重新評估你優先考慮的事項。你仍然想做你在清單中列出的所有事？還是想稍微調整？

⑧ 有任何進步，都要獎勵自己。

性格內向者的一個優勢，就是我們通常都非常瞭解自己。透過思考什麼對我們有重要的意義，以及什麼是最大的阻礙，我們可以將精力集中在自己真正想做的事情上。

**範例**

以下是我遵循以上八個步驟的一個例子：

① 在健康方面，我的目標是什麼？

- 保持身體健康，盡可能讓自己感覺精力充沛；透過充足的睡眠、營養豐富的飲食和持續的運動，來維持能量的流動。

② 整體而言，我優先考慮的是什麼？

③為了達到目標，我可以為自己的優先考慮事項採取哪些步驟？

- 更加關注我的身體。吃得好、規律運動，以及睡眠更充足。
- 每天晚上至少睡七個小時。
- 避免吃我最喜愛的甜甜圈。
- 一週散步四次。

④這個星期邁向健康的小步驟：

- 下個月安排時間做瑜伽。
- 有一個晚上在十點鐘關掉電視。
- 吃兩餐對健康有益的食物，即使它讓我很痛苦。
- 這個星期散步一次。

⑤可能的阻礙：

- 看三部瑜伽影片，並選出一部喜歡的。
- 無法下定決心安排適合練習瑜伽的時間。
- 喜歡放鬆觀賞夜間電視節目。
- 討厭逛超市，所以晚餐缺乏有益健康的食物。
- 沒時間運動。

⑥下個星期可能的解決辦法：

- 在日曆上用有趣的標示註明運動的時間（這樣我就會注意到）。

- 和麥可確定逛超市的時間。去商店的路上哼唱一些老歌。買一本雜誌作為獎勵。
- 晚上十一點關電視。打開音樂並點上蠟燭。
- 找出瑜伽的影片，做一次瑜伽。注意自己的感覺如何。

⑦重新評估優先考慮的事項：

- 邊散步邊聽有聲書（這樣比較容易）。
- 討厭逛商店，但與麥可一起去會好一點；喜歡買吃的。
- 當我睡得比較多時，感覺休息得較好。
- 喜歡瑜伽，但還不確定是否想讓它成為現在優先去做的事。再做一次，看看情況怎麼樣。

⑧獎勵：

- 在跟著影片做了兩次瑜伽後，買一本我一直想要的書。
- 祝賀自己向目標前進了一些。
- 在一個星期內繞湖散步四次之後，為自己買杯低脂的優格冰沙。
- 在三個星期都小步前進之後，可以去做一次按摩。

好了，你已經知道怎麼做了。選擇你生活中的某個面向，並確定自己的目標、優先考慮的事項、障礙和解決的辦法；然後在一兩個星期後重新評估你優先考慮的事項。你可以只解決一個問題、兩個問題或三個問題，或是加上我沒有列出的問題，如經濟問題。你也許希望像《亂世佳人》的郝思嘉那樣，第二天再來考慮這些問題。無論你選擇什麼，請記住這個方法多麼有效。

# 8-7 循序漸進

主，請給我堅定的力量和堅強的決心，讓我能像種子那樣破土而出。

——里昂‧華特斯（Leon R. Walters）

## 按照自己的感覺，重新評估

請記得，這是一個一直持續發展的過程。如果失敗了也沒有關係，重新開始就可以了。重新評估是很重要的。請經常思索什麼對你很重要？什麼對你很有意義。

如果有些進展，看看自己的感覺如何。如果沒有完成清單中安排的某些事，想想看：你是否真的想做這些事？那是你認為自己應該做的？還是**其他人**認為你應該做？（請記得，希望自己能成為成熟的人，知道如何抉擇是很重要的。）

那些沒完成的事，是你害怕的嗎？（如果是，試著先朝這些原本列入優先處理的事跨出非常微小的一個小步驟，看看你的感覺如何。）

即便很害怕也想做嗎？還是你想等以後再嘗試？如果不是恐懼，又是什麼因素阻止了你的行動？

## 確立短期的目標也有效

我的另一位個案卡洛說，她不僅用這種小步前進的方法確立長期目標，也用來確立短期的目標。

她告訴我：「我知道，每個週末我都必須在精力的儲備和消耗之間取得平衡。我真的需要理智地運用時間，所以我在星期五晚上就要確定自己的目標和優先要做的事。我會考慮自己的感受如何，這個週末有什麼安排，以及我的家庭有什麼安排。」

卡洛又繼續說：「我自己會想，到了星期一回顧這個週末時，我做的哪些事會讓我感覺很美好？

這種方式通常能幫我將問題看得長遠一些。」

「然後，我就能確定我們週末的目標。我總是試著納入各種類型的活動。例如，我可以從娛樂、健身、家庭活動和恢復精力等面向各選擇一件事，然後迅速寫下自己想做的，以免我後來因為太疲憊而無法想起這個週末想做什麼。我的筆記可能有以下這樣的內容：我女兒貝絲和我幫對方塗指甲油；讓貝絲為我們挑選一個大家一起觀賞的節目；星期六晚上，所有家人一起準備晚餐並收拾餐桌。我和丈夫會一起核對我們對行事曆的安排，討論較大的差異──我們經常將一些活動調整到下一個週末。

這個週末，只要我能有一些休息的時間及陪貝絲玩耍的時間，就覺得很好了。」

請記得，確認你的目標和優先考慮的事項，有助於集中精力去做生活中能帶來最大收穫的事。

# 8-8 個人界線

生活的祕訣就是在坎坷中開闢出前進的道路。

——傑克・班（Jack Penn）

確定了適當的生活節奏，也知道自己想要實現的夢想是什麼，接下來就應該為自己確立合適的界線。這意味著在你的周圍劃出一個界線——比如說，如果你現在不想通電話，你可以說：「對不起，我現在不方便講電話；我過一會兒再打給你。」或者，如果你已經有太多的安排，你可以說：「我下星期很忙，但是我非常願意下下個星期跟你們聚會。」

## 學會協商

像我們這樣的性格內向者，常會因為時間和精力不允許做更多的事而有罪惡感，所以也常常屈從於別人對我們的要求，完全不設立界線。又或者，我們無法精確評估自己的精力狀況，結果不是設立的界線太死板，就是太隨意。我們需要調整外在活動，以便能夠參與其中，同時又不會讓它傷害我們，或使我們壓力太大。

許多人不瞭解內向者對個人時間和空間的需要。讓朋友失望；對希望你馬上做某個專案的主管說「不」；拒絕孩子的老師來電邀請你擔任戶外教學的志工，這些對你來說都是粗魯、不容易的事。

通常較好的辦法是另提不同的提議。告訴對方，你無法做什麼，但**能**做什麼。例如對朋友說：「我今天不能跟你去吃午飯，但我們下個星期一起去喝咖啡，好嗎？」向你的主管建議：「這個下午我能完成一部分報告，你這幾天可以先看過。然後，後天我會再交第二部分。」如果有其他人幫得上忙的話（祖父母或某個朋友或親戚），請他們代替你到孩子的學校去幫忙，並對老師說：「我不能參加到天文館去的戶外教學，但是約拿的祖父非常樂意參加。」

保護自己

為什麼我們需要在自己的周圍劃出個人的界線，並豎起「停下來！」的標誌？

- 保護自己。
- 減少刺激。
- 給自己一些空間以恢復精力、實現責任和實現自己的目標。
- 培養步入外向世界的精力。

## 模糊的界線

活著就會有風險。

——哈洛德‧麥克米倫（Harold Macmillan，英國前首相）

人生來就與父母有緊密的連結，所以無論處於什麼樣的家庭情境，人們常常都調適自己。如果性格內向者在一個其他家人的性格都很外向的家庭長大，或是在父母雖然性格內向卻不認同內向的情境中長大，這些孩子就會體驗到要成為「性格外向、擅交際的人」所帶來的巨大壓力。性格內向的孩子因為需要獨處或喜歡獨處，而可能遭受批評、羞辱或感覺到罪惡感。

## 在不認同內向的家庭情境中長大

卡拉是個老師，她告訴我：「我的母親會走進我的房間，從我的手中奪走我正在看的書，並要我出去和家人待在一起。我根本沒辦法自己一個人好好休息。我很納悶，為什麼大多數的時間我都覺得非常的疲憊、壓力很大。我需要和他們分開一會兒，但我的家人認為我是在逃避或退縮。」卡拉和許多性格內向者一樣，深受父母影響，認為自己不應該想獨處，應該想和大家一起相處。她不能理解，也沒有將自己的精力不濟與缺乏個人時間聯想在一起。

感受不到被接納的孩子，可能會有以下其中一種結果。一是他們決定忽視自己的感受，將自己置於非常卑微的位置，任由其他人對自己產生巨大影響。他們不停修正和改造自己，以達到他人的期望和需要，就像電視影集《星際爭霸戰：銀河前哨》（Star Trek: Deep Space Nine）中的變形人（shape-shifter）一樣。另一種則是他們決定假裝家庭對自己根本沒有影響。成人通常認為這些應對機制是小孩子的把戲，沒有察覺那是孩子下意識的反應。

我在第三章討論過，右腦占優勢的性格內向者因為吸收了很多無意識的資訊，所以需要大量可以發揮保護作用的研究和整理的時間。如果沒有個人的時間，他們最後可能會感到大腦中一片混亂和支

離破碎。左腦占優勢的性格內向者也需要恢復精力的時間，即便他們未能得到休息的時間，也不會變得頭昏腦脹，但他們可能會變得非常的退縮。

## 需要設界線的危險信號

如果缺乏個人的安靜空間——無論是身體或心理的空間——壓力太大時，可能會出現以下反應：

- 覺得心煩意亂，精神不能集中。
- 感到腦袋打結，缺乏動機。
- 覺得壓力過大、頭昏腦脹，或沒有活力。
- 覺得自己是犧牲品。
- 覺得受到忽視，但又表現軟弱、優柔。
- 容易自我批評，聽到內心裡刺耳、嚴厲的聲音。
- 有種失控的感覺——情緒像是在巨浪上翻滾的小船。
- 覺得胸口發悶，並感到焦慮。

當你發現以上任何一種危險信號，請**停下來**並思考一下，捫心自問是否需要為自己設一些限制？

你是否感到惶惑不安和不確信？

界線模糊不清的人，內在的恐懼感就是：如果他們不做其他人期待的事，就會被拋棄。當他們真的必須放手並**少做一點**時，他們還經常覺得似乎應該為其他人做**更多**。有時候，他們認為其他人從他那裡要求太多，並覺得自己像犧牲品。

檢視一下自己的行為：你是否忘記了自己的需求？你是否試圖做了超出能力範圍的事？你是否機械地為其他人而做，卻沒有想過自己是否真的能做，或真的想做？請開始思索你必須為自己設立什麼樣的界線。在本章的後面，我會討論創造個人界線的一些建議。

確立界線，是恢復正常生活的有效方法。

## 嚴格的界線

一些性格內向者對自己成長的家庭感覺非常不好，他們覺得自己受父母虐待，或沒有得到任何關愛。這類家庭中通常有酗酒、疏忽或辱罵虐待孩子的問題，這些孩子決定把這一切隔絕在外，就像在自己周圍挖一道深深的護城河。例如我有個個案，四十多歲，未婚，他對我說：「當我做了某些我母親不喜歡的事情時，她就會好幾天都不和我說話。我就到後院去，爬到我最喜愛的胡桃樹上。我寧願在那裡待到天黑。」

他們長大成人後就學會保護自己，固守自己的領域——他們經常會逃避或退縮，因而限制了與周圍世界互動的能力。

左腦占優勢的性格內向者（第三章提過）常常也會設定嚴格的界線。他們認為理智比情感和人際關係更為重要。他們就像《星際爭霸戰》中的史巴克（Spock），過度控制自己的感情，總是依賴邏輯思維。這樣的個體以獨立的風格來管理自己的生活，不因任何人而改變。但這也會使他們錯過許多重要的事——人們相互聯繫的「黏著劑」，也就是感情。設定嚴格的界線也會導致其他結果，例如：

- 覺得婚姻關係是一種索求或傷害。
- 感到無助和無望。
- 覺得受到限制，並且看不到希望。
- 情感無法正常成長。
- 喜歡控制別人，可能被其他人認為是「肛門人格」（anal personality）*。
- 看起來專注於自我和吹毛求疵。
- 拒絕他人。

如果你似乎擁有比較嚴格的界線，可能會感到孤獨，或容易對生活中的其他人發怒。你可能認為是**他們**在製造麻煩。而且，你可能很難將體驗到的孤獨和你設立的界線連結在一起。你可能沒有意識到自己如此排斥他人。

回想一下你和朋友、家人、同事是怎樣相處的。問問你信任的一些人，他是否覺得你傾向對人疏遠和吹毛求疵。想想在你的童年，你是否需要退縮以感到安全。如果你確定上述特質描述了你的特徵，請不要感到絕望，有很多方法可以減少你擔心受他人侵犯或蔑視所帶來的恐懼。你可以發展一些技巧來保護自己而不需要退縮。當你學會增加與其他人的往來，你會發現生活是如此的豐富多彩，而且朋友愈來愈多；你覺得自己充滿活力、鬥志昂揚，也更清楚知道自己想在哪裡、如何消耗自己的精力。

這是非常值得去做的事。

* 譯注：以過分整潔、貪得無厭、吝嗇、自我懲戒、賣弄學問和頑強固執為特徵的人格類型。

# 創造個人界線的五個建議

設定界線不是件難事，只需要習慣成自然。難的是你必須常常意識到適度調整界線，才能設定真正合適的界線——不太嚴格，也不會太寬鬆。以下這些建議有助於你為自己設定新的界線。

## 建議①：或許……

我們最好不要以太模糊（太靈活）或太死板（太不靈活）的界線來應對周遭的世界，而是透過一種保護層來發揮作用。這種保護層能因應情境，從可滲透轉變為不可滲透。就像我們的皮膚那樣，毛孔會把一些東西阻在身體外面，而讓另一些東西進入。

發展更有彈性、更靈活的界線的其中一種方式，就是展開我們的**想像**。蘇珊·派特隆（Susan Patron）是兒童圖書管理員，也是著述甚豐的作家。她有一本非常有趣的童書名叫《或許是，或許不是，或許或許》（*Maybe Yes, Maybe No, Maybe Maybe*）。

作為性格內向者，她理解生活中的「或許」。我曾聽她談過她需要離開，回到她和丈夫位於沙漠中的小屋，在那裡，她可以認真思索自己想做什麼。在她書中，蘇珊讓最大的姊姊透過說「或許」一詞，賦予每種情境一些新的變數。「或許」意味著這個世界不是截然的黑與白——它是朦朧的灰色。

性格內向者經常覺得自己在做決定時，似乎應該像性格外向者那樣，不要在感覺層面浪費太多時間，應該根據自己的理解和衝動迅速做出決定。但是，「或許」使我們的世界更為寬廣，並讓我們在做決定時有更多的預期、觀點和選擇。

「或許」另一個很有價值的益處，在於它提供性格內向者時間，讓他們能對某事慢慢做出反應。

對所有性格內向者來說，想要迅速做出反應非常困難。因為我們感受到的壓力太大，或需要透過長長的神經傳導路徑全面思考問題，我們通常不能或不應該對問題做出迅速的反應。

從性格外向者角度看起來非常簡單明瞭的事（例如在哪裡可以很快吃點東西），對頭昏腦脹、疲憊不堪的性格內向者來說，這些想起來簡直就像要做出重大的決定。性格內向者需要「或許」所帶來的空間。

我記得我十多歲的時候，一個朋友和我在電話中談論時間表的問題，她說：「讓我想一想那個問題，然後再打電話給你。」我感到非常驚訝。哇，先想一想某件事，然後再回覆也是可行的。這讓我留下了非常深刻的印象。因為我經常對自己想做的事沒有明確的認識。

當我周圍都是其他人的時候，我覺得精神分散、壓力很大，難以思考。有時候，我會在同一天排好幾場社交活動，最多曾經在一天晚上赴三場宴會。當我遠離人們、覺得刺激較小的時候，制定計畫便容易多了。我可以花一點時間來仔細考慮適合我的是什麼。

說「好」非常有力，如果你想要做某事，就說「好」；說「不」也非常有力，如果你不想做某事，就說「不」。但如果你想考慮該怎麼回答，就說「或許」。

## 建議②：模糊地回答，再試一次（神奇八號球的回答）

還記得在中學時代玩過的那種柚子大小、黑色的「神奇八號球」玩具嗎？在我辦公室就有一個。

你先問它一個問題，然後把球翻轉過來，一個小的三角形答案卡就會出現在球底的圓形透明視窗。如果這個球是偏外向的，答案會是「是」、「不是」或「別懷疑」；如果它偏內向，回答可能就是：「現

在還說不準，請集中精神再問一次。」或「現在最好先不告訴你。」

有一天，它觸動了我：我回憶字詞的過程就像那神奇八號球。我覺得自己似乎是在等待那帶著答案的三角形浮出來。我愈是焦慮，腦海中就愈是一片空白，就得等待愈長的時間。因此，我知道「有耐心」是多麼的重要。我幾乎可以感覺到那些字詞其實就要進入我的意識了。我的大腦需要一點時間來攔截一些字詞，並將它們與相關的資訊連結。現在，我可以放鬆了。練習這種停頓和等待，那些字詞就會在腦中出現。學會信任你的大腦，然後，你就可以確立自己的界線了。

## 建議③：夜間思考

大多數性格內向者在形成某個想法或做出某個決定前，會先吸收大量的訊息，並在許多不同的層次進行處理。他們常常喜歡等到第二天早上再做決定。現在，我們明白為什麼會這樣了。乙醯膽鹼是性格內向者使用的主要神經傳導物質，同時也幫助他們在睡眠的 REM（快速動眼）階段將訊息儲存在長期記憶中。因為性格內向者比性格外向者更常使用長期記憶，他們需要徹夜考慮後再做出決定，以便從他們處理訊息的方式中獲益。

我聽過電影導演麥克・尼可斯（Mike Nichols）在接受採訪時談到這種無意識的過程。他說他學會了睡眠時思考問題，並將它稱為「一種很好的懶惰」。

我們經常因為性格外向者能迅速回答問題而有壓力，請不要掉進這種陷阱。對某些觀點、任務或任何涉及複雜思考的問題，都要採取徹夜考慮的方式。如果我不得不做出某個決定，我會提醒自己，經過一個晚上後，問題的利弊會更加清楚。有時我甚至想像，對於某個特別艱難的問題，我的大腦會

通宵達旦地工作，讓我從睡夢中驚醒。

## 給自己一點時間和空間

- 讓自己思考一下可以選擇的事情——總是會有兩個以上的選擇。
- 告訴其他人：「這個問題聽起來很有意思，讓我想幾分鐘。」或「我不知道。」或「我擔心的問題是⋯⋯」
- 不要為自己矛盾的情感擔心——它是精神健康的標誌之一。
- 讓自己徹夜思考後再做決定；性格內向者的大腦在夜間思考問題。
- 讓你的答案從你的神奇八號球中浮出來。
- 不要因為性格外向者能迅速提出問題的答案而覺得有壓力。
- 信任你的大腦。

## 建議④：試著說「好」

正如我們在前面討論過的，性格內向者劃定嚴格的界線，通常會是在人格發展的早期，因為覺得性格內向不是件好事，才會這麼做。若你是如此，那麼應該花一點時間來平靜一下你那受過很大刺激的感情。

有些人常常會先應就先說「不」，這可能是因為他們在兒童時期就感覺到受侵犯或壓力過大，結果，他們為了保護自己，發展了一種不假思索先說「不」的模式。他們挖了一道深深的界線，並且從不跨越。但是，經常說「不」，會在你和其他人之間挖出一道鴻溝。請練習說「好」。不是要放棄說「不」，而是在這裡或那裡偶爾說幾次「好」。

身為成人會有許多優勢，其中一個就是我們可以身為性格內向者，但也對更多的機會說「好」。我們可以接受外界很多刺激，而不會受到傷害、不會感到羞恥。如果某人傷害到我們，我們可以大聲加以反擊。如果某人讓我們感到羞恥，我們可以說：「你可能很難理解，但我需要用幾分鐘的時間來做出決定。」我們可以應付越界的人，並且直接回答：「嘿，你踩到我的腳了。」說「不」，並不是獲得安全的唯一方式。說「好」，可以打開你緊閉的門，將很多美好的事物帶進生活。

想控制自己不要馬上就說「不」，確實而有效的第一步，就是用一個星期的時間來觀察自己，並留意：說「不」，是不是你對大多數事情所採取的第一反應？如果是，停下來，做一下深呼吸，想想看現在感覺怎麼樣。你可能是焦慮、害怕或緊張，你內心的「CD唱盤」可能在演奏著「禁止進入我的領地」。

你沒必要把害怕轉變成機械式地說「不」。提醒自己，你可以用一分鐘的時間來考慮做出怎樣的選擇；允許自己有一些自由呼吸的空間，你可以告訴自己：「讓我想一想這個問題。」（如果有人因為你要用一點點時間來思考答案就感到很急躁，那麼他就是你應該說「不」的人。）設想一下說「好」的後果，它真的那麼讓人害怕嗎？試著說幾次「好」，並看看情況如何。請記得，

你可以經常根據你的需求來安排事項：「我無法在下班後就立即與你見面，但是稍晚我可以過去。」

並請不要忘記，你隨時都可以改變你的想法，並且說「不」。

## 建議⑤：試著說「不」

如同前面所解釋的，我們之中有些人說「不」說得太快了，不過也有些人發現自己幾乎根本不會說「不」。

在成長過程中，我們學會了將說「不」與衝突連結在一起。衝突會使我們感到焦慮，因為它會增強我們刺激太多的感覺，所以，我們避免說「不」。但是，因為我們需要保存我們的精力，所以學會說「不」也很重要。我們需要把自己有限的精力用於最需要和最想做的事。如果不設立一些界線，其他人可能就不會意識到需要考慮我們的情況，他們會輕易就忽視我們的感受。

開始發展更加堅定的界線，先用一星期的時間，留意你對大多數事情的第一反應是不是「好」。停下來，做一下深呼吸，問問自己，你真正想做的是什麼。留意你是否感到害怕。是你的恐懼占了優勢，促使你機械性地說「好」嗎？你可能感到疑惑、有壓力及焦慮，以至於不得不馬上做出反應。

在回答之前，先思考一下。提醒自己，給自己一點時間是可以的；說「我還不確定」，也是可以的。思考一下，如果你說「不」，對你會有什麼樣的影響。說幾次「不」，看看情況如何。心智健康的人不會因此疏遠你。如果他們這麼做了，就對他們說更多的「不」。

在你用一個星期左右的時間來觀察自己的模式之後，你就完全可以在沒有任何建議的幫助下持續進步了。

練習以下的一些策略，當你需要提出答案時，就能立刻派上用場。

## 說「不」

- 語調愉快但堅定地說「不」，不需要道歉或解釋一大堆。

- 優先考慮自己的計畫：「我很想去，但是我得完成這篇文章。」

- 答謝對方：「我很感激你的邀請。你為醫院做了這麼多的好事，但很遺憾我現在不能去。非常感謝你想到我。」

- 如果不得同意，可以考慮有點限縮範圍或程度：「我可以幫忙銷售烘烤食品，但不能做電話行銷。」

- 要知道你沒有必要接受所有好的提議；還會有其他的好機會。

- 有些無關緊要的事情，偶爾不經過太多思考就說「好」和「不」。

# 8-9 為什麼你需要特別的關愛

一個人的首要責任就是關愛自己。

——亨利·溫克勒（Henry Winkler，演員）

在《更好的界線》（Better Boundaries）中，作者珍·布萊克（Jan Black）和葛立格·伊恩（Greg Enns）指出：「形成合適的界線是一個自然的過程，起初是要你善待自我，接下來需要你逐步掌握控制自己的生活並保護它。」確定自己的界線，意味著你決定讓誰或哪些事物進入，而將誰或哪些事物阻擋在外。這是一個有意識進行分類和整理的過程。性格內向者需要個人的靜居，時不時也需要能保護自我的藩籬。

你愈能欣賞自己內向的個性並享受它，你就愈能保護自我、理解自我並茁壯成長。如果你覺得身為性格內向者既有能力又有魅力，就能夠確定自己的界線。

你是一個獨特的個體。過去，沒有任何的基因像你那樣組合在一起，將來也不會再有。這真是一個絕妙的想法。你是「獨一無二」的，請善待自己。

# 本章思考點

請記住「三個 P」：

■ **個人節奏：**
- 接受你的不足之處
- 注意你的精力的週期性
- 將事情拆解成小步驟

■ **個人優先考慮事項：**
- 認識你有多種多樣的選擇
- 選擇對你有意義的事
- 持續評估你的選擇對你來說是否合適

■ **個人界線：**
- 保護你內向的自我
- 透過說「好」、「不」和「或許」，來確定自己的界線
- 用一些時間來考慮做出怎樣的決定

# 第九章

# 發展你的天性

- 性格內向者如果承擔了超過負荷的工作，健康就會出現警訊，甚至垮掉？
- 性格內向者該如何找出最適合自己的安身之處？
- 匆忙起床或悠閒地起床，對身體會有不同的影響嗎？
- 為什麼我們的大腦對氣味的反應可以這麼快？
- 你相信嗎？只要吹口哨就可以讓你感覺活力十足。
- 為什麼性格內向者必須限制早上的咖啡攝取量？

你能在獨處時找到自己的生活之路。

獨處都會成為你的依賴和庇護所。

即便是在非常陌生的環境，

里爾克（Rainer Maria Rilke，詩人）

忙忙碌碌參加一個又一個的活動，與許許多多的人交往互動——許多社會都非常重視並追求這些，但是這些活動未必適合性格內向者。如果我們試圖維持這些活動，就會發現自己過度消耗精力，而且很快就會筋疲力竭。如果沒有適當的方式來恢復精力，我們可能會忽略自己獨特的天性，以及天性所需要的發展。

然而，為了正常工作和生活，對內向者來說非常重要的就是創造自己需要的環境：安排適時的休息和必要的獨處，以恢復充沛的精力。否則，生活就會變成疲憊不堪的漫長歷程。

如果想發動一輛汽油已用光的汽車，讓車移動的唯一方法就是下來推車。性格內向者在生活中經常這樣試著推自己，這就是為什麼他們經常會抱怨感覺筋疲力竭。

在努力嘗試像性格外向者那樣活力四射的時候，性格內向者有時會發怒（這會刺激腎上腺素）、焦慮（這會增加心率、血壓和血糖，促進荷爾蒙分泌），也會使用咖啡因（這會刺激閥門全開系統）或藥物（通常是古柯鹼，它會促進身體系統的活動）。

如果性格內向者沒有意識到承擔太多工作，可能會病倒。他們可能直到身體因為過度焦慮和腎上腺素分泌過多而垮掉時，才會意識到問題的所在。

# 9-1 培育你的天賦

與存在於我們內心的事物相比，身外之物都只是小問題。

——愛默生

## 需要休眠期的鬱金香

想好好自我發展，就必須以適合自己的獨特方式關照自己。在《慾望植物園》（*The Botany of Desire*）中，麥可·波倫（Michael Pollan）指出：「在眾花之中，鬱金香是性格內向者。」鬱金香可以一年開得比一年好，前提是每年都要有儲備能量的休眠期後，才會順利開花。鬱金香也需要陽光、水分和肥料，需要種植在深度適當的泥土中，而且種植球根時，還要將正確的那一頭朝上。在這一章，我會討論關於你茁壯成長所需的獨特條件。

就像優雅的鬱金香一樣，你的天性有一點矛盾。這沒有什麼需要感到羞愧的。只要具備適當的條件，鬱金香會比其他許多花都堅強，而且花期更長。但如果條件不合適，就不會開花。性格內向者也是這樣。

## 為什麼需要特別的條件來發展天性？

正如我在第三章提過的，與我們的生理相連繫的是神經系統中「休息—消化」的那一端，也就是

閥門關閉系統，所以我們身體的每一個部分都會盡力幫助我們儲存能量。我們天生就會沉思和休眠；我們的大腦較少產生「感覺良好」的快樂感；我們需要更有意識地運用肢體；我們較容易出現低血糖、低血壓、呼吸較淺、睡眠有困難、緊張性頭痛，並偶爾感到疲憊和心煩意亂。

因為我們容易精神不濟，所以必須學習不時補充自己的體能。而且，我們必須留意保存精力來使自己充滿活力。我常用的方法是平息外在的刺激，創造休息的時間。

然而，許多性格內向者對於自己天性中隱藏不露的那一部分感到很羞愧，沒有為自己留下一些時間來有效恢復精力。現在，是該改變的時候了。

# 9-2 獨處的珍貴能力

水城有麻煩了，它開始於 T（trouble）而終結於 C（crime）。

——阿羅德・希爾「教授」（"Professor" Harold Hill）

在二十世紀初的音樂劇《歡樂音樂妙無窮》（The Music Man）中，阿羅德・希爾「教授」告訴水城鎮（River City）的居民，城裡有一些「不良現象」，並勸鎮民為孩子買樂隊制服和樂器。而所謂不良現象是什麼？——孩子們太閒了，在無所事事、遊手好閒的情況下，男孩女孩很容易就變壞。

相比之下，現今相信無所事事是罪惡的根源，並督促孩子東忙西忙的，可謂有過之而無不及。

不過，擁有時間思考和衡量，對性格內向者不僅很有益，也很必要。而且，正如安東尼・史脫爾（Anthony Storr）在《孤獨》（Solitude）中所指出的：「有獨處的能力，也是情感成熟的一種表現。」

過去被認為是問題或不利之處的那些特性，實際上是心理健康的一種標誌。

# 9-3 充分運用你的精力

精力是我們用於創造美好生活的能源。關於如何使自己的精力保持在最佳水準，近期的研究為我們提供了很有價值的線索。妥善管理我們精力的第一步，就是瞭解它處於高峰和低谷的狀況和原因。

## 精力就是能量

我持續提到精力問題的真正目的是什麼？所謂精力，也就是能量，是我們周圍的一切。它通常是不可見的，但是它能促使事物的發生。所有生命體都要不斷消耗能量，無法在不使用能量的情況下生存、移動、工作或改變。能量透過許多形式產生，包括動能、電、熱、聲、光和核能。儘管我們無法將它緊握於手中，但當太陽溫暖地照耀著我們時，我們能感受到它的能量，並享受明媚的陽光，我們也能從呼嘯的狂風和震耳欲聾的瀑布聲中聽見力量。在飢餓和疲倦之後，當我們盡情享用營養的食物時，我們能感受到精力和體力恢復。

熱力學（thermodynamics）是物理學中關於能量的分支。熱力學的第一定律是能量既不會憑空消失，也不會憑空產生，它只會轉換。第二定律是當我們使用或轉換能量（所謂的「自由能量」）時，它會變得混亂失序（所謂的「熵」（entropy）），如果沒有把能量重組，能量就無法使用。這整個過程是一個連續的循環。能量持續從一種自由能量的狀態轉變到熵，然後再次循環回來。

內向心理學　334

性格外向者透過在外在世界四處活動，將雜亂無章的能量轉變為自由能量。性格內向者透過安靜自處，將雜亂無章的能量轉變成自由能量。（後面我會提到「能量危機」清單，如果你有其中的任何症狀，那就是你的能量處於雜亂無章狀態的信號——那是你確實可能感覺到的，就像是靜電通過你的大腦和身體。）

上天給人類許多方式將分散的能量轉變成有組織的能量：我們可以鍛鍊身體、吃營養的食物、關照自己的五官感受、練習冥想和瑜伽，按摩、推拿、度假，以及創造有利恢復精力的環境。我們可以與家人和朋友聯繫，將精力集中於生活中的目標，透過信仰和靈性獲得心靈的平靜。我們天生就擁有許多種自我發展的方式。

## 能量危機清單：檢查你的精力是否亮了紅燈

你給自己足夠的休息時間嗎？當你的精力儲備所剩不多時，睡眠和飲食可能會出現一些問題，例如經常感冒、頭痛、背痛或厭食。你也可能會有以下一些症狀和信號。這些危險信號是在告訴你，你處於能量危機了。如果出現以下的感覺，請用一些時間來恢復自己的精力。

- 焦慮、容易激動、容易發怒和暴躁。
- 無法正常思考、集中精力或做出決定。
- 頭腦一片混亂，做事就像無頭蒼蠅。
- 覺得受限，不清楚生活的意義是什麼。

- 失去活力、疲倦、覺得受人利用和筋疲力竭。
- 感覺力不從心。

# 9-4 點燃能量之源

能量有許多表現形式：精神的能量、警覺的能量、恢復精力的能量、保持平靜的能量、生命的能量、活躍的能量、愛的能量、感受的能量，以及創造的能量，這裡提及的只是一部分。

儘管我們使用許多類型的能量，性格內向者持續需要的主要有兩種：**保持平靜的能量和警覺的能量**。保持平靜的能量讓我們在吸收想法和情感資源時，繁忙的大腦能歸於平靜。警覺的能量在我們感到疲倦和壓力太大時，為我們提供協助。

---

## 小歇十五分鐘時，你可以這麼做

- 閉上眼睛；放鬆身體；想一想沙灘、湖泊或陣陣的松濤聲。
- 短暫地散散步。
- 伸伸懶腰、打打呵欠；打個盹。
- 喝杯咖啡，或加了幾滴檸檬汁的水。
- 凝視某個地方，什麼也不想。
- 繃緊肌肉，然後放鬆；感覺一下兩者的差異。

- 抬高腳，用一塊冷毛巾或熱毛巾敷額頭。
- 想想讓你微笑的某次記憶（關於我外孫的任何事都可以填滿這一頁）。
- 瀏覽有趣的網站。
- 玩電腦遊戲或填字遊戲，翻翻雜誌，看看漫畫，讀讀旅遊小冊。
- 在雜誌上順手寫幾行字。
- 玩孩子的某個玩具。

## 休息三十分鐘時，你可以這麼做

- 小睡一下。
- 散步。
- 閱讀雜誌上的一篇文章。
- 從網路上訂一些東西。
- 選擇風景優美的上班路線。
- 計畫給孩子或伴侶一個驚喜。
- 透過網路找找某位老友的訊息。
- 打破常規，做一些相反的事（例如，有時候我喜歡先吃甜點）。

## 休息兩個小時時，你可以這麼做

- 逛逛書店，瀏覽一下你以前從沒看過的某個書區。
- 到風景美好的地方吃頓午餐，看一會兒書。
- 參觀博物館或歷史建築。
- 到公園、花園或其他風景優美的地方坐一會兒，作個白日夢。
- 徒步旅行，去看日落。
- 和伴侶互相按摩腳部、背部和頸部。
- 敷面膜或眼膜，並且聽柔和的音樂來放鬆。
- 做餅乾，帶到辦公室或送到你孩子的班上。
- 玩拼圖。
- 計畫下一次度假。
- 看看老相片或家庭影片。
- 在從窗子看出去能看到的地方種些花。
- 打高爾夫。
- 出去放風箏。

# 9-5 適時休息，恢復平靜

治療急性子的最好方法，就是走遠路。

—— 賈桂琳．希夫（Jacqueline Schiff）

基因方面的研究顯示，當人們筋疲力竭時，性格內向者比外向者需要更多時間來恢復充沛精力。因為性格內向者的神經末梢對神經傳導物質的反應較慢，所以需要更多的休息時間。

## 休息是創造能量最好的方法

身為性格內向者，避免讓自己變得疲憊不堪的方法，就是不時安排一些休息——即便你還沒有感覺到自己需要休息。在你的日曆上標示出這些休息和小睡時段。用顏色明亮的筆寫下「休息」——每兩個小時休息十五分鐘——然後記在行事曆上；用一、兩個星期的時間來實踐，看看感覺如何。

泰德是我訪談過的動畫導演，也是性格內向者。他說：「我過去常常要到無法再正常工作時才休息一下。我似乎從沒補足過睡眠。現在，我在時間表上安排了短暫的休息時間，發現自己再也沒有像以前那樣因過分勞累而疲憊不堪了。」

如果你知道如何好好休息，那麼，休息就是創造保持平靜的能量和警覺的能量的最好方法。請回頭看看上一節關於休息方式的一些建議。

# 9-6 放個小假

性格內向者因為節奏緩慢，經常覺得自己似乎無法完成工作，因此不允許自己多休息一會兒。當我向個案建議，用週末一天的時間穿著睡衣待在床上，除了隨便翻翻書、看電視和懶洋洋地賴著外，什麼都不做，他們通常會懷疑地看著我，並說：「在床上待**一整天**，可以嗎？」如果他們嘗試一下，也沒有太大的罪惡感，通常會驚訝地發現自己感覺好很多。

此外，做些完全不同的事，也會使你精神百倍。例如：

- 參加一整天的音樂節活動。
- 看三部老電影，在觀賞過程中安排幾次散步休息。
- 泡一天溫泉，享受全套的服務。
- 搭火車去另一個城鎮，吃頓午餐，再搭火車回來。
- 約一、兩位朋友找一天碰面敘敘舊。
- 在你所在的小鎮或城市，找一家旅館住個一晚。
- 徒步去野花盛開的地方旅行、野餐並拍照。
- 開車去較遠的地方旅行，一邊聽你最喜愛的音樂一邊唱歌。

# 9-7 呼吸的重要

你一整天都在吸氣和呼氣，但我敢打賭，你好幾天、好幾個星期，甚至好幾個月都沒有注意到自己的呼吸了。氧氣是生活的基本要素。它替你的肌肉傳送重要的補給，使你的大腦保持清醒，並維持你的幸福感，提高你的精力水準。你身體中的每一個細胞都需要它。當你呼吸的時候，氧氣進入身體，二氧化碳呼出。如果我們沒有進行足夠的深呼吸，我們的氧氣量減低，二氧化碳增加，血液中的酸性增加，就會導致頭昏腦脹、暈眩和焦慮。

不要對自己吹毛求疵，注意一下自己平常的呼吸方式。你的呼吸是淺還是深？（性格內向者通常以淺淺的方式呼吸，因為他們是閥門關閉系統占優勢的人，這個系統會使呼吸減慢。）你的吸氣很有規律，還是吸氣比呼氣多？當你呼吸時，你的胸部往上提嗎？你會屏住呼吸嗎？你經常歎氣嗎？

## 深呼吸的快速練習

有助健康的深呼吸，從你的腹部（也就是腹部最下方）開始，而不是肺部。多留意，試試以下的練習，看看你是否覺得更有精力。

在墊子或地毯上以舒適的姿勢躺下，頭下放一條折疊的毛巾，膝下放一個枕頭，一隻手放在腹部，另一隻手放在胸部肋骨上。現在，深深吸一口氣。哪一隻手升得較高，而哪一隻手降得較低？我們的

目標是讓放在腹部的那隻手升得高一些。

透過練習，你會學會用腹部進行深呼吸，並讓它變成不自覺的習慣。當你繼續吸氣時，腹部充滿空氣；呼氣時，腹部收縮。想像你的胃是一個氣球，在你吸氣和呼氣的時候擴大或縮小。有節奏地從鼻子吸氣及呼氣。起初，這會有點奇怪，但隨著練習，你會變得擅長腹式呼吸。從只是讓空氣充滿你的肺葉轉變到腹式呼吸，可以使你更有精力和更為平靜。你的身體會感謝你。

每天，你隨時都可以透過深呼吸的快速練習來增加自己警覺的能量。閉上眼睛，用鼻子深深吸入一口氣，堅持四秒鐘，用嘴呼氣六秒鐘。重複幾次，留意身體的感覺。

## 讓自己處於陽光的一面

無論你是否相信，科學家已經發現早晨起床的方式會影響我們一天的感覺。理想的狀態是，我們在夜間進入深度睡眠，當早晨來臨的時候，我們轉入較淺的睡眠。

如果我們是被刺耳的鬧鈴驚醒，用咖啡讓自己清醒，在出門前才在屋裡匆忙地收拾東西，我們會讓自己的身體一整天都處於**緊張**的狀態。如果早晨是非常輕鬆愉快地醒來，身體便會處於最佳的狀態，我們會感到精力充沛、心情放鬆。請用幾個早晨的時間來試試以下的一些步驟，並看看你的感覺如何。

- 用柔和的音樂將自己喚醒。

- 將鬧鐘調早一點響，在早晨多留一點時間給自己。

- 先慢慢坐起來，然後再下床。
- 眺望窗外美麗的遠方，並做深呼吸。
- 用五分鐘做一些簡單的伸展操。

# 9-8 創造有利發展的空間

你的神聖領地就是你能夠不斷發現自我的地方。

——喬瑟夫・坎伯（Joseph Campbell，作家）

## 大腦中的「靜電干擾」

我經常聽人說性格內向者不關注自己周圍的環境，我認為實際情況剛好相反。他們大多數都有非常敏感的意識，所以會自動只將注意力集中在少數幾件事上，以減少感受到的刺激。為了弄清楚一整天吸收的資訊，性格內向者需要安靜和平靜，否則就沒辦法進行思考。

想像你站在紐澤西州高速公路的中央分隔島，想要決定去哪裡度假。周圍的噪音、疾駛的汽車、充滿壓力的環境，都讓你不可能集中精神。如果你受到的刺激過大，大腦就無法處理資訊。我的一個個案將這稱為大腦中的「靜電干擾」：全都是雜訊，無法清晰接收。

## 內向大腦的超負荷狀態

你的性格愈偏內向，就愈需要寧靜的環境來處理接收到的刺激並恢復精力。為什麼處理的時間如此重要？如果沒有它，你就會負荷過多資訊。新吸收的資訊疊在前面吸收的資訊的上方，突然就達到你的極限，你就會暫時關閉資訊的接收。腦中的資訊相互碰撞，線路堵塞，大腦變得呆滯。

許多人對這種現象有一些誤解。讓我來解釋一下。

我為許多性格內向者做過心理諮商，他們認為自己不是非常聰明。諷刺的是，大約有六〇％智力方向的天才是性格內向者。真正的問題在於他們一生都處於一種超負荷的狀態。他們認為自己的大腦中「什麼也沒有」，但實際上是大腦裡的東西「過多」。如果他們沒有意識到需要給自己一些時間來研究、整理和沉思，他們可能就會覺得無法思考，更糟的情況是他們認為自己的大腦一片空白。

為什麼會發生這種情況？把內向的大腦想像成一台巨大的銀行用電腦。它一整天都在接受大量的存款、提款，還要處理成千上萬顧客的其他各種事務，將這個資訊存在這裡，將那個資訊存在那裡。到了夜間，銀行的職員用他們稱為「批次處理」的方式來處理這些事務，到了隔天早上，你的存款就出現在帳戶上了。

如果銀行電腦在夜間不運作，會出現什麼情況呢？嚴重的積壓和壅塞。帳戶可能不正確，你的餘額可能太高或太低。你無法搞清楚任何事。人腦也是一樣。如果你沒有時間處理接收到的資訊，大腦就會積壓並塞滿太多東西，你就會感到頭昏腦脹或大腦一片空白。

## 信任你的思考過程

性格內向者需要沒有干擾的時間和空間來整理自己的思想和情感，並衡量事情的利弊。只有經過反思，他們才能明白自己對某事的真正感覺，也才能接近那些自己在無意識中攝取的資訊。例如，當一個案學會提供自己更多休息時間後，他們會對我說：「那個想法突然出現在我的腦海。」

經過資訊處理之後，有些性格內向者喜歡對某個善於傾聽的人談論自己的想法和感受。他們可能

不需要回饋，但如果他們真的喜歡別人的回應，通常是為了幫助他們下結論。透過這種方式，他們進一步瞭解了自己的思考過程，並想得更清楚明白。他們也開始相信，自己能想出有用的觀點，以及有創意且能解決問題的辦法。

信任你的思考過程非常重要。

## 開闢藏身之處

當性格內向者待在人群中太久，即使只是身體的靠近，都會使他們感到疲憊。在人群中，即使他們根本沒有與任何人談話，也會感到疲倦。在實體空間中劃出範圍，能讓他們有足夠的空間來重新調整。大多數性格內向者需要自己的個人空間，因為他們想要擁有自己的「領地」。他們需要一個實際的空間來與自己對話。這讓他們覺得可以掌控自己的精力。

用來恢復精力的空間必須讓人感到安全和舒適，沒有人群、干擾、大聲的噪音和各式各樣的要求。如果不是具保護性和舒適的空間，它會消耗精力，而不是提供精力。

想像一下，什麼樣的空間能讓你感到溫暖、舒適，並適合自己的發展？你需要哪種類型的環境來沉思——對每個問題進行反覆思索、沉浸於想像、回味過去？我的個案艾瑪喜歡在房裡來回漫步，為她的波士頓蕨修剪枯葉，重新布置小裝飾，欣賞走動時地毯在拋光硬木地板上摩擦發出的柔和聲響。精力也會再次恢復充沛。

另一個個案喜歡窩在一堆柔軟的羽毛枕中，專心閱讀推理小說，讓自己恢復精力。還有一個個案處於放鬆狀態，外在的刺激減少了，精力也會再次恢復充沛。

大衛，他有四個孩子，還有一位特別外向的妻子。總是忙於家務的他說：「只要我能暫時離開工作、家事，在車庫裡待上一個小時，就會覺得一切都沒問題了。」我的一個朋友則在閣樓裡做了一個很小的禪宗壁龕，然後坐在墊子上，點上蠟燭，看著富有意義的畫，在獨特的線香氣味中陷入沉思。

當你準備創造一個特別的藏身之處時，可以先想想以下這幾點：

- 你想待在室外，還是室內？我有個個案一直渴望林中小屋。許多人喜愛在涼爽的樹蔭下懶洋洋地躺在吊床或沙發上的感覺。有些人較喜歡舒適家具上那柔軟的枕頭和溫暖舒適的床罩。

- 你喜歡什麼樣的光線？還有，你喜歡多亮的光線？大量的自然光？燭光？柔和的燈光？或是較暗的光線？

- 你希望全然的安靜？有一點音樂？聽聽大自然的聲音？泉水的潺潺聲？請記得，你也可以使用耳塞、耳機等。

- 什麼顏色能增強你的幸福感？

- 你想要寵物待在身旁嗎？（你可以向貓學習，牠可是恢復精力的專家。）

如果沒有自己的房間，也能帶給你與別人隔開的感覺。我的個案羅薛兒在升上五年級時，就掛起一條毛線地毯劃出的範圍，可以用一塊可折疊的隔板、幾盆花，或一個書架來創造空間。即便是一塊床單來隔開她和姊姊共用的臥室，試圖擁有自己的空間。到了高中，她還是想要自己的空間，就搬到廚房一角的早餐區（breakfast nook）。她總是得爬上床（小床幾乎占了小小早餐區的所有空間），但那裡是屬於她的。另一個個案則是在一個小房間裡為自己安排了一個小小的閱讀室。

請記得，你在不同的時間可能需要不同類型的空間。如果你已經在室內待了太長的時間，可能需

要室外那美好的感覺；然而，其他時間你可能想待在溫暖而舒適的火爐旁。有很多方法可以在這世界上創造個人的空間。

我常建議個案，當他們覺得這個世界侵犯到自己，他們可以想像自己的周圍有一個具保護作用的透明罩或力場。有了能保護自己不受外界刺激的感覺，就能為他們增加無窮的精力。

## 光線和溫度

性格內向者的身體與溫度升降、日夜循環的節奏似乎特別一致。我們的系統常常比性格外向者的系統更難在早晨清醒過來（又是那閥門關閉系統在發揮作用）。我們需要自然的光線（特別是早晨明亮的陽光）來幫助我們清醒。哈佛大學的研究者研究了光線和靈敏度之間的關係，結果發現，當人們在早晨醒來，如果有至少十五分鐘的時間能處在明亮光線下，他們會覺得整天都精力充沛。

自然光對所有的人都很重要，但對性格內向者來說格外重要，因為他們的神經系統是精力較缺乏的那一端占優勢。自然光可以調整褪黑激素的濃度，而褪黑激素對情緒、睡眠和生殖系統都有非常大的影響。光線不足會導致褪黑激素聚積，從而產生壓抑和昏睡無力的感覺。在冬季，這種情況會變得非常嚴重，並成為一種病症，即「季節性情感疾患」（SAD）*。

有很多方式可以增加對光線的吸收。在家裡或工作時，坐在窗邊。為了能最有效發揮你的能力，需留意避免螢光的光線（螢光是最不自然的光線），到室外去感受自然光，讓自己休息。如果你生活

*
季節性情感疾患（Seasonal Affective Disorder, SAD），又稱為季節性情緒失調、季節性憂鬱症等。

在北半球，留意使用全光譜的燈泡或模擬日光的燈。如果你的辦公室只有一個光源，請另帶一個燈具去工作。

你可能也會想知道：性格內向者體溫較低，容易感覺寒冷。他們的正常體溫通常平均在攝氏三十七度以下。他們的閥門關閉系統使血液從四肢流向身體內部，以幫助體內器官消化食物，所以流至手腳的血液溫度較低。如果性格內向者覺得太冷，可能會讓他們更不想離開房屋走到室外。此外，他們可能不像性格外向者那樣容易流汗（流汗是人類調節體溫過高的主要方式），所以性格內向者在太熱時也無法好好工作、生活。身體所有動作都會減慢，幾乎像爬行一樣慢，思考也陷於停滯。

性格內向者感覺舒服的體溫範圍相對較小，為確保能全力發揮能力，以下這些好方法提供參考：

- 多穿幾件衣服，以便根據氣溫變化隨時增減。
- 帶一件毛衣或夾克，即便你認為不是很必要也這麼做。
- 在口袋裡放暖暖包。
- 在厚襪子裡穿一雙薄襪子，如果腳部過暖時可以脫下。
- 帶輕便的電暖器或風扇去上班，以平衡室內溫度。每天至少開一會兒窗戶，保持空氣流通。

# 9-9 你的鼻子知道

嗅覺與我們的其他感覺不同，我們的鼻子與大腦之間的神經通路非常短。你吹過泡泡糖嗎？童年的某個記憶是否浮現在你腦海？我們對香味能有迅速的反應，因為它們在大腦的情緒中心和記憶中心幾乎都得到即時的處理。

## 嗅覺會影響閥門關閉系統

嗅覺連結我們大多數的基礎系統，所以也會影響我們的閥門關閉系統。當聞到喜歡的香味時，我們會又慢又深地呼吸，如此一來，就吸入了更多的氧氣，而如前面提過的，這兩種過程提高了我們的精力。有證據顯示，香味也有助於提升我們的注意力和學習能力。在一項研究中，兩組受試者被要求做連連看遊戲，遊戲結束後其中一組立刻嗅聞某種香味，隨即兩組受試者又重做一次這個遊戲。結果，聞了香味的那一組以快了三〇％的速度完成了遊戲。在另一項壓力反應的研究中，研究人員讓看過壓力信號的受試者聞有香味的蘋果，結果他們的 $\alpha$ 腦波增加，顯示出警覺狀態稍微放鬆了。

## 芳療的神奇力量

在美國以外的地區，芳香療法應用在多種醫療和非醫療的情境中。例如，在英國，芳香療法包括

將薰衣草用於治療失眠，將茉莉用於治療焦慮。在一項研究中，當減肥者選擇嗅聞自己最喜愛的香味時，他們確實更輕鬆減輕了一些體重。在日本，有些辦公大樓透過通風系統散布檸檬香味，以提高工作效率。

你可以用幾滴你最有感覺的精油來享受芳香療法的好處。滴幾滴在浴缸或蓮蓬頭，或在按摩、推拿、修指甲時使用。或者，可以在手帕上噴一點香水，一天聞個幾次。也可以點幾顆芳香蠟燭，讓香味充滿你的家。

試試各種香味，如香水、古龍水、辛香料和食物等，確認它們對你的情緒和警覺性的影響。一旦發現哪種最有作用，就可以使用這種特別的香味來創造你希望的情緒。訓練你的鼻子將某一種香味與某一種情緒加以連結。例如，每次處於放鬆和警覺的狀態時，就聞聞柑橘的香味。不久之後，每次聞到柑橘的香味時，它就會讓你聯想到某種警覺和放鬆的狀態。

## 讓人精神振作、充滿活力的香味

### 振奮精神的香味：

- 薰衣草
- 玫瑰
- 春黃菊
- 天竺葵
- 檀香
- 香草
- 剛割過的草地

使人充滿活力的香味：

- 薄荷
- 綠薄荷
- 柑橘屬植物（如橘子、檸檬、萊姆等）

- 桉屬植物
- 柏

- 橙花
- 迷迭香

# 9-10 感受音樂的時刻

音樂能表現出你的體驗、思想和智慧。

——查理・帕克（Charlie Parker）

從遠古時代，音樂就在各種文化中被用來幫助轉換心情、提升情緒狀態。許多人發現音樂比性愛還讓人興奮。它可以讓我們充滿活力、身心放鬆，並激勵我們運動。音樂影響我們的呼吸頻率、血壓、腸胃收縮和荷爾蒙，而這些反應又會影響我們的免疫系統。我們的心率會隨著音樂的節奏而減慢或加快。音樂也可以增加氧氣吸入量，讓我們的腦波出現變化（想一想我在前面提過的放鬆時的 $\alpha$ 腦波）。

## 音樂能增加氧氣吸入量，並改變腦波

有幾項測驗顯示，對音樂的偏愛極具個人特色。某人覺得緩和的音樂，對另一個人來說可能很刺耳。隨著時間的不同，你對音樂的偏愛也會改變。有時爵士樂讓你放鬆，有時又讓你感到煩躁。仔細觀察你對各種類型音樂的不同反應，留意是否有某種特別的風格使你感到高興或悲傷、放鬆或充滿活力。如果陷入抑鬱狀態，試著找出一些合適的音樂來配合你低調的心情，然後逐漸轉換到節奏較為歡快的曲子（如黑人福音、搖擺樂、搖滾、雷鬼、新世紀，或紐奧良爵士等），你會覺得自己的憂鬱慢慢地消褪。

## 讓音樂助你破繭而出

因為性格內向者有時很難從困境中抽離，音樂可以幫助你「破繭而出」。音樂也可以協助你獲得愉快的感覺，放鬆心情。它可以幫你走出大腦中讓人感覺不舒服、喋喋不休的聲音和痛苦記憶，還可以幫助你改善低落的情緒。當你放鬆之後，你的儲備精力就可以轉換成有用的能量。

花一點時間到戶外去欣賞大自然的聲音吧。來自大自然的樂音能讓人耳目一新，精神百倍，心情寧靜。有一片 CD 我很喜歡，那是大自然之聲，是山林中暴風雨的聲音，充滿呼呼的風聲、嘩嘩的雨聲，以及閃電劃天際後隆隆的雷聲。聽過之後，我覺得自己充滿了活力。或者，你可以在窗外放一個餵鳥的盤子，就可以聽到各式各樣的吱喳鳴叫聲了。

在海邊漫步，在森林中行走，或繞著湖泊散步，集中精神傾聽大自然演奏的生動樂曲吧。

## 唱歌與吹口哨

研究顯示，哼唱、歌聲和口哨也能夠帶給我們精力。它們可以使我們改善心情，提高意識，並減少焦慮。想想看，有多少父母自然地對著他們的寶寶輕輕哼唱。

唱歌可以增加氧氣的吸入，似乎還能影響神經傳導物質，所以，在淋浴或開車時唱唱歌吧。如果你夠投入，還可以加入歌唱團體。你留意一下，唱歌能讓你感到多麼輕鬆愉快！

還有，別忘了吹口哨，這是一種逐漸被人遺忘的藝術——其實只要縮攏嘴唇並吹氣，我們就能把它找回來了。相信你會感覺自己更加活力四射。

# 9-11 傾聽身體的聲音

一個人的心情就像是一首交響樂，血清素就像是指揮手中的指揮棒。

——詹姆斯・史塔克（James Stockard）

前面提過，乙醯膽鹼、血清素和多巴胺是大腦維持心理和生理重要機能運作會使用的神經傳導物質，維持穩定非常重要。想控制神經傳導物質，除了藥物，最好的方法就是保持健康。我們的大腦和神經傳導物質受到營養、睡眠、壓力水準和運動的影響。

## 食物是重要的大腦調節器

吃是人類的本性；消化，則是上帝的事。

——查理士・柯普蘭（Charles T. Copeland）

由於神經系統組織的關係，性格內向者的新陳代謝很快，攝取的食物轉變成能量後很快就用光了。這使我們難以保持穩定的血糖值，因此在一天當中要規律進食，持續獲得豐富的營養來保持血糖的穩定。零食，正如其名，時不時吃一點，可防止心情大起大落、頭痛，以及想睡的感覺。（想一想

在某次盛大的假日大餐之後，你是多麼昏昏欲睡。）

在《令人驚奇的大腦》（*Your Miracle Brain*）中，受高度推崇的作者珍·卡波兒（Jean Carper）指出：「關於大腦的工作原理，以及人們能如何以食物和補給品來影響思維和行為，最令人興奮的發現來自於神經傳導物質系統活動方面的新認識。」她還指出：「基本的結論是：你的神經元吸收和釋放的神經傳導物質的類型，和它們在大腦中的最終命運，主要取決於你吃了些什麼。顯然，食物成為非常重要的大腦調節器。」我想，人們說「人如其食」（You are what you eat）的時候，並不是在開玩笑。

接下來，我們來談談對神經傳導物質有重要影響的營養元素。

## 神經傳導物質與營養元素

**乙醯膽鹼**是性格內向者重要的神經傳導物質。它可以改善學習、記憶和運動神經的協調，也能降低阿茲海默症的機率。雌激素可以使乙醯膽鹼增加。在更年期時，由於雌激素缺乏，乙醯膽鹼水準降低，女性在記憶方面常會出現一些問題。增加乙醯膽鹼的最好食物來源是魚（鮭魚、鯡魚、鯖魚、沙丁魚等）、蛋黃（優良的來源）、小麥胚芽、肝臟、肉、奶、乳酪、青花菜、包心菜、花椰菜和卵磷脂。

**血清素**可以幫助我們恢復平靜。它的關鍵成分是胺基酸色胺酸（amino acid tryptophan），它透過攝取碳水化合物而形成。碳水化合物可從食物中攝取，如澱粉、精製穀物、豆類、蔬菜和多種水果。它們來自兩種形式——快速釋放型和緩慢釋放型，而且以不同的方式影響血糖和血清素。

星河巧克力棒（Milky Way）是快速釋放的碳水化合物，它快速分解，提高血糖，增加血清素，你的精力水準很快就升高，然後又快速降低。你可能在吃了之後感到精力充沛，但一小時後感覺自己

的ＩＱ似乎又降了五十點。

低脂乳酪是緩慢釋放的碳水化合物，它逐步分解，就像緩釋膠囊般逐漸提高血糖和血清素。每天在適當的時間內吃緩慢釋放的碳水化合物，可讓你心情平靜，因為血清素正逐漸釋放。在傍晚食用緩慢釋放的碳水化合物，可以幫助你處於平靜狀態；在睡前吃一點，則有助於睡眠。

**多巴胺**可以提高靈敏度，並使你不會太餓。它的關鍵成分是氨基酸酪氨酸（amino acid tyrosine）。當你食用蛋白質時，它釋放到血液中，很快就使大腦充滿活力，並使我們產生飽足感，所以聰明的吃法是在每餐開始時就吃一些。魚、肉、蛋、乳製品、花生醬、某些豆類和堅果都富含蛋白質。蛋白質也來自瘦肉或脂肪。只需吃進少量瘦肉類型的蛋白質，就可以維持一天的靈敏度。

至於**水**，只有三個字：**多喝水**。人體的每個部分都需要水來維持機能。你的身體中至少有六○％都是水，而且體液也以水為基礎。你整天都在流失水分，一旦脫水，精力就會消退。所以要時時小口地喝水。營養學家建議，一天要喝八杯水。你的身體會從中受益，這也可以讓所有細胞都保持美好、「豐潤」。

## 保持必要的睡眠

醫學和哲學博士威廉・狄曼（William Dement）是史丹佛大學醫藥學院睡眠障礙醫療中心的主任。他指出：「相當多的美國人（很可能還是大多數），每一天都因睡眠問題而引起官能障礙。」缺乏睡眠會使人容易發怒和犯錯、感覺遲鈍、注意力減退。最重要的是，它妨礙了ＲＥＭ（快速動眼期）

睡眠，也就是作夢的狀態。在 REM 睡眠階段，我們將日常的資訊儲存到長期記憶之中。如果沒有獲得足夠的睡眠，這個重要機能就無法好好發揮。然後，性格內向者的恐懼，也就是大腦一片空白，也就會成真了。

性格內向者有睡眠問題，其中一個原因是他們的大腦非常活躍，血液流向大腦受刺激部位的流量比性格外向者多，而且他們還會不斷受到各式各樣的刺激——來自內心世界和外在世界的刺激。他們無法讓自己的大腦停止工作，無法將周圍的世界關閉在外，也無法讓內在的聲音平息下來。這經常使他們很難平靜、放鬆，並擁有專家建議他們需要的七、八個小時的睡眠時間。

以下是一些有助於提升睡眠品質的方法：

- 性格內向者通常對咖啡因非常敏感，所以在早晨要限制喝咖啡的量。
- 在臥室窗戶安裝不透明的窗簾，用耳塞阻絕噪音。
- 將電視機搬出臥室。
- 創造舒適的就寢習慣，每天在同樣的時間睡覺、起床。
- 保持臥室涼爽。
- 如果無法入睡，就深呼吸，並告訴自己這麼做對身體有益。

## 保持勻稱的身材

性格內向者比性格外向者更習慣久坐，缺乏大量運動的動機，多半不喜歡鍛鍊身體，但找到

某種方式來保持身材的勻稱非常重要。運動的一個重要好處是可以增加大腦的含氧量。較多的氧氣可以讓你的神經傳導物質和記憶發揮得較好。其次，適度保持肌肉的緊張，身體也會更加健康，有較好的耐力和彈性。還有，運動可以讓心肺更有力，提升整個人的精神狀態，你會感到精力更加充沛。

關於運動，我的建議是找到一種或幾種你喜歡的運動方式，並在日曆上寫下你與自己約定的「健身日」。然後像 Nike 的廣告詞說的那樣：「做就對了！」（Just Do It）。我發現，一些性格內向者喜歡團體活動，但大多數更喜歡個人的運動。瑜伽、體操、游泳、武術、適度的舉重、跳舞、溜冰、騎自行車或滑輪上裝有霓虹燈的滑板車等，都是非常有益健康的運動。我喜歡邊散步邊聽有聲書；性格內向的英語教授曼尼則喜歡帶著兩隻小狗散步，牠們看起來就像兩顆小毛球在人行道上滾動。我的其他個案有的喜歡划船，有的喜歡打高爾夫。

請記得好好調節自己的節奏。一週進行三次三十分鐘的運動，比兩個星期進行一次連續好幾個小時的運動要好。重要的是要堅持下去，因為我們太容易停止運動了。遺憾的是，很多人都會這樣。因為大多數性格內向者無法像性格外向者那樣從運動中得到那麼多的精力，而且從中得到的快樂也較少，他們一旦停下來就很難再開始。提醒自己，你之所以要運動，是想要改善身體和大腦的狀況。當你完成一次運動，就獎勵自己一次——一本新書、沖個熱水澡、打打電腦遊戲，或看一場電影。

# 9-12 多交朋友

性格內向者經常覺得與他人不親近，有時還會覺得很孤單。如我前面解釋過的，這有許多複雜的生理和心理原因，但其中有個原因我們不能忽視：許多性格內向者的朋友圈較小。

內向者不像性格外向者那樣幾乎把認識的每個人都當朋友。他們認為，真正的友誼都必須是「深厚」而「富有意義的」。然而，把更多人當成朋友，並認同令人滿意的關係可深也可淺，這會讓你感覺這個世界更為友善。此外，擁有更多朋友也會增加我們生活的樂趣。

盡量結交各種朋友的另一個原因，是能獲得足夠的**支持**。如果某位朋友失聯，或因搬家、過世或其他原因而中斷了友誼，我們不會因為缺乏情感支援而走不出負面情緒。隨著年紀的增長，這種感受會更強烈。

我們需要有人一起談論我們喜愛或認為有意義的話題。我們需要連續幾個小時無所不談的朋友，也需要只談論某些事的朋友。我們需要一起談論書的朋友、互相交換想法的朋友、可以安靜共處的朋友、可以在他們面前自在做自己的朋友。我們需要可以一起去做某些事的朋友──旅遊、逛街、看電影等。

我們需要各種年齡階段的朋友，包括小孩到長輩。我們需要性格內向的朋友，也需要性格外向的朋友。我們需要能瞭解性格內向者的朋友。

## 如何經營朋友圈

- 向性格外向的朋友解釋自己內向的性格，這麼做可以避免傷害彼此的感情。告訴對方，你有精力的時候會打電話給他們或發電子郵件，但如果他們幾個星期都沒有你的消息，也不要主觀地猜疑。

- 向性格內向的朋友解釋內向的性格，因為他們對自己的個性可能並沒有太多的瞭解。

- 安排與某位朋友每兩個星期共進一次午餐。

- 偶爾請某個朋友來聚聚，並事先約好開始和結束的時間。

- 離開有害無益的表面上的朋友。

# 9-13 精神層面的成長

我們不是要追求超凡脫俗，只是希望有精神的存在。

——賈桂林・史莫（Jacquelyn Small）

對許多性格內向者來說，精神層面的成長是很重要的。我們的個性傾向喜愛和平和誠實，所以許多信仰的教義反映了我們重視的事物。還有，我們當中有許多人想理解生活的意義。我們可以從一些小處來看生活。精神層面的信仰可以幫助我們擁有更長遠的目標，並使我們的內在世界與更寬廣的人類世界相互平衡。信仰可以減少壓力，因為它給予我們實用的引導，並告訴我們如何實現更完美的生活。相信自己擁有很多機會的感覺可以幫助我們改善壓抑和無助，並帶給我們充沛的精力。精神層面的信仰還有其他益處，例如讓我們能夠在有組織的環境中體驗友情和歸屬感。

心靈的活動可以提供樂觀、得體的言行、和平的感覺，以及全面的幸福感。如果你現在沒有任何心靈或信仰的活動，但認為值得一試，或者，你想開始培養某項的興趣或增加自己投入程度，那麼可以嘗試以下的一些活動：

• 參觀教堂或猶太教等宗教場所，並考慮是否加入。
• 每天早晨閱讀一篇禱告詞，或望著窗外時簡短的祈禱。
• 參加教堂唱詩班。

- 參加講解世界宗教的課程。

- 每天為某人做一件好事，而且不告訴任何人。

- 晚餐前全家握著手禱告。

- 閱讀 M. J. 萊恩（M. J. Ryan）的《感恩的態度》（*Attitudes of Gratitude*），它提醒我們要善於發現生活中點點滴滴的美好。

- 觀察生活中特別的時刻，每天寫下你感激的三件事。

- 過節時主動購買玩具分送其他人的孩子。

- 加入公益團體擔任志工，或在暑假送貧困的孩子去參加露營。這只是奉獻出你的時間、錢財和精力的多樣方式中的一些。你可以回顧一下，看看自己是否因為這些活動而感覺充實許多。

在《成功的生態學》（*The Biology of Success*）中，鮑伯博士指出：「如今的科學研究（不是趣聞）顯示，禱告對健康有很好的作用。（這不只是道聽塗說。）美國國家衛生研究院發現，科學期刊裡關於精神的三百項研究中，七五％的研究顯示，信仰和禱告對健康有非常正面的作用。」如果想培養某部分的性格，藉此充分預備生活所需，你可以在生活中建立一些修養身心的習慣。

# 9-14

# 描繪自己的目標

我們都必須決定如何實現自己的價值，而不是計算我們的價值為何。

——弗登堡（Edgar Z. Friedenberg，社會評論家）

是什麼讓你的生命有意義？你想要如何使自己與眾不同？每個人生來就有自己的生活目標。想到自己沒有目標或無法找出目標，可能會讓你驚慌失措——但你其實是有目標的，而且你能夠找出自己的目標。

許多性格內向者想知道自己在這個世界上生存的原因（未必是想拯救世界），它幫助他們將自己內在的力量指向最能使自己滿足的事物。明確的目標為我們提供前進的方向，從而為生命賦予意義，並使我們充滿活力。它有助於規畫自己的生活，感覺更有動力、更為滿足。

性格內向者可能不會像性格外向者有那麼多精力參加「外界」的活動，所以對他們來說，特別重要的是集中精力去做對他們最有意義的事。還有，他們非常容易因為生活中每天必須做的事而感到壓力過大，因此可能不會去想自己真正想要的是什麼。

也許你已經非常確定自己的目標。如果還沒有，而且想要建立並向人們宣布自己的目標，那麼以下的引導會非常有用。請記得，你的目標不一定是固定不變的－；它可以隨著時間的推移而改變。

## 描繪目標時可以思考的五個問題

以下是開始描繪自己的目標時可以思考的五個問題。（如果你想到了其他相關的問題，那很好，也可以使用。）迅速寫下你的答案，盡量抓住第一個冒出來的想法。請重視突然出現在腦海中的想法。（這也有助於回頭對照你在第八章所設立的目標和優先考慮的事項。）

不要自尋煩惱。如果想讓自己活得快樂一些，那麼就好好想一想，有哪些事特別能讓你覺得幸福快樂。然後用一小段文字寫下你的想法。把它放個幾天，然後再次審視。請記住，你寫下的事物並不是要刻在石頭上的；你隨時都可以擴充或修改。

1. 生活中的什麼事對我最重要？
2. 我想為這個世界奉獻些什麼？
3. 在這一生中，我希望
   ＿＿＿＿＿＿＿＿＿＿＿＿。
4. 我如何實現這些目標？
5. 在自己的人生旅途中，誰是我想互相陪伴的人？

## 參考例子：我的目標

以下是我個人的目標，提供參考。請注意，這只是舉例，不是正確答案。

我的生活目標是每日清醒地活著，選擇做能促進自己和別人成長的事。

我希望我的工作能為人們提供更瞭解自己的方式，讓他們對自己的本質有更多熱情、更加欣賞。

我想創造富有意義的關係，這樣的關係建立在相互依存、樂趣和成長之上。

我希望我在他人的記憶中是有趣、感人、有智慧的。

試著寫下你的目標吧。不一定要很完美、很深刻，也不一定要涵蓋以上所有問題的回答。（你可能留意到了，我的也沒有。）它只是為你而「量身訂做的」，未來隨時都可以修改、更新。描繪目標有助於將自己的精力指向對你最重要的事物，並有助於使自己的生活建立在自己的價值和才能之上。它能幫助你感到充滿活力。

## 9-15 讓你的天性自由發展

幸福不是旅途的終點，而是旅途的過程。

——瑪格莉特‧朗貝克（Margaret Lee Runbeck，作家）

想像你是這一章開頭提到的鬱金香，把自己當成一朵充滿活力、優雅、堅強、鮮豔和神奇的花朵。

你需要特別的關注，**只有你自己才能提供的關注**。請瞭解，在你接下來的人生，你必須非常小心維護自己的環境。從某個角度來說，這件事非常困難，但從另一方面來看，有力量照顧好自己，也是非常棒的事。如果你偶爾未能好好照顧自己，請重讀這一章，並回到「培育花卉的園丁」的模式。無論何時，只要你需要，你都可以做到。

如果你規律地做了所有或部分改善精力的工作，那麼，你就能夠從容應對人生之路上的任何障礙了。好好照顧自己，讓自己更加堅強、快樂，更能夠接納內向的自己。你會感到自己不那麼像離水之魚了。

- 培育你獨特的天性。

- 注意有哪些事讓你精神百倍，哪些事讓你疲憊不堪。

- 當你體驗到幸福感和寧靜時，你處在正確的軌道上。感覺易怒和疲倦是你需要改變行為策略的信號。

- 微小的變化會帶來不同凡響的結果。

- 明智地運用你的精力。

第十章

接納新觀點：
將你的光芒灑向四方

- 小孩喜歡玩積木，為什麼積木崩倒散落一地時，他們反而更興奮？
- 在餐館點一道從沒想過要嘗試的菜，你會有什麼感覺？
- 為什麼性格內向者不喜歡出門，或總會擔心忘了帶重要的東西？
- 為什麼性格內向者說話時，常被性格外向者認為優柔寡斷？
- 為什麼性格內向者常吹毛求疵，在心裡責怪自己做得不夠好？
- 網路會讓性格內向者找到安全拓展人際關係的平台，還是更疏遠？

害怕不可避免。
但讓害怕徹底控制你，又是另一回事。

凱瑟琳‧培德森（Katherine Paterson，作家）

你已經認同自己是個性格內向者，而且能用自己的方式舒適地生活。現在，你該再次感受一點不舒服了——當然，我們絕對有非常好的理由。

停留在熟悉的環境讓人感覺很舒服，但現實不可能永遠如此。現實生活中有許多我們不得不做的事，而且它們都需要一些**外向的技能**。例如，如果想找新工作、為孩子換內科醫生，或結交新朋友，你就需要一些外向的技能。如果我沒有衝破內向的藩籬，就無法寫出這本書。因為我必須咬緊牙關四處打電話、走出家門與人面談，還必須在人群前講話。

我們為了實現目標和夢想，時常需要表現得外向一些。我們不得不努力走出自己舒適的小圈子。但在事情完成之後，我們就可以迅速回到原來的生活軌道。

性格外向者就像燈塔，將能量灑向外界。他們的注意力遠離自我，不停掃描外在世界。在那裡，性格外向者獲得充沛的精力，並從多巴胺的活動中獲得快樂感。對性格內向者來說，情況就不同了。

我們就像燈籠，柔和的光線照著內在。

我們的注意力總是集中在自己的內心世界。當我們步入真實的世界，我們要以不同的方式來處理事情。我們需要減少我們內在的光，另起火苗，將自己的光芒灑向外界。

性格外向者勇往直前地投身外在世界，大膽的態度中顯露出充分的信心。他們健談、開放、主動性強，並且對任何事都躍躍一試。正如他們需要從性格內向者學習一些技能一樣，我們也需要向外向者學習。

在這一章，我會提供一些方法，讓你盡可能輕鬆又愉悅地發展外向傾向。你將學會採納「外向態度」的一些方式，那是生活中較輕鬆、較無負擔且自信的方式。一點一點地慢慢練習，你就可以按照對你有利的原則，將它落實在生活中。

# 10-1 對舒適圈的錯誤認識

我們剛以為建構了舒適的生活，隨即發現還有一部分的自己找不到合適的地方安身。

——蓋爾·希伊（Gail Sheehy，作家）

從幼年時期開始，我們就在熟悉的事物中尋找安全感。所有孩子都會用絨毛玩具來幫助自己面對不熟悉的感覺。玩具上的磨損讓他們想起家的溫暖，可以平息他們的恐懼和焦慮。成年以後，我們繼續尋找熟悉的感覺，因為它可以幫助我們調節壓力太大的感覺。性格內向者比性格外向者更容易從熟悉的事物中留意並找到安全感，而吸收外界新的資訊則需要消耗精力。

## 走出舒適圈，累積經驗、與人相處

性格內向者可能會幻想，如果永遠都無所憂慮，那才是真正的幸福，但那種幻想有其局限。無論你如何小心建構自己的生活，仍然會經歷障礙、挑戰、困難和不愉快，所以你需要應對的能力。這需要嘗試新做法，並要忍耐自己不大適應的陌生感覺。

此外，成長意味著會感受到一些新的東西。與世隔絕的生活固然可以保護你免受不愉快的侵襲，卻也限制了你累積經驗和與人相處的機會，而這兩者能帶來的協助和快樂，是你沒有想過、或曾經認為不可能的。

## 人格特質要經常運用才會有力量

　　保持太舒服的狀態導致我們失去了性格中的某些面向，就像肌肉不活動就不會獲得力量一樣，我們的人格特質如果沒有經常運用也不會有力量。況且，如果沒有新的資訊和挑戰，你就會充滿厭倦或沮喪，害怕被拋棄、被拒絕或失望的感覺也會增加，除非積極的外在經驗提醒你，這些恐懼不會一直存在於現實生活之中。

　　身為性格內向者，你需要提醒自己：儘管向外活動時很快就會用光精力，但是你也從中吸收了新的觀點、結識了新的朋友，並獲得新的經驗。這個世界會帶來刺激。你與性格外向者不一樣，無法恣意將自己的光輝灑向四周。但是你可以將自己發展外向傾向的精力集中在自己願意嘗試的地方。

# 10-2 獲得自信

性格源自你一而再、再而三的嘗試。

——詹姆斯‧密契納（James Michener，小說家）

性格內向者需要感受到：即使在不適合天性的地方，我們也能依靠自己的能力來處理周遭的事。在難纏的同事面前站得住腳、去商店退貨、爭取升遷、向孩子的學校提出意見，或加入讀書俱樂部等，都是充滿挑戰的事。但是，挑戰也意味著要去征服，對自己充滿信心是一個好的開始。請記得，你可以像性格外向者那樣發出光芒，然後在活動後減少光量，回到自己溫暖的「燈籠」。當你向外活動時，要注意照顧好自己並適當休息。你的付出終會有所回報。

## 自信建立在你是誰，而不是你做到了什麼

許多性格內向者待在自己舒適的小圈子裡，因為他們無法確定自己是否能在「外向的世界」裡應付自如。當他們走出去時，常會感到壓力太大，並忘了自己的能力。他們可能將自己與性格外向者比較，認定自己有所不足，然後就選擇退縮，以免感覺自己很糟糕。性格內向者也會受到文化主流的觀點影響，也就是我們個人的價值在於我們做了什麼，而不是我們是誰。

在《活出自信》（*Confidence: Finding It and Living It*）中，心理學博士安吉麗思（Barbara De Angelis）

指出：「當你將自信建立於**自己是誰**，而不是你**做到了什麼**，你就創造了一些沒有任何人或任何環境能夠從你身上拿走的東西。」這對性格內向者非常重要，因為我們的許多能力在外向的世界中並沒有受到重視。

「自信」是常受誤解的辭彙。人們以外向的角度來思考它：做事很快、有充沛的精力，並且獲得相當多的成就。如果這是正確的，那麼就只有像奧運冠軍之類的人物才會有內在的安全感。

大自然並沒有將宇宙設計成那樣，否則大多數人都會受冷落。再想想在各行各業中看似頂尖或成就非凡的人，他們也有可能會陷入自我毀滅，例如吸毒和酗酒。此外，如果你將自信建立在自己擅長的事情上，那麼就更難嘗試新的事物了。想嘗試新鮮事，你得一切從頭開始，並經歷學習的曲折和笨拙的嘗試。只把自信建立在已獲得的成就，會限制你擴展和掌握新興趣的能力。

## 自信是一種內在的保證

讓我們來看看西恩的例子。西恩剛過二十歲，他在第一次面談時告訴我：「我的大腦反應非常快，其他人根本跟不上我，而且我還意識到，當我還非常小的時候，我的智力就勝過大多數成人了。我就像卡通裡的大野狼（Wile E.Coyote）：我可以在眾人之間遊刃有餘。」

一些人聽到西恩的夸夸其談，誤以為他很有自信。事實上，西恩容易受到驚嚇、容易衝動，也不夠主動。他對自己幾乎沒有什麼自信，而且他的「自信」是建立在他的「反應快」之上，並將這種能力與知識和智力相提並論。在他的職業生涯中，西恩很難和權威的專家融洽相處，他的工作陷於停頓的狀態。他做了很多，卻沒有多大進展。

如果你只有在參與你做得很好的活動才會覺得有自信，那麼，**不參加**那些活動的時候，會出現什麼情況？如果你只有在為人父母時才能對自己的能力有安全感，那麼，當你的孩子不需要你的時候，你又該怎麼辦？或者，如果你從事能協助他人的職業，那麼，當你沒有帶給其他人什麼東西時，你對自己的感覺又如何？比如說，如果你因為生病而無法完成任何事，你就沒有價值了嗎？

**建立在成就上的自信，和建立在你內在特質上的自信是不同的。**這就是為什麼達到某個具體的目標（例如從學校畢業、買了一輛特別棒的車、獲得一次破格升遷，或在銀行裡有一定的存款）會讓你感覺很好，但這種很好的感覺很快就煙消雲散。研究顯示，從一次大升遷中得到的滿足感，最多只能持續六個月。為了體驗到自信，我們需要一些始終伴隨著我們的東西。自信應該來自於我們的**內在**，而不是來自於我們在**外在**世界所做的事。

自信仰賴某種內在的保證。它是你與自己做的某種約定，也就是為了達成目標去學習或去做必須做的任何事。它是你在學習新技能時做出決定、保持旺盛的求知欲、容忍錯誤及善待自己的能力。沒有人能從你那裡將你的堅毅或任何類似的特質帶走。

## 內向者的內在能力

性格內向者特別需要思考自己內在的能力，因為他們不像性格外向者有那麼多外在的成就可以依賴。他們與西恩不同，甚至無法欺騙自己來讓自己覺得很有自信。以下是他們確實具備的一些優勢：

- 長期高度集中注意力的能力
- 堅持不懈

- 思慮周全
- 善於接受新資訊
- 努力做好工作
- 沉思
- 以富於想像的方式創新。

我想補充的是，這些只是讓人深刻印象的部分特質。通常，如果我告訴個案，我從他們身上看到的一些特質，他們都非常驚訝，而且會說：「我從沒有想過我的那些特點是有價值的。」

## 設立自信帳戶

那麼，如何增強內向性格的自信？這只需要一些觀察的技能。

想像你為自信建立了一個銀行帳戶。無論何時，只要你採取某種行動，往目標或優先考慮的事邁進一步，就存入一筆金額。想像一下你在帳戶裡存了一些「自信的錢幣」。更好的做法是做一份自信筆記，記錄你的「存款」有多少。

例如，當你很害怕，但還是打了一通很艱難的電話時，就存入一筆錢。當你信任並重視你的情緒時，就往你的帳戶存入一些錢。如果某人批評你，你能夠客觀思考他的回饋，且沒有過度重視（心想他們是對的，我那麼做是錯的）或輕視（他們的評價沒什麼；我是對的），那麼，也存一些錢進去。

當你好好回應批評：「我能夠理解你的想法，但我認為你誤解我了；我的意思是……」你可以再存入一筆錢。當你希望做好某事，請放入更多自信的錢。如果受到挫折（例如沒有得到你真的非常想要的

新工作），允許自己用幾天的時間來體驗悲傷和沮喪。提醒自己，那只是一個工作。當你寄出另一份履歷時，再往帳戶裡存入大大一筆錢。

## 擺脫固有的模式

我面談過的許多個案，他們焦慮時會感到很緊張。他們的身體變得緊繃，就像是樂隊定音鼓上繃著的羊皮。告訴他們停止焦慮根本沒用；批評他們也是，只會使他們更緊張。因此，我建議他們試試與平常相反的方式。例如，當我們的身體感到緊張時，我們通常會試圖使自己放鬆，但常常沒什麼用。我們可以改變這種模式，刻意繃緊整個身體，然後，隨著一聲長長的歎氣再放鬆身體。這時，再像金色獵犬在熾熱的夏日跑過灑水車後抖動自己的身體。抖、抖、抖，想像水珠在你的身邊飛濺。你現在感覺怎麼樣？

想像如果你真的在每一次展示自信態度時都存入了錢，你對自己會有怎樣的感覺。你很快就建立了一個存款很多的帳戶。

現在，當你以發展外向傾向的方式跨出時，可以看你的筆記，或想像你的巨額「存款」。

那筆巨額「存款」可以永遠提醒你：你有能力追求自己想要的，你能依賴自己。你充滿活力。

如果你需要，你可以尋求幫助，而且在經歷一次障礙或挫折之後，你可以重新振作。

## 10-3 一件就夠了

> 當你發現自己騎的是一匹瀕死的馬，最好的策略就是從馬上跳下來。
>
> ——達科他族（Dakota）諺語

一般來說，性格外向者不會浪費太多時間固守常規，他們甚至還沒稍加思索就已經起身離開。不過對性格內向者來說，擺脫常規就像去爬喜馬拉雅山。因為他們知道，離開慣常的路線會耗費額外的精力，他們不會因為身體的移動而獲得快樂的獎勵，所以保持穩定不動更容易一些。在面對熟悉的事物時，只需要較少的精力。

另一方面，如果性格內向者與外界聯繫的時間不夠多，他們會以為自己比其他人有更多的問題，從而會強化他們固有的「自己一定有些問題」的想法。他們會感到更羞愧，然後更加與世隔絕。性格內向者通常沒有意識到，生活中難免會有壓力和緊張，每個人都以這樣或那樣的方式在奮戰。

### 做一件不同的事，啟動改變

如果性格內向者已經習於固守成規，他該怎麼做？你也許會感到驚奇，但是真的，只要做一件不同的事，就可以幫助你實現你希望得到的改變。這就像是將一塊石頭扔入池水之中，蕩起的陣陣漣漪竟全然改變了之前的一池寧靜。你可以嘗試以下的方法：

- 準確描述你想改變的模式。

- 採用不同的方式來完成其中**任何**一個部分。

- 嘗試一下你在其他情境中使用成功的解決辦法。

- 逆向思考。想一想怎樣做會使這個問題變得更糟。新的解決辦法可能會因此產生。

- 將注意力集中於你希望發生的，而不是已經發生的事情。

- 慶祝自己獲得的成功。擺脫常規去做某件事，會獲得一些自由。

我的個案艾力克斯每天下班就直接回家，晚上也只是看電視，但他想改變這個模式，希望一個星期至少出去玩一次。以下是我們一起運用前面技巧啟動改變的實際例子：

- 對艾力克斯來說，一旦安坐家中就很難讓自己再走出去，所以首先，我建議他下班後不要直接回家，而是去其他地方，例如看電影、參觀博物館、和同事喝咖啡，或是去購物中心逛逛。

- 然後，我請他想像，如果接下來三個星期他都不出門，會有什麼樣的感覺。這常會引發令人驚訝的動機。它取代了恐懼。他突然就想到許多希望去的地方了。

- 隨後，我鼓勵他想像自己在高爾夫練習場打了不少顆球，或想像去了原本不在計畫內的另一個有趣的地方，例如天文館、書店或夜間展覽。我要他在命名為「週末活動」的紙上快速記下所有想法，並放在工作的地方或汽車裡，以便他能隨時想起自己的選擇。

- 後來他去了圖書館看書，而且度過開心的時光。

## 改變準備程序，降低焦慮感

許多性格內向者在轉變過程中感到很焦慮，他們覺得這種轉變過程是不確定的體驗。他們離開自己的家，就會變得特別焦慮。他們會推測哪裡會出問題，知道這會消耗更多的精力。此外，他們擔心自己是否有足夠能力應對不熟悉的環境。他們還常擔心會忘記帶可能要用到的東西。例如，性格內向的個案荷莉告訴我，她準備出門時經常找不到鑰匙和手機，或者會忘記各種重要的東西，不得不衝回家好幾次。這一切都讓她非常焦慮。

荷莉和我討論如何才能改變這種狀況。我要她在準備離家出門時，留意自己做過的所有步驟。當她隔週再來時，她提到自己做錯的每件事。我請她回想是否有哪幾次出門的過程似乎較流暢。她告訴我，她每次去健身房是怎樣準備的：「我在屋子裡走一圈；拿了健身要穿的衣服、手機、水杯，還有其他用品，然後放進健身專用袋，擺在前門邊的皮包旁。接著要做的就是檢查這個袋子，然後再帶出門。」

我問她，其他情況是否也可套用這些步驟。她想了一個主意，在前門旁闢出一個「整裝待發區」。

「在我準備出發的前一天晚上，我可以在房裡四處看看，收拾我需要的東西。」然後她會告訴孩子不要動那些東西。她認為這可以減輕她對遺忘重要東西的焦慮。最後，我要求她想像自己以一種精神非常放鬆的狀態出門，並提醒自己已帶齊所需的一切。荷莉回報，接下來的幾個星期，她發現了更多方法可以縮短她的「準備」，而且對離家外出不再感覺那麼疲憊了。

如果性格內向者改變一下出門前的例行準備工作，就會提高自主意識。這可防止他們不自覺進入焦慮狀態。

# 10-4 讓娛樂與生活同在

性格外向者通常被認為愛好娛樂，在外界四處活動對他們來說是一種享受。另一方面，性格內向者通常過於嚴肅認真。如果是在孩童階段，性格內向者可能因為表現有點傻氣而被批評，所以他們不再展示自己的那一面。同樣的，性格內向者的自我意識很強，不喜歡受到關注，他們可能會將開玩笑、娛樂和感覺愚蠢、刺激太大和筋疲力竭等連結起來。然而，玩耍和積極主動其實能增加我們的活力，與人建立親密關係，使生活更有意義，並能擴展我們的眼界。缺乏生活的樂趣，我們會變得過於嚴肅和感情淡漠。

## 遊戲能降低緊張，開創新思維

遊戲意味著給自己一個什麼都可能發生的空間。留意觀察孩子堆積木的方式，他們努力堆疊，直到積木倒落在地，以各種不同的方式散落一地。孩子們興奮極了，因為新的情況發生了。嬰幼兒研究顯示，父母和嬰兒形成親密親子關係最重要的一種方式，就是遊戲。遊戲是將人們連結在一起的黏著劑；遊戲也可以減少緊張。它可以在各種觀點之間創造新的連結，進而放鬆你的思緒，而且還可以清理我們大腦中的糟粕積垢。

當我發表演講時，我首先會感謝邀請我的團體，接著會說：「請等我一分鐘，老花眼，你們知道

的。」然後，我打開皮包東翻西找，戴上我的搞笑眼鏡。當我望向觀眾時，大多數人都在微笑或大笑。我們的精神提高了一些，而且我們感覺到一種團體凝聚力。

## 跳脫常規

儘管性格內向者需要娛樂，但可以率性而為的環境也會讓人覺得有危險，因為它意味著不確定。

然而，生活就是一種不確定，而且生活中的許多東西也正是來自那種不確定。許多事產生於意外的發現。走一條新的路線，你可能就遇見了未來的伴侶。發展外向傾向需要具備讓自己變得快樂的能力，以及欣賞生活中的意外的能力。

我發現大多數性格內向者都有頑皮的一面，即便他們自己沒有意識到。戲謔的態度可以幫助性格內向者減少恐懼和精力流失。為了幫你抓住頑皮的那一面，請將你心底總是想做的五件事情寫下來——而且是超出你的常規的事。跳脫常規，試著想想看。

以下是一些建議：

• 在餐廳點一份以前從沒嘗試過的菜，比如說蝸牛（我指的是食用蝸牛）。

• 星期六，在床上待到很晚才起床，或非常早起，只要是和平常不一樣就可以。

• 欣賞你從沒看過的老片或音樂劇：《萬花嬉春》(Singin' in the Rain)、《歡樂音樂妙無窮》、《奧克拉荷馬》(Oklahoma) 或《長腿叔叔》(Daddy Longlegs)。

• 閉上眼睛，將一枚硬幣扔進噴水池中，並許一個願。

• 和家人或幾位熟悉的朋友玩遊戲，如「國王遊戲」、「比手畫腳」或猜字謎。

- 在腦中想像去尼泊爾、大溪地、俄羅斯或亞馬遜河旅行。想像那裡的氣味、感覺、景色和聲音。想想在那裡可能會吃到的奇特食物。烤蛇怎麼樣？想像它嚐起來味道如何。
- 做一件你小時候一直希望去做，但當時太小、父母不允許或你無法負擔而沒做的事。對我來說，那就是擁有一間自己的玩具屋。用這個經驗去創造你希望自己擁有的事物。

## 為日常生活加點幽默感

你可以透過幽默的方式來讓例行工作變得有趣。我有一隻粉紅色的鋼筆，當我用它寫字時，它的頂端會閃閃發光。我還有一隻會晃動的橙色蘿蔔筆。讓我一直覺得驚奇的是人們的反應（即便是嚴肅的人），當他們看到我那古怪的鋼筆時，都會突然變得活潑。他們總是會大笑並詢問和筆有關的事。這為我的生活增加了趣味和活力——而且，我認為也為他們的生活增加了趣味和活力。

花點時間創造樂趣，不要讓生活總是那麼嚴肅古板。欣賞你的優勢的同時，也要心悅誠服地接納自己的不足。欣賞自己從前沒有留意過的那一面。

# 10-5 面對外向世界的 7 個策略

你必須經常做那些你以為自己不能做的事。

——伊蓮諾‧羅斯福（前美國總統夫人）

透過增強你的信心，打破你的常規，以及學會放鬆娛樂，你會準備好面對外在的世界。以下的七個策略會使你的冒險更有收穫。

## 策略1：想說就說

性格外向者喜歡交談（所以聽得也就比性格內向者多），不喜歡長時間傾聽，性格內向者講話慢吞吞或猶豫不決時，性格外向者可能就不想再往下聽了。還有，性格內向者柔和的聲音和看到事情一體兩面的能力，會讓某些性格外向者認為他們非常聰明，但另一些則會認為他們優柔寡斷、軟弱。

如果你多年來都覺得自己講話時被忽視、不受重視，或者認為需要花很多努力才能吸引其他人的注意，這可能會使你對於表達自己的想法感到非常氣餒，也可能讓你感到孤立。令人驚異的是，一些簡單的技巧就能帶來很大的差異。在你覺得精力非常充沛的時候，每個星期嘗試練習兩次以下的建議，並連續做三個星期。請記得，你只是需要偶爾進入性格外向者的圈子，來點高談闊論。

走出家門，與一、兩位陌生人談話。拉住你身旁某個看起來很友善的人，談一點有關你們所在位置的話題。

「楓樹上那些鮮紅的樹葉實在非常漂亮，對吧？」

「這裡的服務真的是太慢了。」

「我就喜歡這家麵包店裡的蜂蜜小麥麵包。」

留意一下，說話要比平常快一些、大聲一點、句子短一點，而且一次只說一件事。然後，就去做你原本想做的事，例如買東西、找個位子坐下，或排隊等候。觀察一下情況會怎樣。注意你是否覺得有點激動不安。對許多性格內向者來說，光是對陌生人講話這件事就已經是很大的刺激了。提醒自己，你可以很激動，但還是要說一些簡短的話，想像自己到時很輕鬆就能說出口。

留意你對攀談的對象是否很容易就加入談話，又對你說了些什麼。如果他們沒有說什麼，那麼，只要想他們也許只是不太舒服，不需要太主觀想解釋這種情況。如果反過來，對方跟著你的話題開始閒聊，記得提醒自己，簡短、愉快的交談有助於我們和其他人產生連結。這種體驗會讓你想多消耗一點精力接觸其他人。

練習與陌生人進行簡短交談後，便是集中火力進行較大任務的時候了——做些讓你感到有點氣餒的事，比如說讓你覺得很恐怖的退貨（性格內向者通常都很討厭退貨）。如果退貨對你來說不算太恐怖，那麼就試試其他的事——如要求電信業者更正帳單中的錯誤，或與清潔公司為地毯清潔問題討價還價。選擇一項可能會引起高度焦慮的任務。性格內向者通常很害怕做這些事所需要的快節奏，它們無法預測後果，需要當下做出決定，而且在每一次言語的來回之間，都有可能發生衝突。許多性格內

向者最後會感到非常的焦慮和難過，但不要把自己嚇退了。

當你準備好要冒險的時候，先練習一下想說的話，比如：「我想退掉這件毛衣。很遺憾，它不大適合我女兒。這是我的收據。」在經歷過一些實際練習之後，你就熟悉這些過程了。

研究顯示，如果人們說話很快、音調較高，而且避免說俚語，會給人們留下很聰明的印象。無論你是在教室與孩子的老師交談、在公司會議與同事講話，或是在家庭聚會上說話，請以堅定、有力和清楚的聲音說出簡短、果斷的句子，並與他人進行直接的眼神交流。如果是在團體裡，經常練習提出堅定、簡短並與其他人有關聯的評論，例如：「我想補充……」，或「正如吉米所說，我認為……」

當你完成自己的任務之後，經常用一些小東西來獎勵一下自己。

## 展現快樂的面容

微笑可以提高你的內在感受，改善你的情緒。活動面部肌肉可以對各種神經傳導物質產生影響，指引血液在大腦中的流向。請試一下這個簡單的實驗。

首先，緊皺雙眉、咬緊牙關，保持這個表情三十秒。你心中出現了什麼想法或情感體驗？

現在，揚起眉毛並咧開嘴笑，露出牙齒，並保持這個表情三十秒。現在，又有什麼想法或情感體驗湧現心頭？如果你看起來較高興，你也就可能感覺較高興。

因此，有時在必要的時候，不妨假裝高興一些，直到你的神經傳導物質感受到這樣的快樂。

# 策略 2 ：迅速平息內心的怒火

破產已無法避免，但是轉個念頭，我的心就恢復了平靜。接下來，我會窮得不用一直擔心小偷上門了。

—— 吉娜・羅絲斐（Gina Rothfels，攝影師）

讓人心煩意亂的事每天都會發生：開車時遇到塞車；出席重要的會議時遲到；電腦突然當機；被主管批評；想不起客戶的姓名；弄髒最心愛的襯衫……這樣的事數不勝數。

生活中這些讓人懊惱的事通常會讓性格內向者非常沮喪，而且這種沮喪的程度比性格外向者更為嚴重。因為他們對自己的內心世界較為敏感，所以對壓力的反應也更迅速、更強烈。一旦內在的不安上升，他們就很難鎮定下來。（性格外向者較少關注自己的內心世界，所以對他們來說，壞消息常常就像是鴨子背上滾落的水珠一樣，一下就滑落了。）

神經科學告訴我們，比較好的應對方式是：問題出現時就立刻有所反應，而不是等問題累積後才處理。在《高能量生活方式》中，心理學博士羅勃・庫柏提出了一種方法，可以讓人在任何情境下都能冷靜下來。我將他的方法調整成我所謂的「快速平靜的方法」。這不像其他應對壓力的技巧那麼繁瑣，只有五個步驟，只需要幾分鐘的時間，而且你在任何地方都可以練習。

## 快速平靜的方法

① **保持正常的呼吸**：感到有壓力時，你常會屏住呼吸。如果不打破這種狀態，恢復正常呼吸，你

就會感到焦慮、憤怒和沮喪。呼吸可以增加送至大腦和肌肉的血液和氧氣，減少緊張並增加幸福感。

② **保持眼神平靜、敏銳**：在家中鏡子前做這個練習。改變你的表情，面帶微笑，使神情放鬆，但保持靈敏，專注地注視某個地方。試著做出以下的表情：陶醉地欣賞音樂或觀看孩子們遊戲，但對自己說：「我是敏銳的，而我的身體是平靜的。」你的神經化學會隨之改變，使你精神一振。

③ **消除緊張**：在壓力下，我們容易精力衰竭或心情緊張。留意你的姿勢，還有身體的哪些部位是緊繃的。你的肩膀緊繃嗎？胃部不舒服嗎？牙關咬得緊緊的嗎？把身體重量平均分配到兩隻腳上，輕輕跳一下，確保動作確實。現在，想像有人輕輕從你的頭部將你往上提。你往上長高了一吋。敞開並挺起胸膛。想像有一股讓人放鬆的翡翠色液體流經你的血管，溫暖而舒適，帶走所有的緊張。

④ **注意問題的不同之處**：只要有意識的覺察，我們會發覺每次的情況都有不同之處。然而，我們的大腦喜歡將經驗累積、集中，然後迅速做出判斷，並對問題提出初步的解決辦法，以減少焦慮。因此，不要在事情發生的當下不加思索就做出歸納或評斷。例如，不是立刻就這樣想：「我看，我的妻子又在批評我了。」而是暫停一下，留意這次的情況有哪些不同，試著想：「我的妻子是在關心我。她的聲音聽起來不像是批評，也許她提出意見只是想幫助我。」然後，你就可以對當下的情況做出適當的回應了。

⑤ **喚醒你的智慧**：我們所有的智慧都存在於內心，請讓內在智慧引導自己。承認自己正在面對某個問題，讓你的智慧提醒自己：你曾在其他時候成功處理過類似的情況。回想當時的感覺，並

進入那種感受。這就像在**試穿自信**的外衣。你愈是倚重你的智慧，就愈篤定它在你需要時會出現。（還有，請記得，如果你忽視某個問題或否定它的存在，它是不會自動消失的，而且通常會愈來愈糟。）

# 策略 **3**：對自己寬容一點，不要作繭自縛

性格外向者不會回顧他們說過的所有的話。事實上，他們常常不會對自己說的話稍加思考，這也正是他們許多人看起來都無憂無慮的部分原因。另一方面，性格內向者總是不停評斷自己所說的話。在他們的大腦中，控制言語表達和言語理解的布洛卡區有活躍的內在聲音。它所在的神經傳導路徑，會經過大腦中負責對反應進行評估，並對過去、現在和未來進行比較的區域。有時候，內心的這種聲音還會變得吹毛求疵。

性格外向者內心裡可能也有吹毛求疵的聲音，但那較常集中於他們**做**了些什麼，而不是他們說了些什麼。性格內向者內心的聲音常常是專注於他們說了些什麼，這會讓人感覺不得體或尷尬，使他們降低說話的音調。你曾意識到自己內心的聲音嗎？它帶來鼓勵？還是讓人沮喪？如果性格內向者在冒險進入外向的世界後感覺很糟，問題的根源通常是他們腦中的聲音，而不是實際發生的事。

我的個案巴瑞就是一個好例子。他告訴我，他在發言之後感覺自己非常尷尬和愚蠢。當我問他聽眾的反應怎麼樣時，他承認人們喜歡他的發言，他也得到不少讚美之詞，但仍然會覺得很糟，因為當時有位女士問他他提到的某本書的書名，他卻一時想不起來。當我們回顧這段經驗時，他意識到是他

腦中的聲音使他對這件事耿耿於懷。他必須讓那個批評的聲音停下來。

想想你頭腦中那譴責般的聲音。在你走出自我、進入外向的世界之前和之後，它們說了些什麼？那些聲音聽起來像誰？如果那些訊息說：「你應該與眾不同，你應該更加外向一些。」你認為誰會這麼說？你的母親？你的父親？你的姊姊？你的祖母？你高中時代的男朋友？如果那聲音是在說：「這對你來說應該不困難。」那又是誰？

儘管你頭腦中的聲音似乎很像你自己，但它們更可能是來自於過去希望你以某種方式行動的某人。你知道嗎？他們說出這些貶抑的話，是因為那些讓他們感覺不舒服的事，而不是因為你。

不幸的是，頭腦中的聲音會影響我們在緊張、忙亂、花言巧語的現實世界裡的應對能力。因為我們不願冒險離開自己的舒適圈，而且每一秒都在消耗精力，那批評的聲音讓我們更加疲憊和沮喪。

為了重新認識你內在的聲音，我建議你為自己找一張小時候的可愛相片，坐下來，用至少五分鐘的時間看著它。對於孩子，特別是性格內向的孩子，這個世界通常就像一個巨大、讓人感到害怕的地方。接下來，寫下小孩進入外向的世界時需要的五件事。例如：

- 他需要牽著一隻手。
- 他需要友好的、充滿鼓勵的聲音。
- 他需要有人提醒他有時候會感覺不舒服。
- 他需要瞭解撫慰自己的方法。
- 他需要瞭解那些感覺總會過去。
- 批評不是他需要的。

下次當你又感到尷尬、不舒服的時候，試著不去評斷自己說了些什麼。制止內心裡那批判的聲音，也不要去聽。想像自己是個孩子，並告訴自己，無論你說了什麼，都沒問題的。

## 策略4：帶齊必需品

許多性格內向者比性格外向者對自己所處的環境，以及任何可能讓人不高興、不舒服的事都更為敏感。室外環境特別具挑戰性，因為他們可能會因為一些刺激而感覺缺乏保護或受到攻擊。一旦覺得受到刺激，精力的消耗就會像塞子拔開後水不停流走一樣。此外，他們對食物的新陳代謝也比性格外向者要快一些，這意味著血糖非常容易就會降低。在這種情況下，性格內向者在以偏向外向的方式行動之前，事先儲備一些就非常重要。如果他們的生理需求都得到了滿足，應對能力就能提高。下一頁的「性格內向者的必需品」清單，可以讓外出更容易一些。

盡可能讓進入外在世界的過程愉快和舒適一些。你可以穿上柔軟而舒適的鞋子。洋蔥式多層穿衣法，能讓你配合天氣變化來做調整。出遊時多體會自然之美，創造更多美好的感受。也可以到公園散步，或去看看藝術展覽。（例如，當我去研究室時，我總是在一個街區外就把車停好，以便步行穿過美麗的住宅區。）

如果不是真的有迫切的通話需求，關上手機。在包包裡放一小本能振奮精神的詩歌、格言或諺語集，在排隊或工作休息的空檔可以讀一點。只要情況允許，盡可能依照你的需求調整光線。在人群中，想像你的身邊有保護罩或盾牌。

如果你能好好照顧自己，就可以有更多時間表現得外向一些。

## 性格內向者的必需品

帶好需要的東西，減少外界的侵擾，有時這可能會導致精力充沛和疲憊不堪的天壤之別。

以下有些東西，也許你可以放在背包、錢包、公事包或汽車裡：

- 耳塞，用來阻擋大街上的噪音。

- 零食（堅果、能量棒，和其他富含蛋白質的零食）。當你覺得血糖下降時，這些東西都可以讓它恢復正常水準。

- 水。記得經常喝點水。

- 隨時可聽的音樂，用來撫慰自己。

- 一張卡片，在上面寫幾句話，例如：「今天我會放鬆心情並欣賞發生的一切。」。

- 有清新香味的棉球。當旁邊有讓你感到不舒服的氣味時，就聞一聞棉球。（在紐約八月的大街上，這特別有用！）

- 暈車藥。電影或意外的活動有時會引起頭暈。

- 一把雨傘或陽傘。強烈的陽光讓你心煩意亂時就可以使用。兒童傘不像大傘那麼麻煩，也能隔開一些喧鬧的人群。許多人分享，在陽光充足的日子裡打傘散步是非常好的主意。

- 防曬油、護手霜和唇膏。許多性格內向者都有敏感性肌膚。

- 一個使用電池的小風扇、一個小的噴水壺，兩樣都有當然更好。（它的好處就是可以提供人們交談的話題。天氣炎熱時，排在長長的隊伍中或看棒球賽時，分享我從瓶子裡噴出的水份，使我交了不少朋友。）

- 寬沿的帽子和太陽眼鏡。

- 毛衣或毯子。

- 可攜式暖手器。

- 禦寒耳罩或色彩鮮豔的滑雪頭飾帶。如果冷冽的寒風讓你的耳朵不舒服，就可以用上。

## 策略5：恢復充沛的精力

外向傾向的活動非常耗費精力。性格外向者的「能量箱」裝滿了葡萄糖和腎上腺素，所以，他們不想在家裡待太長的時間，一點也不令人意外。相反的，性格內向者的精力可能遠低於一般水準。一旦你意識到精力降低，可做以下的練習來提升精力。

你即將展開一趟充滿幻想的旅程。你可以用一個關鍵詞作為開始。想想與放鬆休息相關的詞，例如：夏威夷、花園、沙灘、池塘、森林。在腦中想像那個地方，然後再透過五感來想像那裡看起來、聞起來、聽起來、嚐起來、感覺起來如何？

我的個案凱莉選的關鍵詞是峽谷。在她那一小片開墾的土地上有苔蘚、小草、野花，四周環繞著成蔭的綠樹。小鳥婉轉地唱著歌，空氣清新無比。凱莉想像自己躺在小溪旁的一處高高草叢中，腳可以伸進清涼的溪水裡。溫暖的陽光照暖了她的身體。她能感覺到自己的身體非常放鬆，而且充沛的精力又回來了。

在一天當中，閉上眼睛，想幾次你選擇的關鍵詞。想像你就在**那裡**。運用五感來連結你的關鍵詞。練習這個技巧，直到你能夠一想到某個詞彙就能馬上把自己送到那裡。這是快速而且很容易恢復精力的辦法。

以下是其他迅速恢復精力的方法：

- 在手腕上淋一些冷水。或冷熱交替，各十秒鐘。
- 將一個小噴霧器裝上水並擠一些檸檬汁進去。遇爾用它噴一下臉。
- 站起來，然後彎下身體，讓你的手臂盡量接觸地面，眼睛看著膝蓋。放鬆地呼吸幾秒鐘，再慢慢站起來。
- 站直身子，下巴微收，頭向前伸，輕輕地點頭。在點頭的過程中休息幾次。一天重複幾次。
- 關燈，在黑暗中坐幾分鐘。
- 看看窗外，看看外面的人，讓你的思緒自由翱翔。
- 坐下來，閉上眼，頭向後傾，想想過去某個有趣的經歷。
- 買一個可熱敷（或冰敷）的護頸，放進微波爐加（或放進冰箱降溫），在感覺緊繃的身體部位敷上五分鐘。

# 策略 6：待在生活中陽光的那一面

笑對自己的付出，這不會讓你浪費什麼。

—— 瑪麗·沃吉普（Mary Waldrip）

走進外向的世界時，不要忘了自己的幽默感。幽默是我們保持遠見、減少壓力、提升健康、增加每日生活樂趣，以及和其他人保持連結最迅速的方式。

性格內向者習慣向內注意自己的體驗，視野有時難免相對狹窄。有時他們會以為讓人憤怒的事全都發生在自己身上。他們會想，如果自己的性格適當外向一些，一切會更好。**幽默幫助我們走出狹小的自我，並從更寬廣的角度看待自己的生活。**就像從山頂俯瞰生活時，確認重大的標誌就很容易。

**幽默能減少焦慮。**它提醒我們，問題都會過去。這讓我們不會為一些小事心煩意亂，而將精力用來應對真正重大的問題——例如關乎生死之類的大事。別忘了，你的精力有限，所以不要為一些小事抱怨來浪費任何精力。阿諾德·葛拉素（Arnold Glasow）說：「笑是沒有任何副作用的鎮靜劑。」

## 笑的定義

辭典中對笑的定義是：「氣流從打開的聲門呼出，振動聲帶，產生有節奏的突發性反射作用，常常伴隨牙齒外露和特定的面部表情。」這聽起來是不是很有意思？

我的個案艾莉絲和我分享，幽默感如何為她帶來助益。她說：「每當一些讓人心情非常沮喪的事情發生，例如有一次我到了冰天雪地的芝加哥，但行李卻還沒到，我就一直在想…『哇噢，只好等了，我會等到凌晨兩點，然後告訴朋友，我還站在這幾乎要把人凍僵的機場，沒有行李，只穿著一條加州棉緊身長褲。』」

諷刺的是，許多美妙的體驗卻是從更糟糕的事情裡得到的。艾莉絲繼續說：「就在這時候，有個傢伙走過來說，他來芝加哥參加一個冰淇淋會議，他的公司會在攤位前發送夾克，他有多的，問我想要一件嗎？我說當然。他便從袋子裡拉出一件巨大的夾克，上面印有黑白花紋的乳牛的頭。乳牛目光陰沉地瞪望著外面。你幾乎可以聽見它在哞哞叫。在前往旅館的路上，那件印著乳牛的夾克讓許多陌生人哈哈大笑。真是不可思議，在這樣心情不好的狀態還能大笑。結果我整個週末都穿著那件印有乳牛的夾克，有很多人都因為它而開始和我聊天。」

嬰兒大約十週大的時候就開始會笑，之後的六個星期，他們大約每個小時會咯咯地輕聲笑一次。到了四歲，他們每四分鐘就會咯咯地笑一次。但是當我們成年之後，可悲的事發生了。我們一天平均只笑十五次（許多成年人甚至更少）。我們失去了一些與生俱來的減壓重要能力。

記得你在開懷大笑之後感受到的愉快嗎？一次盡情的大笑可以讓你的臉部、肩膀、橫膈膜和胃部肌肉都得到很好的運動。你的呼吸會加快，當氧氣經過血液時，你的血壓和心率會暫時升高。研究者推測，笑和慢跑一樣，可以釋放腦內啡，而腦內啡會使人較敏銳，並且能緩解疼痛。研究顯示，笑可以減少壓力並增強免疫力。有一項研究讓受試者先觀看滑稽可笑的影片，然後要求他們解決難度逐漸增加的數學問題。觀看滑稽影片雖然減少了受試者的壓力，但有趣的是，**這只對經常大笑的人才有用**。

這似乎說明，為了從生理上得到笑帶來的益處，你需要讓你的幽默中樞運轉正常。

另一項研究發現，自認經常運用幽默來應對壓力的人，保護自己不受疾病侵擾的抗體能力較高。

還有一項研究發現，幽默感很強的人在面對壓力時，免疫力並沒有下降。即使是只有偶爾才會使用幽默的人，他們在觀看有趣的影片後，唾液中的抗體能力也會變得比較高。

## 笑的益處

笑聲可以拉近人們之間的距離。

除了有趣，笑還可以：

- 增加幸福感。
- 增加社交互動的樂趣。
- 增加氧氣、腦內啡、抗體，並使疼痛的閾限升高。
- 減少壓力。
- 減少焦慮、不安、沮喪、失望和憤怒。

—— 維克・博吉（Victor Borge）

我先生麥可有幾個工作都為我們提供了旅遊的機會。不幸的是，培養我們應對旅行中遇到災難的能力，似乎是附加的獎勵。我們稱之為「黑雲翻滾帶來的災禍」。

有一次，我們在在美國聯合航空公司的班機上剛繫好安全帶，感謝幸運星，沒有什麼問題。不過就在那個時候，機長透過擴音，不帶感情地說：「我們將延遲起飛，因為一群蜜蜂攻擊我們的後機輪。不過就在那個時候，機長透過擴音，不帶感情地說：「我們將延遲起飛，因為一群蜜蜂攻擊我們的後機輪。我們希望當蜂王離開後，其餘蜂群也會飛走。我們會隨時通知各位事情的進展。」我茫然地望著麥可……「你認為他是在開玩笑嗎？」麥可迎視我呆滯的眼神。機長沒有開玩笑，但這是我們該幽默的時候了。

「沒有人會相信居然會發生這樣的事。」我們說著，笑了起來。

以下的一些方法有助於將更多笑聲帶進你的生活：

- 下次與家人開車旅行時，聽聽比爾‧寇斯比（Bill Cosby）、保羅‧萊瑟（Paul Reiser）、包可華（Art Buchwald）或大衛‧巴里（Dave Barry）等幽默作家的有聲書。
- 剪一些漫畫、笑話或有趣的諺語，貼在家裡或辦公室四周。
- 記得對其他人講的笑話和有趣的故事都笑一笑。
- 誇張地對待發生的某些事。當個案不停抱怨並表現得非常無助時，我常常誇張地重述他們說過的話，例如：「噢，上帝，這聽起來糟糕透了。到底我還能做些什麼？」我不是想取笑他們，但有時這種方式有助於將問題看得長遠一些，而且我們都會為之一笑。在盡情笑過之後，也就比較容易找到解決問題的辦法。
- 在緊張的情境中也適時幽默一下。有個故事現在已經很有名，那就是雷根總統受到槍擊並送進醫院時，他對妻子南西說：「親愛的，我本來應該彎腰閃躲的。」

在此我想提醒一下，並不是所有的幽默都有益健康。嘲笑、譏諷、譏笑和鄙視源於恐懼、憤怒或

## 笑到最後

一隻鳥停在一隻烏龜的背上。烏龜正在哭。鳥問：「你怎麼啦？」

「我是個失敗者。」

「為什麼？」

「我動作這麼慢。」

「你本來就慢，你是一隻烏龜，烏龜就是慢。」

「我希望我能快一點。」

「為什麼？」

「兔子總是嘲笑我。」

「你估計你可以活幾年？」

「一百五十年。」

「……那麼，兔子呢？」

「五年吧。」

「喔，這麼想吧，你有一百四十五年的時間可以笑到最後。」

鳥從烏龜的背上跳開，然後

忌妒，而且會帶來傷害。如果某人對你發表的意見帶有敵意，不要對著他笑，這只會鼓勵他們。這時最好說一些話，例如：「哇噢，這真是風趣又尖銳。請等一下，先讓我把箭從我的胸口拔下來。」然後在繼續談話時改變話題，或問其他人問題。

如果你發現自己在諷刺或挖苦別人，想想為什麼面對你諷刺挖苦的人時，你會怒火中燒。在某人極度抑鬱，或沉浸在失去愛人的悲哀時，不要使用幽默。在這類情境中，幽默有時會遭到拒絕。辨別什麼會觸怒他人並不容易，即便是面對親密的朋友或親人。

儘管如此幽默有助於應對悲慘的情境。在影集《瑪莉·泰勒·摩爾秀》（*Mary Tyler Moore Show*）中，有一集的內容是主角瑪莉去參加小丑查克斯的葬禮──查克斯（Chuckles）這個名字的字面意思即為「格格地笑」──他在馬戲遊行時把自己裝扮成花生，結果被大象踩死。那是將黑色幽默搬上螢幕的最好例子。

# 策略 7：將你的光芒灑向外界

儘管性格內向者在人群中會感到不舒服，但諷刺的是，他們通常也渴望某種歸屬感。他們常以兩種極端的觀念看待人與人之間的關係，妨礙他們建立自己的交友圈。他們可能認為，人們要不是把所有時間都全部投入社交活動，要不就是完全孤立。但是你不必為了擁有更多友情而成為交際高手。無論你已婚或單身、要養家或即將退休，都可以擁有更多的人際關係。我有許多性格內向的個案都想結識更多人，但通常都會說同樣的話：「我不知道怎麼開始。」

以下提供一個方法：在一張白紙中央，用彩色筆寫下你的姓名，並畫一個圈將它圈起來。現在，畫出你近期的社交網絡，用彩色筆區別不同的群體。藍色可以表示你最好的朋友，紅色可以表示你的家人，橙色可以表示你在工作認識的朋友，而紫色可以表示任何其他群體。想想在你一生中往來的人和群體。留意那些你曾經喜歡但現在卻從生活中消失的人。回想一下，有沒有哪件你喜歡的事（比如拍照）是你願意重新開始的，若是，就把它加進清單裡。綠色可用來表示新建立的關係，因為它象徵著成長。

仔細看看以下的清單，看看是否有哪一項適合你。如果有，請開始考慮如何將它加進你的網絡。

也許，已經存在於你的網絡當中的人能夠給你一些協助。

• 我願意與更多相處愉快的人成為好朋友。
• 我願意加入或開始組織有共同興趣、價值觀、背景、職業、愛好、精神信仰或政治觀點的團體。
• 我願意加入某個有不同背景、興趣或觀念的團體，以便豐富生活經驗。
• 我願意參與一個提供支持和協助的團體，比如說為剛退休的人提供服務的團體。
• 我願意積極參與一些社區團體，例如圖書館之友、學生家長會、社會福利組織，或地方博物館的導覽志工。
• 我比較想加入某個既定的團體。
• 我不想加入任何團體。我只想擴大我的交友圈。
• 接下來，對性格內向者來說是比較棘手的部分⋯克服自己的恐懼、焦慮和抵抗。

「我會感到不舒服和焦慮。」、「我沒有那麼多精力。」、「我可能會受傷和被拒絕。」、「結

果我將承擔所有的責任。」這些是性格內向者普遍具有的擔憂。

消除這些緊張的心情，試著弄清楚它們背後潛在的想法是什麼。例如，你擔心被人拒絕、感到尷尬或受到傷害嗎？或只是恐懼新的和不熟悉的事物？然後，提醒自己，恐懼的東西並不存在，也沒有預示什麼，它們只是一些你賦予它某些具體含義而造成的生理反應而已。我們擔心的大多數事情從來都沒有發生。最後，**下定決心無論如何都要讓自己高興起來。**

以下是能幫助你大膽前進的四個方法：

① 選擇一個你願意保持聯繫或想在其中發展更多社交活動的團體，然後往前跨出一步。例如，參加一次單身聚會、參加騷莎（Salsa）舞蹈班、參加地方保護老樹委員會的會議、邀請一位朋友、參加讀書會或志願擔任孩子學校的家長會委員。一開始，步伐可以小一點，並為你取得的任何進步而恭喜自己。

② 與一位朋友每週聚會一次或通一次電話。你可以試試請對方訂出一個固定的時間，將這種互動關係確定下來。如果這位朋友不願意，就邀請另一位朋友。

③ 邀請兩位以上的朋友來談論某個彼此都感興趣的話題。

④ 請記得，羅馬不是一天造成的，朝外向邁進的嘗試難免會遭遇失敗。這是預料中的事。如果你在某個新團體或剛認識的人那裡嘗試了幾次，卻似乎都不是很順利，那麼，選擇離開並嘗試其他的連結。沒有人適合所有的情況。最後，你會找到你喜歡的人和組織，並感覺自己歸屬其中，進而受到激勵。

## 社群網路對內向者有益

　　此外，請記得，社群網路也是性格內向者與朋友和家人保持聯繫、與新朋友建立關係的好途徑。

　　雖然目前有許多可怕的預言指出，電腦如何導致人際關係的疏離、減少人際的互動、減少社群歸屬感，但網路似乎增加了性格內向者的人際交往。它也使生病、孤獨、生活在地球另一邊或無法相聚的人在一個穩定的平台上相互交流。而且，當你發送電子郵件給某人，在你點擊「傳送」或「回覆」的按鈕前，你可以給自己充分的時間來思考你想說些什麼，並修改所有你想修改的地方。

　　在我進行研究的領域內，許多著名的作者或研究者會透過電子郵件發訊息給我，並表示願意提供協助。這讓我訝異，也感覺到更多人與人之間的親近，而不是疏遠。陌生人總是比我想像的更關心別人，也更願意積極回應。通常，我認為他們比面對面更友好些，因為他們覺得安全，且擁有控制權。

　　你可以透過網路加入聊天室，與擁有共同興趣的人一起聊天，可以閱讀公布欄尋找各種組織的資訊等。無論你相不相信，我所在的研究所的幾位心理分析師和我的一些個案，都在網路上的（收費）交友網站上找到了自己的伴侶。

　　值得注意的是，英國心理協會一九九八年一項關於網路成癮的研究發現，經常上網的人大多數是三十歲左右、性格內向者，男性和女性都有，而且他們都有抑鬱的傾向。所以，如果你待在網路上的時間比在其他地方度過的時間都長，如果朋友或親人抱怨你在電腦前面待的時間過長，而且你感到憂鬱，那麼就要考慮去找醫生診斷一下。結合心理分析和藥物治療，憂鬱是非常容易治癒的。

# 10-6 指引你回家的路

最重要的是：做真實的自己……

如果你知道自己有一連串的策略可以運用，知道自己必須努力才能離家外出的時間變少了，那麼，考慮去節奏較快的外界闖蕩一下就容易多了。

練習新技能的努力和勇氣會為你帶來新的朋友、選擇職業的機會、浪漫的故事、別人的認可，以及——最重要的——對自己內在的優勢和力量擁有堅定而實在的感覺。

這個世界會因為你所做出的一切而獲益。即使在家度過悠閒時光，你也會感到加倍的生氣蓬勃，因為你不會再感覺那麼孤獨或罪惡，也不會再逃避生活。這是你理應擁有的心靈的寧靜。

——莎士比亞

## 本章思考點

- 有時候你需要鍛鍊自己的社交能力。
- 外向傾向可能有時會讓你感覺不舒服。
- 學習有助於外向傾向的策略，並付諸實踐！
- 做個自信的性格內向者。
- 請相信外向的世界會因為你的貢獻而獲益。

# 尾聲

在自然萬物中，總會有些東西讓你覺得不可思議。

—— 亞里斯多德

我希望本書能幫助你理解：**身為性格內向者如何在外向的世界中生存。**

我相信，接納你內向的個性，你會更關愛自己，並減輕因自己是性格內向者而可能具有的罪惡或困窘的心情。當性格內向者覺得做自己很舒適，並能走自己想走的路時，這個世界會更美好。發揮你的優勢，讓生活中遇到的每一個人都更快樂。告訴你的朋友、家人和同事，性格內向大有可取之處。

最後，我想與性格內向者分享幾句話：

享受生活。

適當休息。

欣賞你的內心世界。

做個真實可信的人。

珍視你的好奇心。

享受心境的和諧。

享受獨處。

對生活充滿感激。

做你自己。

**請記得，讓你的光芒灑向四方。**

我非常樂意收到你的回應，歡迎造訪我的網站：www.theintrovertadvantage.com，或寫信給我：

marti@martilaney.com。

附錄

性格內向者的
專屬工具包

以下幾種工具是從本書內容精選整理而成的，
希望能幫助你快速回顧內向、外向性格的差異，
掌握自己的性格特質，
在外向世界的海洋中更悠遊自在。

**性格內向者與外向者的神經傳導途徑**

　　性格內向者和外向者行為上的差異，來自於使用不同的大腦神經傳導路徑，影響他們專注的面向──個體的內在或外在。

### ■ 性格內向者的乙醯膽鹼路徑

　　乙醯膽鹼與大腦和身體的許多機能相關，會影響注意力與學習，也讓我們維持某種平靜的感受。性格內向者主要受既長又慢的乙醯膽鹼神經傳導路徑支配，較集中於內在的思考與情感，因此他們：

*從脊髓進入的刺激*

- 可能需要思考後才開始發言。
- 記憶力好，但要用很長的時間來恢復記憶。
- 會忘記原本非常瞭解的事，例如，說明工作時可能會結巴，或是暫時忘了原本想表達的字詞。
- 明明才剛想到什麼事，卻可能以為已經告訴過別人了。
- 在徹夜思考後，對睡覺前所思考的觀點、想法和情感比較清楚。
- 可能要透過書寫或談論，才能夠清楚意識到自己的想法。。

### ■ 性格外向者的多巴胺路徑

　　多巴胺與運動、警覺、學習相關。性格外向者的神經傳導路徑主要受多巴胺刺激，相對較短，也較不複雜，較傾向於關注外在的訊息，因此他們：

*從脊髓進入的刺激*

- 妙語如珠，講話的時候比聽講的時候多。
- 有很好的短期記憶，可以迅速思考問題。
- 在定期考試或有壓力的情境下做得很出色。
- 在參與討論、體驗新穎的事物和經驗時感到活力十足。
- 非常容易並流暢地進行社交聊天。

遊樂場坐雲霄飛車。

- （　　）我有時對氣味、味道、食物、天氣、雜訊等有強烈的反應。
- （　　）我是富創造性又／或富於想像的人。
- （　　）即便我玩得很開心，在社交活動後也會覺得筋疲力竭。
- （　　）我寧願由別人介紹我，而不是我去介紹別人。
- （　　）如果我在人群或活動中待的時間太長，會變得不高興、容易發牢
　　　　騷。
- （　　）在新環境中，我常常感到不舒服。
- （　　）我喜歡人們來我家玩，但我不喜歡他們待的時間過長。
- （　　）我經常害怕回電話。
- （　　）當我意外遇見某人或別人忽然指定我發表意見時，我發現有時大
　　　　腦會變得一片空白。
- （　　）我說話的速度會變得很慢或不時停頓——特別是在感到疲倦，或
　　　　是在試圖一邊思考一邊發言時。
- （　　）我不會將偶然認識的人視為朋友。
- （　　）我覺得似乎很難向其他人展示我的工作或傳達想法，除非他們已
　　　　經完全明白。
- （　　）如果發現其他人所認識的我，遠比我認識的自己更聰明，我會很
　　　　意外。

　　將打「○」的題數相加（一個○為一分），然後檢視第 50 頁的解說，
看看你是性格內向者、性格外向者，或者是介於兩者之間。

## 工具2 性格內向者自我評估

以下問題，請用「○」（正確）或「×」（錯誤）來回答。

思考問題敘述的內容是否正確時，請根據自己平常的狀態來判斷，而不是你期望中的自己。不要對每個句子分析或想太多，通常根據第一印象來回答是最好的。關於他人對你的看法，可以請邀親友回答，可能會更準確。

- （　）當我需要休息時，我寧願獨自一人，或只是與一兩位關係親密的朋友在一起，而不願意與太多人在一起。
- （　）當我執行一項計畫時，喜歡擁有較長且不受打擾的時間，而非零散瑣碎的片段時間。
- （　）談話前，有時我需要先複述一遍；偶爾還會為自己寫張便條，以免遺忘。
- （　）通常我更喜歡傾聽，而不喜歡談論。
- （　）人們有時認為我是安靜、神祕、疏遠或平靜的。
- （　）比起開慶祝會，我寧可與一個或少數幾個關係親密的朋友分享特別的事。
- （　）我通常需要思考過後再做出反應或講話。
- （　）我常常注意到許多人沒注意到的細節。
- （　）如果有兩個人剛打完架，我會感到氣氛非常緊張。
- （　）如果我說我打算做某件事情，我總是會去做。
- （　）執行計畫時，如果有截止日期或有壓力，我會感到焦慮。
- （　）如果事情太多，我會變得頭昏腦脹。
- （　）決定加入某個活動前，我喜歡先觀察一會兒。
- （　）我與朋友之間有長久的關係。
- （　）我不喜歡打擾別人，也不喜歡被別人打擾。
- （　）當我獲得較多的資訊之後，我需要花一些時間來整理。
- （　）我不喜歡太刺激的環境。我不理解人們為什麼想看恐怖電影或去

## 工具3 性格內向者的 7 個社交求生策略

### ❶ 想像自己是海葵

在聚會上尋找座位時，我總會有「我是海葵」的感覺。找個位子坐下，固定在我的「岩石」上，友善地微笑，通常人們會停下來和我交談。

### ❷ 「像……一樣」

讓自己表現得就像很有自信的客人一樣，想像自己看起來很鎮靜。看著人們，並保持好奇心。提醒自己：儘管不安，但是你看起來很平靜。

### ❸ 運用飾品

一位性格內向的朋友會戴著她的陶瓷項鍊參加聚會，項鍊上的迷你畫像總是會激起人們的好奇，問她是在哪裡買的，談話也因而展開。

### ❹ 友善的面孔

學習微笑的藝術。首先是笑不露齒，當你覺得與某人在一起比較舒服，微笑時可以露出一點點牙齒。研究顯示，微笑能提高自己的情緒。

### ❺ 隨意的閒談

開放、中立的提問有助於邀請其他人一起交談。詢問對方想法，有助於延續對話。導回前面某些話題，可過渡對話，準備讓對話告一段落。

### ❻ 應急補救策略

如果頭腦一片空白、坐立難安，可以試著深呼吸、到洗手間休息片刻，或是四處走走、輕輕哼首歌，告訴自己，很快就會沒事了。

### ❼ 今天暫時停止

意識到腦海中不斷出現否定的聲音，試著想像那位批評你的「法官」的樣子，告訴他：「別講話。」然後，轉移注意力去想一些愉快的事。

## 工具4　面對外向世界的 7 大策略

### ❶ 想說就說

試著與陌生人交談。可以透過處理退貨、與清潔公司討論費用等，練習在快節奏的過程中與人溝通、協調，並做出決定。

### ❷ 迅速平息內心的怒火

不壓抑，讓呼吸恢復正常；保持眼神敏銳但平靜；放鬆，緩解緊張；發覺每個問題的不同之處；讓內在智慧引導自己。這些都很有幫助。

### ❸ 對自己寬容一點

試著不要評斷自己；制止內心裡自我批判的聲音。想像自己是個孩子，並且告訴自己，無論你說了什麼，都沒問題的。

### ❹ 帶齊必備品

盡可能讓進入外在世界的過程愉快和舒適一點，例如，第 394 頁的「性格內向者的必需品」，能讓外出更容易，也能提升應對外界的能力。

### ❺ 恢復充沛的精力

想想與放鬆相關的詞，例如夏威夷、花園、沙灘、森林……等，想像那裡看起來、聞起來、聽起來、感覺起來如何，展開充滿幻想的旅程。

### ❻ 待在陽光的那一面

走進外向世界時，別忘了你的幽默感。幽默能減少焦慮，幫助我們走出狹小的自我，並從更寬廣的角度看待自己的生活。

### ❼ 將你的光芒灑向外界

克服建立交友圈的恐懼、焦慮、緊張和抗拒的心理，釐清這些情緒背後潛在的想法，找到喜歡的人和團體，就能擁有歸屬感。

# 內向心理學

享受一個人的空間，安靜地發揮影響力，內向者也能在外向的世界嶄露鋒芒

*The Introvert Advantage: How quiet people can thrive in an extrovert world*

| | | |
|---|---|---|
| 作　　　者 | 瑪蒂‧蘭妮（Marti Olsen Laney） | |
| 譯　　　者 | 楊秀君 | |
| 封 面 設 計 | Javick design | |
| 校　　　對 | 楊書涵 | |
| 內 頁 排 版 | 黃雅藍、戴洛荼（四版） | |
| 行 銷 企 劃 | 蕭浩仰、江紫涓 | |
| 行 銷 統 籌 | 駱漢琦 | |
| 業 務 發 行 | 邱紹溢 | |
| 營 運 顧 問 | 郭其彬 | |
| 責 任 編 輯 | 溫芳蘭、周宜靜 | |
| 總 編 輯 | 李亞南 | |

THE INTROVERT ADVANTAGE: How to Thrive in an Extrovert World by Marti Olsen Laney
Copyright: © 2002 by Marti Olsen Laney
Illustrations copyright © 2002 by Harry Bates
This edition published by arrangement with Workman,
a division of Workman Publishing Co., Inc.,
a subsidiary of Hachette Book Group, Inc. New York, NY, USA.
through BIG APPLE AGENCY, INC. LABUAN, MALAYSIA.
Traditional Chinese edition copyright:
© 2024 Azoth Books Co., Ltd.
All rights reserved.

| | |
|---|---|
| 出　　　版 | 漫遊者文化事業股份有限公司 |
| 地　　　址 | 台北市103大同區重慶北路二段88號2樓之6 |
| 電　　　話 | (02) 2715-2022 |
| 傳　　　真 | (02) 2715-2021 |
| 服 務 信 箱 | service@azothbooks.com |
| 網 路 書 店 | www.azothbooks.com |
| 臉　　　書 | www.facebook.com/azothbooks.read |
| 發　　　行 | 大雁出版基地 |
| 地　　　址 | 新北市231新店區北新路三段207-3號5樓 |
| 電　　　話 | (02) 8913-1005 |
| 訂 單 傳 真 | (02) 8913-1056 |
| 初 版 一 刷 | 2010年5月 |
| 四 版 二 刷 | 2024年12月 |
| 定　　　價 | 台幣450元 |

ISBN　978-986-489-974-6
有著作權‧侵害必究
本書如有缺頁、破損、裝訂錯誤，請寄回本公司更換。

國家圖書館出版品預行編目 (CIP) 資料

內向心理學：享受一個人的空間, 安靜地發揮影響力,
內向者也能在外向的世界嶄露鋒芒 / 瑪蒂. 蘭妮(Marti
Olsen Laney) 著；楊秀君譯. -- 四版. -- 臺北市：漫遊
者文化事業股份有限公司出版；新北市：大雁出版基
地發行, 2024.08
　面；　公分
譯自：The introvert advantage : How quiet people
can thrive in an extrovert world
ISBN 978-986-489-974-6( 平裝 )
1.CST: 內向性格 2.CST: 生活指導 3.CST: 人際關係
173.761　　　　　　　　　　　　　　　　113009044

漫遊，一種新的路上觀察學
www.azothbooks.com

漫遊者文化

大人的素養課，通往自由學習之路
www.ontheroad.today

通路文化‧線上課程